本书为国家社科基金重大项目"互联网与表达权的法律边界研究"（15ZDB144）的结项成果之一

U0367587

网络不雅内容传播法治研究

陈堂发　著

Study on Rule of Law for
Pornography on Internet

上海交通大学 出版社
SHANGHAI JIAO TONG UNIVERSITY PRESS

内容提要

　　网络空间不雅内容治理是中外法律规制的共性,差异在于部分国家之间对待色情治理的不同政策及适用法律责任类型的优先程度。本书提出,搜索引擎为不雅内容提供便捷路径,应承担推定的过错责任。区别对待搜索引擎公法责任与私法责任,对公法范畴的不雅内容安全管理之责不作为应施加相对严格责任。对于扩散儿童不雅内容的刑法规制需要细分设立追责的不同要件。

　　本书是运用法治思维及理念系统性研究网络不雅内容传播治理的国内首本学术专著,适合于高校新闻传播学、法学专业的本科生、研究生及从事相关领域工作的法律工作者使用。

图书在版编目(CIP)数据

　　网络不雅内容传播法治研究 / 陈堂发著. — 上海:
上海交通大学出版社,2023.12
　　ISBN 978 - 7 - 313 - 29996 - 3

　　Ⅰ.①网… Ⅱ.①陈… Ⅲ.①互联网络—个人信息—
隐私权—法律保护—研究—中国 Ⅳ.①D923.04

　　中国国家版本馆 CIP 数据核字(2023)第 237177 号

网络不雅内容传播法治研究
WANGLUO BUYA NEIRONG CHUANBO FAZHI YANJIU

著　　者:陈堂发
出版发行:上海交通大学出版社　　　地　　址:上海市番禺路 951 号
邮政编码:200030　　　　　　　　　电　　话:021 - 64071208
印　　刷:江苏凤凰数码印务有限公司　经　　销:全国新华书店
开　　本:710mm×1000mm　1/16　印　　张:15.5
字　　数:237 千字
版　　次:2023 年 12 月第 1 版　　　　印　　次:2023 年 12 月第 1 次印刷
书　　号:ISBN 978 - 7 - 313 - 29996 - 3
定　　价:69.00 元

前　言

　　党的二十大报告强调"健全网络综合治理体系,推动形成良好网络生态"。将"网络综合治理""网络生态"作为重大政策倡导,始自 2014 年 11 月党的十八届四中全会《关于全面推进依法治国若干重大问题的决定》,党的十九大报告、十九届四中全会《关于坚持和完善中国特色社会主义制度 推进国家治理体系和治理能力现代化若干重大问题的决定》都一再重申网络生态法治构建重要性。目前的网络生态并非呈现良性状态,主要表现为网络信息内容被严重污染:网络媒介作为工具产生了反向的规训,媒介用户成为解构严肃价值的参与者或推动者。2021 年 9 月"两办"印发《关于加强网络文明建设的意见》,专门强调"网络生态治理"。

　　网络不雅内容构成"公共地悲剧""公共健康危机",已经是世界各国普遍面临与亟待解决的问题,法治手段治理同样存在困境。我国当前网络生态污染比较严重,清朗网络空间建设问题严峻,内容方面亟待治理的事项复杂而交结,其中突出问题之一,即技术隐蔽性传播环境的不雅内容尤其未成年人情色内容制作、扩散及贩卖,并已形成规模庞大的黑色产业链。刑事司法、行政监管兼备的网络不雅内容治理存在低效的局面,由多种因素作用所致,外因方面:追逐利益是核心因素,行政、司法执法查处的大量案件表明,牟取非法利益是制作、传播淫秽色情内容的最主要动机;淫秽色情内容的消费、生产互为前提,对性行为持有扭曲的价值观可以解释海量的不雅内容来源于用户的生产并满足于用户的消费;服务器设立于境外逃避监管,社交平台或群组通过隐匿手段导流淫秽色情信息,云端存储及扩散不雅内容,不法内容提供与收益交易分离等,互联网技术运用环境导致违法犯罪行为的易生性、隐蔽性,并由此决定的不法犯罪行为高收益与低成本,技术加持的不法行为更容易逃避法律的制裁。内因方面,虽然互联网行业的职业自律规范频繁制定,行业的自我管理组织并不缺乏,互联网企业内部亦设有监管岗位,但网站平台履行监管责任总体上处在消极被动或不作为状态,自我约束显著乏力。行政执法层面的效能有限,就依法行政的法律资源本身而言,不同法律文本对作为治理对象的淫秽、色情的措辞表述不够统一,不同阶段的低位阶行政法规或部门规章界定淫秽、色情的内涵存在伸缩性,使得不同阶段的行政治理力度与标准存在差异。另一方面,相同位阶的法律、不同位阶的法律,彼此之间规制条款明显不够协调,即相同位阶的一部法律或法规和另一部法律或法规,其规制的不雅内容不一致:一部法律或法规仅将淫秽纳入监管,而另一部法律或法规却将淫秽、色情同时纳入监管,淫秽、色情信息分别应该有何种层次的法律规制、淫秽色情信息同时应该有何种层次的法律规制,目前的诸多法律条款设定存在一定程度的不协调。

网络不雅内容治理存在多主体介入、多过程叠加的复杂性,对于网络平台运营过程治理施加相对严格责任是关键问题与环节。网络不雅内容治理的法律责任框架已相对清晰,淫秽内容治理以刑罚为主,刑法及多项刑事司法解释对多主体多环节生产、制作、传播网络淫秽内容分别设立了牟性利、非牟利性的具体犯罪情形判别及责任条款。对生产、制作、传播网络色情的一般违法行为主要采取多执法部门联合的行政查处的专项整治行动,而在集中式行政执法之外的责任追究常态化亟待强化。技术在促成违法犯罪过程中的重要作用,要求更注重且更理性采纳适合技术特征的归责思维即推定责任,正确适用责任推定与帮助行为正犯化的刑罚理念,从技术理性角度适度强化相对严格责任。

虽然我国刑法及相关司法解释对未成年人制售、传播淫秽色情内容已体现倚重刑惩追责的倾向,这方面未成年人权益保障采取了刑事政策先行的法治路径,但仍然难以适应真正净化网络空间的迫切需要。鉴于未成年人作为弱者群体的权益保护的专门法在治理网络情色内容的法律责任条款设立方面不利于衔接刑事责任,"父爱主义"作为刑事政策优先的理论解释具有合理性。互联网未成年人情色内容法治路径的优化可侧重细化"罪责相当"的可惩罚性标准、加重黑色利益链主体的相应法律责任、特定情形下追加强制猥亵儿童罪及增设"传播淫秽、色情物品危害未成年人罪",并对无控制能力的技术运用施加责任。

环境问题的立法应遵循谁破坏、谁治理或谁补偿的原则,企业使用技术导致网络生态环境的破坏却将责任转嫁给政府或社会,亦不公平。市场经济不允许存在只享受技术风险带来的利益而无须承担法律责任的经营特权。网络淫秽色情治理困局由技术运用引发,治理的有效性亦需要依赖与借助技术,即法律之治有别于传统媒介技术环境,注重"法律之治技术化"。一方面,传统手段的法律监管及治理对新型网络技术在淫秽色情内容传播中的治理功能已经有所意识,或者说,法律对不法行为的技术监管已逐渐掌握,通过法律手段对技术实施监管渐成趋势。另一方面,新环境下有效的法律治理需要依托技术路径的嵌入,高度智能技术的法律运行环境要求的真正的法律治理与技术治理融为一体,法律规则代码化是法律功能的延伸,法律即技术,法律规则的代码化即实现内在法律之治,网络淫秽信息的有效治理尤为如此。

目　录

第一章

不雅内容中外法律规制：共性与差异

　　"性本身是自然的，功能性的，对人类的生活延续有不可替代的意义。最美好的性是对爱的共同表达，是应该怀着敬意去赞美的。这样的性应当成为文学或艺术作品中合适的主题。但是，我们的性欲和性的要求是如此的动物性本能、如此强烈，以至于性的表达常常被扭曲。"①不同时代、不同道德与社会文化、不同政治信仰、不同场合与动机、不同表现方式等宏观或微观因素可能影响到同一性素材的社会价值实现方式及效果。就此而言，无论在何种媒介形态主导的社会环境下，有关性事项的呈现或表达只存在相对的价值，不同程度地采取强制性法律手段干预或约束性事项的表达，构成人类社会文明共享的重要组成部分。但是，"文化例外"或文化多样性亦已成为国际社会的共识，文化多样性强调"在语言、艺术、价值观念、思想和历史等文化表现形式的所有方面要保持自己的特色"②，文化多样性的意义在于保证社会的协调、减少社会的排斥，也是民主在社会领域的体现。同样，为不同民族文化所能接受的对于性行为及其描述与呈现约束程度，不仅是个人生活方式或社会生活方式问题，也是法律文化、政治文化内涵的构成内容，在性道德文化与法律文化、政治文化之间，很难说谁决定了谁。因此，世界各国基于已有的传统价值体系与现代文明理念，在坚守人类社会共有道德底线的前提下，对于不雅内容采取适合自己国度需要的有差异的法律治理方式，也是世界文化多样性的体现方式。

---

① ［美］乔尔·鲁蒂诺、安东尼·格雷博什：《媒体与信息伦理学》，霍政欣等译，北京大学出版社 2009 年，第 202 页。

② Recent International Initiatives on Cultural Diversity, http//www.pch.gc.ca/network-reseau/cdg-gdc/CD-ini.htm.

第一节　道德风化维系的共性

一、有伤风化：普遍公认的道德禁忌

无论淫秽、色情、猥亵、低俗或不庄重、污秽等字汇，都包含了显性或隐性的"性"要素，如性器官、性行为、性心理、性欲望、性暗示、性诱惑、性过程、性虐待等，此处统称为"不雅内容"。虽然"不雅内容"字面上较"淫秽""色情""猥亵""污秽"等概念有更大的包容性，但严格意义上说，它并非严谨的法律术语，规制该方面内容的现代法律条款未有直接使用"不雅内容"的表述。但从历史回溯，在有关性描述或呈现的内容还未被明确地界定为"非法"内容而仅仅根据传统文化、道德律令被设定为"有害"内容的特定社会阶段，尤其是在行业自律组织及自律意识尚欠缺的社会条件下，有害内容难以从非法内容范畴中剥离出来，作为特定的被治理对象，使用"不雅内容"笼统地指代有关"性"范畴的禁忌内容，具有一定的合理性。

作为社会存续发展前提条件的人类性行为，早期文化起源不同的社会对其态度都经历了从性或生殖的公开崇拜到内眷禁忌的发展过程，这从人类早期不同地域的图腾题材及艺术作品母题的近似性可以得到印证。而在中国古代文化中，性的认识被提升到了更高的层面。如《素女经》《玄女经》等古代房中术著述就"阴阳交合之道"的性行为提出了诸多主张：阴阳交合乃自然规律，禁欲主义绝不可取。有节制的性生活有益于身心健康愉快、五脏六腑补益；阴阳互相感应乃是男女交合的先决条件，只有男女情意合成，方俱悦心[①]。早期著述并非单纯将房事视为延续香火的手段，特别强调性生活的个体愉悦及延年益寿功效。又如古代哲学著作《易经》把男女两性视为自然的一部分，以男女两性相交比拟自然，阐述自然与社会人事变化的道理，将自然界被动的力量视为"阴"，将主动的力量称为"阳"，一阴、一阳交互作用谓之"道"，阴、阳相互作用而生生不息过程就是"易"。阴阳为彼此相反而互补的两种力量，相克相生。人类必须效

---

① 刘达临：《中国古代性文化》，宁夏人民出版社 2003 年，第 39 页。

法自然，使生命中的阴阳两种成分像自然界一样和谐地交互作用①。而从社会生活层面看，性行为一方面承担着繁殖后代、联结婚姻关系、愉悦身心及养生增寿的功能，但另一方面它与"公序良俗"原则、道德期待密切关联，本质上它既是对当事人性行为意思自治的否定，同时也是对不合理性行为的矫正。就风化内容而言，违背良俗主要指违反人伦和有违性道德的行为，该类行为背离了人类在道德名义下应有的羞耻之心、负罪之感、自省之德②。

　　"性"的客观存在及其必要性，是否意味着有"性"必录？性行为的合理性、正当性是否意味着性行为公开的完全合理性？"性"话题由中性转变为贬义，取决于两个方面的因素，一是"性"从生存方式变成纯粹的娱悦方式，成为少数人群或特定阶层的专有生活特权时，社会对"性"的态度开始分道扬镳，享有这种"性娱乐"特权的统治阶层就倾向于采取禁止公开的措施，此谓"只许州官放火，不准百姓点灯"，早期中西方国家统治阶层对性的态度概莫能外。二是对性话题的呈现方式的不恰当性或主观恶性，性关系、性意识与性态度构成社会道德风尚的核心要素，性道德、性伦理决定了人与动物之间的本质区别。与性有关的有伤风化行为涉及性骚扰、性挑逗、性贿赂、性要挟、性攻击、性虐待、性乱伦等，还包括了卖淫行为、通奸行为及其他非婚性关系。风化的内容虽然并不仅仅局限于性关系、性行为，而是涵盖了人伦关系的诸多方面，但其核心仍以"性"范畴的道德禁忌为主。有违良俗、有伤风化的主要评价依据是社会道德标准，有伤风化行为应当是一种带有社会性的行为，而不是一种单纯的私人行为，有伤风化性行为最终所影响的是社会得以维系所应具备的人伦准则与羞耻之心。

　　不同民族国家、不同地理区域乃至不同时代条件，包含了基本道德价值准则的社会道德禁忌或许存在比较大的差异，但对"性"范畴话题的公开传播则有着一定程度共识或类似禁忌，即对暴露、呈现或扩散含有"性"要素内容的强制性限制，尤其是超出社会道德可以容忍底线的性欲望、性虐待行为的呈现，或性行为的极端描写，或性乱伦的刻意描写，无论虚构的或现实的性材料，其对社会道德秩序冲击、扭曲的性观念催生以及消解人之所以为社会人而与动物性生存区别的基本人性观等的消极影响毋庸置疑。正是基于对那些作为底线的、不可

---

① 王雯：《儒家与道家性哲学观念之比较》，《中国性科学》2007 年第 10 期。
② 赵万一：《民法的伦理分析》，法律出版社 2012 年，第 174 页。

以放弃的社会风化维系的需要,对污秽内容采取禁止传播的强制措施就成为不同时代、不同国家的共同选择。但由于中西方社会总体上对于"规则"服从程度与方式的差异,中国早期对不雅内容扩散采取地方官衙查禁的干预措施,而西方则选择了司法治理方式。

二、英美早期司法主导的禁止

早在 16 世纪中期,欧洲国家对涉及不雅行为或书刊内容就已经采取禁止措施。如在 1559 年罗马教廷教皇保罗四世审定的"禁书目录"中,《十日谈》因为描写春情荡漾的修女变身为魔术师、失足触犯色戒的修女变成高贵的小姐以及好色的修道士成为食客而有损教会的声誉、动摇了教徒的信仰而被查禁①。在英国,由于向公众呈现污秽物而较早地被处以淫秽罪的案例是 1663 年的"塞德里案",受国王邀请参加宴会的查尔斯·塞德里爵士酒后在酒店的露台上一边脱去衣服裸露身体,一边对着下面聚集的人群亵渎宗教,并投掷污秽物。法院根据英国普通法,判定塞德里的淫秽行为本身已构成滋扰治安罪。尽管欧洲早期的书籍查禁更多地源自思想禁锢的动机,但依据教会法及教会法庭对淫秽内容传播的整肃问题同样凸显。18 世纪末,福音派教会在英国兴起,该教旨主张严厉打击淫秽色情,因为淫秽色情导致了道德沦丧,英国政府积极配合教会的行动。

18 世纪中后期,随着印刷技术推广带来的书刊扩散增速以及文化的大众化的蔓延,色情出版物也越来越多,查禁不雅内容成为一种普遍的政治行为以及社会治理行为。英国对文学作品的道德审查在同时代的欧洲具有典型性,如莎士比亚的作品因多处提及女性的性器官及性行为、妓女、同性恋暗示等而亦列入其中,1807 年英国甚至出版了"净化"版的《莎士比亚全集》。1748 年,英国作者约翰·克莱兰出版小说《芬妮·希尔:欢场女人回忆录》,小说主人公芬妮·希尔是一名乡下孤女,因向往都市繁华来到伦敦,却被骗入妓院,几经辗转,最终幡然悔悟,从良嫁人。小说多处描述了香艳场景。小说出版后,被一位教士认为"这是我见过的最下流的东西",英国教会痛斥这本书"伤风败俗、诱人犯罪",要求政府迅速查禁。国务大臣洛德·纽卡斯尔爵士随即下令逮捕了出

① 沈固朝:《欧洲书报检查制度的兴衰》,南京大学出版社 1999 年,第 11 页。

版商和克莱兰,伦敦主教要求纽卡斯尔爵士下令阻止该书的扩散,"这本肮脏的书已经公开侮辱了宗教和良好的礼仪,并有损政府的荣誉和国家法律的尊严。"该小说被认为是英国第一部淫秽作品,在英国被列为禁书近一百年。这一举措导致私下扩散的盗版内容情色描写日渐增多,并跨越重洋,流传到北美殖民地,在美国又引发了多起公案。法国作家福楼拜的《包法利夫人》(1857)、法国作家波德莱尔的《恶之花》(1857 年)以及后来爱尔兰作家乔伊斯《尤利西斯》(1922)、英国作家劳伦斯的《查泰莱夫人的情人》(1928)等文学作品,因为"伤风败俗"而禁止在英国发行。

　　这一时期,英国出现了大量的含有性描写的文学作品。一方面,维多利亚时代的思想保守使得性话题成为普遍禁忌,"胸""腿"等的表述成为猥亵词汇。另一方面,为缓解民众对文学作品日益广泛地接触的需要与社会道德控制之间的关系,并使得参与其中的出版商人或作品作者对其行为的后果能有预判,1857 年英国议会通过了《淫秽出版物法》(亦称《坎贝尔勋爵法》),该法规定禁止销售"淫秽"物品,并赋予了法院对此类物品的查收和销毁权力。只要执法者认为该淫秽物品以盈利性目的被保存于任何场所,都可以对其采取强制措施。而执法者不需要任何固定标准,靠主观印象判断物品淫秽与否。但"淫秽"正式成为英国制定法中的一项禁止内容,是 1824 年制定的《流浪者法案》,该项法案规定,公开销售淫秽书籍和印刷品被认定为非法行为。而"淫秽"的判定标准,直到 1868 年英国女王法庭审理"维多利亚女王诉希克林案"才得以确立了影响深刻的"希克林标准"。该案牵涉对当时正在进行的一场反天主教运动的镇压,本杰明·希克林作为清教徒选举团的一员,为了将天主教赶出议会,希克林等人为此次运动印刷了一些小册子,其中一种小册子名为《忏悔室之揭秘:罗马天主教神职人员的腐败行为,忏悔的失范和关于忏悔室中的女性的问题》。当地治安法官伍尔弗汉普顿下令收缴这些小册子,因为其中的部分片段涉及色情性质描写而被作为淫秽物品,根据《淫秽出版物法》规定予以销毁。一名新教选举联盟成员亨利·斯科特于 1867 年 5 月对这项销毁令提出上诉。警察从斯科特的处所搜出了 252 本还未卖出去的小册子。希克林等人遭到起诉。被指控方辩护理由是本杰明·希克林的目的不是为了腐化公共道德,而是为了批判天主教派内部的问题。首席法官亚历山大·科伯恩提出了是否构成淫秽的"希克林标准":判断某些物品是否属于淫秽,取决于该物品"是否具有使易受此不道德物品影响者的心灵堕落和腐化的倾向,并且该类出版物可能被这类人群所得到。即淫秽出版物具有一种倾向,会使那些心灵易受不道德影响或感染的人群变得腐化与堕落。"①也就是说,无论出版物的倾向如何,如果其腐化和堕落了一些对不道德意识比较敏感的人,这样的出版物落入他们手中,并产生不道德的影响,则该出版物为淫秽内容。但《淫秽出版物法》及"希克林标准"一直被质疑,包括没有考虑作品的文学价值、没有公共利益的考量,法官仅根据孤立的段落进行指控,不考虑创作者的主观意图和目的等。该法被 1959 年的《淫秽出版物法》取代。除此之外,1876 年颁布的《海关巩固法》禁止进口有伤风化或淫秽的出版物品或其他物品,1909 年出台的《电影法》则授予地方政府部门审查电影内容的角色,为了抵制政府审查,1912 年电影界成立行业自治组织——英国电影审查委员会,以分级方式控制电影的负面影响。

美国早期在不雅内容的法律规制方面直接继受了英国法律及司法理念。如在 1815 年的"沙普利斯案"中,宾夕法尼亚州的杰斯·沙普利斯等六名男子因展出一幅"正与女人处于淫秽、不雅姿势的男人"的图画而被该州法院判定有罪。在判决意见中,法官直接援引英国 1663 年的"塞德里案":如果一幅作品"倾向于败坏人们的道德",就可以对扩散该作品的人加以惩罚。英国小说《芬妮·希尔:欢场女人回忆录》在美国出版的多次审判则具有代表性。马萨诸塞州的出版商彼得·霍姆斯 1821 年出版该小说,州政府立即查禁了该书,出版商被指控出版淫秽物品罪。州最高法院在判决书中认为霍姆斯是"可耻和邪恶的人",其意在使马萨诸塞州的公民"堕落和腐化",培养激发他们纵情声色。为避免小说情节被公开,庭审中法官拒绝审读该书,也拒绝让陪审团阅读该书,庭审记录中也不得出现该书的某些难以启齿的情节,因为"在每个性爱场景里,都会细致入微地描写当事人裸露的身体。阴私处经常被作为背景,还具体描述性器官在高潮之前、期间和之后的反应,状态、大小、形状和颜色"②。该书一直被禁止出版,直到 1963 年普特南出版公司再次出版该小说,因为此时饱受争议的美

---

① [英]萨莉·斯皮尔伯利:《媒体法》,周文译,武汉大学出版社 2004 年,第 373 页。
② Memoirs v. Massachusetts(A Book Named "John Cleland's Momoirs of a Woman of Pleasure" v. Attorney General of Massachusetts),383 U.S. 413,445,446(1821).

国作家亨利·米勒的《北回归线》、英国作家劳伦斯的《查泰莱夫人的情人》已在美国公开出版，但《芬妮·希尔：欢场女人回忆录》出版后再次被纽约、伦敦、新泽西、伊利诺伊等地查禁。马萨诸塞州的色情作品管制委员会建议该州总检察长爱德华·布鲁克对出版商提起民事诉讼，州法院认定该书构成淫秽出版物。1966 年联邦最高法院以 6∶3 的结果认定该书不构成淫秽出版物①。145 年后，这部小说在美国最终被认定不构成淫秽出版物。又如爱尔兰作家詹姆斯·乔伊斯的《尤利西斯》因包含有大量描写手淫的情节，而被纽约反堕落协会指控为淫秽。1921 年《尤利西斯》在美国遭禁。直到 20 世纪 30 年代初，《尤利西斯》在美国仍然被列为禁书。

　　北美殖民地时期，一些州曾断断续续采取过一些做法消除文学作品中的淫秽色情内容。如 1712 年马萨诸塞殖民地就立法规定，出版任何下流、淫秽或带脏话的歌曲、小册子、文字或者嘲弄式模仿的行为，均属于犯罪，且殖民地的法院和执法机关都应当由英国相关判决作为指导。至 19 世纪中期，美国多数州及联邦法律已有明确规定，性指向的材料为非法，制作者、扩散者等都有可能受到法律的制裁②。1821 年，佛蒙特州首次颁布美国第一部反淫秽的地方法案，将同"色情"相关的淫秽材料当作一种犯罪予以惩罚："如果一个人印刷、出版或者传播任何下流的或淫秽的书籍、图片或其他印刷品，将被处以 200 美元以下的罚金。"其他一些州也相继制定并实施制裁"淫秽"物品的法律，如纽约州从 1840 年到 1860 年，共有 20 本书被认定为淫秽书籍③。1842 年的《关税法案》是美国通过的首部限制淫秽内容的联邦法律，它禁止进口所有下流和淫秽的文字、绘图、版画、雕刻等不道德的内容。稍后，禁止进口的内容事项扩大到包括所有书面材料。1842 年国会修改《关税法案》禁止进口任何包含"不雅或淫秽"内容的印刷品、图片、雕刻等物品。1865 年国会又通过《邮政法》，禁止通过联邦邮政系统邮寄淫秽物品。该法规定："任何淫秽的书籍、小册子、图片、印刷品，或者其他粗俗、不雅的出版物，都不允许进入美国的邮政系统；邮局的任何

---

① Ruth Graham, How "Fanny Hill" Stopped the Literary Censors. The Boston Globe, July 07, 2013.
② ［美］约翰·D.泽莱兹尼：《传播法：自由、限制与现代媒介》，赵刚等译，清华大学出版社 2007 年，第 392 页。
③ Donna Dennis. Obscenity Law and Its Consequences in Mid-Nineteenth-Century America. 16 Colum. J. Gender & L. 43, 49 (2007)

工作人员因为邮寄或分发上述物品,将被指控品行不端之轻罪,处以不超过500 美元的罚款或不超过一年的监禁,或并处。"①

　　而对淫秽物品审查、制裁力度最显著的当属《康斯托克法案》的出台。1868年,起源于伦敦的"基督教青年会"的纽约分部组织认为,淫秽物品对独居在外的青年人有直接的危害,督促纽约州立法机关将"买卖淫秽物品"规定为非法行为。1873 年,康斯托克游说国会通过了《禁止买卖和流通淫秽文学和不道德物品的法案》(简称《康斯托克法案》),该法律规定,任何人通过美国邮政系统邮寄淫秽物品、避孕药品、堕胎药品、性玩具、夹杂性内容的私人信件以及任何和上述内容相关的信息,都构成刑事犯罪。任何明知情况下邮寄或接受这种淫秽、猥亵或者撩拨情欲的印刷或绘图材料,最高可判 10 年的监禁②。依据该法律,邮局拥有了独立的审查权力,可以任意定性淫秽物品。如托尔斯泰的作品也被列为淫秽物品。在该法律通过不到一年时间里,194 000 幅淫秽图画和照片、134 000磅的书刊、14 200 份彩色插页以及 5 500 副扑克被扣押处罚,55 人被逮捕,其中 20 人被定罪③。这一时期,该法案之所以发挥了"无所不能"的功效,除了与康斯托克个人的政治目的有关(如凡是避孕的案件,起诉的多是在美国出生的人。凡是淫秽的案子,起诉的多是移民。表面上是讨伐淫秽出版物,真正的意图在于对新教徒人口日益处于弱势的担忧,用新教的教义来教化新移民,反对任何弱化新教徒力量的行为),④亦同该法案对"淫秽"的判定标准特别模糊而宽泛有直接关系,其适用范围甚至扩展到堕胎及计划生育领域。由于当时联邦和各州的反淫秽物品的立法都没有明确界定何为"淫秽",法院在审理案件时沿用的是英国 1868 年"维多利亚女王诉希克林案"确立的"希克林标准",即"判断某些事物是否淫秽,要看这一事物是否会令特定人群堕落和腐化,这些人的思想开放易受非道德思想的影响并容易获得这些内容"。1876 年美国国会通过的《反对有伤风化文化作品法》支持了"希克林标准",并使之适用于整个美国。直到 1933 年"美国诉作品《尤利西斯》案",主审法官约翰·伍尔西提出"正常人"标准,将作品对有正常性欲反应的普通人的影响与作者的意图及目的

---

①　An Act to Establish a Bureau for the Relief of Freedmen and Refugees. Act of Mar. 3, 1865.

②　[美]约翰·J.博西格诺等:《法律之门》(第 8 版),邓子滨译,华夏出版社 2007 年,第 360 页。

③　[美]约翰·J.博西格诺等:《法律之门》(第 8 版),邓子滨译,华夏出版社 2007 年,第 364 页。

④　华建平:《天堂在上 美国在这儿——美利坚往事的幕后逻辑》,上海三联书店 2013 年,第 154 页。

综合考量，对"希克林标准"有所修正①。

三、我国近代地方立法主导的行政查禁

中国封建社会统治阶层道德倡导虽然存在双重标准，但总体上长期浸染儒家文化的政治与社会生活对以性道德为核心的社会道德风化与秩序的维系意识还是非常强烈的，性道德教化不仅通过族规家训的日常生活予以贯彻，在社会发展到一定阶段亦通过法律手段予以巩固。

以男女之事或之情为内容的描写，远在《诗经》结集之前已经存在，但早期社会对淫秽色情禁忌尚未形成清晰的概念。宋代以前，社会对性及其话题采取自由和宽容的态度。如西晋时司马炎下令"禁星气、谶纬之学"，凡私藏这些书籍的，处两年监禁。《唐律》将禁书范围扩张至玄象器物、天文、谶书、兵书等，违者，轻则杖，重则处绞刑②。但历代这些禁书令中并未涉及淫词书籍。对性的禁锢从宋明理学昌盛开始，程朱理学追求"禁绝人欲"以稳定社会秩序。宋明时期，由于民间刻印坊以及书肆出现，关于男女情事之类的通俗小说、唱本快速扩散，查禁淫秽之书逐渐成为社会治理的重要手段。如元代就有政府查处淫秽读物的律例禁令，《元史·刑法志》规定，"诸民间弟子不务生业，辄于坊镇演唱词话教习杂戏，聚众淫谑，并禁治之。"③但就查禁力度而言，明清时期最为凸显。据有关资料，明清时期流传甚广的一些小说，因过多充斥淫秽露骨性描写而被禁的多达百部，其中明代的包括《金瓶梅》《绣榻野史》《肉蒲团》《浪史》《闲情别传》《痴婆子传》《昭阳趣史》《宜春香质》《弁而钗》《剪灯新话》《醋葫芦》《品花宝鉴》《国色天香》等④，有的虽不乏某方面的价值，但秽语淫词堆积、情欲扭曲、偷香窃玉手段尽呈。明代法律《明律》（1397 年）虽未设"禁书"款，但为"正人心端风俗"，地方官衙屡有查禁。尽管如此，清初淫书蔓延之风伴随惩治理力度增加而势头不减。禁而复生的如《杏花天》《浓情快史》《灯草和尚》《灯月缘》《桃花影》《品花宝鉴》《隔帘花影》《飞花艳想》（或称《鸳鸯影》）、《空空幻》《玉楼春》（或

---

① United States v. One Book Called "Ulysses", 5 F. Supp. 182(D.N.Y. 1933).
② 杨杞：《中国古代禁书史事》，《河南图书馆学刊》2003 年第 2 期。
③ 肖月生：《我国古代有关查处淫秽读物若干规定》，《新闻出版交流》1999 年第 2 期。
④ 萧相恺：《珍本禁毁小说大观——稗海访书录》，中州古籍出版社 1992 年；李梦生：《中国禁毁小说百话》，上海辞书出版社 2017 年。

称《巫山艳史》)、《红楼春梦》《九尾龟》等①，或描写女性或男性的同性奸淫，或纯粹刻画露骨的性场面、性细节，或展现淫荡乱伦色情、性幻想，或暴露对女性的性虐待行为，或着力妓院狎妓艳情，缺乏主题，只有"性"事，确与当时社会道德观念背离。

清代查禁"诲淫"之类作品的力度为历代所不及，仅清同治七年，江苏巡抚丁日昌下令严禁"淫词小说"就达 268 种②。这同当时社会对"乱性"行为的认识与态度及立法精神密切相关。如清代《大清律例·刑律·纵容妻妾犯奸》规定，丈夫纵容妻妾与他人通奸，杖九十；丈夫因财而将妻妾让与他人，杖一百；中间人杖七十。《大清律例·户律·抢夺妇女、奸污》规定"强占、奸污良家妻女"为重罪，犯者施以绞刑、监候或流三千里。而且《大清律例·户律·娶乐人为妻妾》还禁止"官吏娶乐人、妓者为妾"，违者杖六十，实行责打，不准折罚。这些规定都旨在维护社会性道德秩序。更为甚者，为阻止他人通奸淫荡而夺命，犯者可以免罪。如道光六年发生的"孔传礼杀死被人奸拐之女儿案"：1826 年（道光六年），奉天人孔传礼之女与他人通奸、私奔，后被找获返家。不久，其女再次离其夫出逃，并央人为她另择夫。孔传礼闻知，将女儿殴杀。刑部裁定，被告殴杀淫荡之女，其行为不构成犯罪，宣告被告无罪③。

1644 年拟订（1740 年修订）的《大清律例·礼律》之"收藏禁书"款规定，私人收藏禁书者，杖一百。虽该律对"禁书"标准未有解释，但根据当时查禁书籍实际情况看，涉嫌反对王朝统治、有损清室威严、反满排满以及春宫情色类书籍，都在禁止、销毁之列。《大清律例》之"刑律类"设"造妖言妖书"三款，第二款亦有相关规定：凡坊肆市卖一应淫词小说，在内交于八旗都统、都察院、顺天府，在外交督抚等，转行所属官弁严禁，务搜板书，尽行销毁。有仍行造作刻印者，系官革职，军官杖一百，流三千里；市卖者杖一百，徒三年；买看者杖一百。顺治九年（1652 年）清廷专门颁布禁例，"琐语淫词，及一切滥刻窗艺社稿，通行严禁。违者从重究治。"康熙继位后再次颁布此禁例。康熙五十三年（1714 年），下谕再度禁绝淫词小说："如仍行造作刻印者，系官革职，军民杖一百，流三千

---

① 萧相恺：《珍本禁毁小说大观——稗海访书录》，中州古籍出版社 1992 年；李梦生：《中国禁毁小说百话》，上海辞书出版社 2017 年。
② 萧相恺：《珍本禁毁小说大观——稗海访书录》，中州古籍出版社 1992 年，第 22 页。
③ ［美］D.布迪、C.莫里斯：《中华帝国的法律》，朱勇译，江苏人民出版社 1995 年，第 240 页。

里;市卖者杖一百,徒三年。该管官不行查出者,初次罚俸六个月,二次罚俸一年,三次降一级调用。"乾隆十八年(1753 年),乾隆又下谕,禁止将"琐语淫词"小说译成满文,以免污渍满人单纯淳朴之风。清朝末年,近代报刊在刊载新闻、文学作品并培育大众文化方面已经日渐发挥其功能,1906 年《报章应守规则》规定"不得败坏风俗",1907 年《大清报律》首次以报刊立法形式,禁止报纸揭载"败坏风俗之语"。

由于清廷未对地方立法的权限、事项加以具体限制,所以,查禁淫邪作品方面地方立法具有相当的自主权。《大清律例》中有关淫秽禁止条款的具体执行,更多地依赖于地方官员的立法实施。如 1685 年,江苏巡抚发布地方禁约,编刻淫秽词小说戏文,坏乱人心、伤风败俗者,许人据实出首,将书板立行焚毁。其编次者,刊刻者、发卖者,一并重责,枷号通衢。1686 年,江宁巡抚颁发告谕,严查刊印淫邪小说。次年,江宁给事中上奏:"淫词小说,犹流布坊间,有从前曾禁而公然复行者,有刻于禁后而诞妄殊甚者。臣见一二书肆刊单出赁小说,上列一百五十余种,多不经之语、海淫之书",应彻底禁绝。由于江南地域文化水平相对提升以及刊刻业的南迁,地方建规构成了当时治理的主要手段。1701 年湖南巡抚发布告示,如有不法之徒私藏发卖淫词小说,立即严拿究治;1721 年浙江提学使发布教条,演出、观看淫词戏文者,速行毁板惩治;1834 年江宁布政使出贴告示,一切出版淫词小说以及青楼言录,概行烧毁,毋许存留。1837 年江宁府知府再发布告示,仍有刊刻、贩卖淫词小说者,定行重罚不怠;1837 年、1838 年,江南按察使司按察使、江苏按察使司按察使、苏州府知府先后再行告示,翻刻传抄、藏匿售卖淫书淫秽画,以及外来书贾携带淫书在苏逗留,一经察觉,或被告发,严拿治罪;1844 年,浙江学政、杭州知府、湖州知府、浙江巡抚均发布了地方告示,对造作、刻印、售卖、买看淫词小说、淫画予以严办或治罪。不雅内容的戏文亦在封禁之列。同年,仅湖州知府开列的禁毁淫秽书目就达 120 余种,包括《红楼梦》《红楼梦补》《绿牡丹》等①。1864 年,上海知县王宗濂、江苏巡抚丁日昌先后颁布查禁淫词小说通饬令,违者严办。乾隆年间,多地发布告示,禁止搬演淫秽戏,违者戏班成员及家人一并重处。据有关资料,从 1848 年至 1910 年,各地为禁演艳文淫曲、乱词荡调的戏曲,先后有四十三处地方官衙

---

① 张弦生:《清代查禁"淫词小说"与丁日昌的通饬令》,《中州学刊》1994 年第 6 期。

出台了严惩不贷的禁约告令①。

历朝虽颁布禁令，但晚清之前，一方面朝廷并未有专门的法令律例，仅在刑律中列个别条款。另一方面鲜有固定机构专司此类书籍审查。晚清时期中央、地方政府因查禁力度之大，查处淫秽读物的机构与程序总体上已渐成定制。介入书籍查禁的中央机构涉及京师大学堂、学部、民政部，京师大学堂负担负普通书籍的审查职责，学部则负责教科书、非教科书审查之责，民政部除会同学部审查普通书籍，还承担违禁书籍的责任处理。对于淫秽类的查禁工作，主要还是有地方官衙颁布禁违令，采取一事一罚的地方查处机构中，一般由各省督抚衙门及地方衙门负责书籍审查责任，先由官府发布禁令，再由经办机构查处责任人②。

第二节 不雅内容法治理念的差异

一、英美：淫秽内容的刑事司法治理

总体而言，欧美国家对于淫秽色情内容的控制主要采取三种手段，即技术介入、行业自律支撑及刑事司法治理，而技术介入的手段较高程度地借助立法规定得以推行，并非互联网企业纯粹自愿的自律行为，但政府行政执法干预并不普遍。这方面美国的治理方式与理念具有代表性，本节主要以美国情况为例予以解析。

（一）淫秽、色情的概念争议与不同认识

美国联邦最高法院对"淫秽"标准一再调整的司法实践表明，对于淫秽或色情的定义不是太过广泛，就是太过于模糊：将任何描述人类性器官不论描述之目的或方式如何，都可能认定为色情或淫秽，这样处理纵然可以减少争议，但一些具有文学、艺术、科学价值的著作也将遭到株连；或者法院也可以利用一些"感性的字眼"，如"性欲""明显恶劣"等词汇来划分言论受保障之界线。这样做

---

① 朱珺：《清代地方立法研究——以清代禁毁戏剧法律为中心的考察》，《中山大学法律评论》（第12卷）第4辑，广西师范大学出版社2014年，第77页。

② 张运君：《晚清书报检查制度研究》，社会科学文献出版社2011年，第20页。

虽然回避了定义过于广泛的弊病，却又落入了定义过于模糊的窠臼。法律又必须在受保护及不受保护之言论间划出一条明显的界线，不能模糊不清。这种困惑是普遍且长时期存在的，因此，美国联邦最高法院大法官波特·斯图尔特于1964年审理"雅各贝利斯诉俄亥俄州案"时就如何界定"淫秽"时表示："这些材料就是赤裸裸的色情，我可再也不想劳神费力地去给它们下什么定义了，我这辈子恐怕也难做到这一点。不过只要我看见了，我就知道是不是色情。"[①]"没有任何国际部门法调整淫秽资料的传输和接收，也没有任何普遍的定义或确定的标准；文化、道德和法律特点通常构成一个国家评判淫秽和其他言论形式的基础，对于一个国家希望将它的法律强加或实行于另一个国家是根本不可能的；一个对于淫秽规定了严格标准的国家的资料提供者可能会将资料传输给另一个标准宽松的国家，并通过轻松的点击可以使全世界从那里接收该资料。""中国关于调整色情的法律禁止接入包括 Playboy，Penthouse 等网站，这些网站在美国、英国、加拿大等国家通常并不被认为是色情网站，并受到法律保护。"[②]

　　与英国相同，美国法律仅规制淫秽、儿童色情、猥亵三类表达，其中淫秽、儿童色情是被法律明确禁止的，而猥亵内容对未成年人是禁止的，色情、猥亵内容对成年人扩散却是合法的。仅字义本身的理解，淫秽（obscenity）、色情（pornography）、猥亵（indecency）三者之间难以清晰地辨别，在有些即使是法院判决书的措辞中也可能存在互换使用的情况。根据一般的理解，色情描写被定义为淫秽的或淫荡的写作或绘画，淫秽是相对于纯洁与恭谨的，具有冒犯性的、猥亵的、污秽的和令人厌恶的。两者的区别在于，色情描写是一个色彩浓重的词汇，其程度可能不及"淫秽"，淫秽是指附加形容词"赤裸裸地描写性行为"。为了弥补定义上的不确定性，有些情况下将色情表述为隐讳的淫秽描写。但在法律上，"淫秽"和"色情描写"之间没有明显区别。猥亵则是一种涉及污秽内容的程度较轻的表述，它依然是儿童禁止接触的标准[③]。不严格的意义上，猥亵

---

① [美]雷蒙德·塔塔洛维奇：《美国政治中的道德争论》，吴念等译，重庆出版社 2001 年，第 313 页。

② [美]格拉德·佛里拉等：《网络法：课文和案例》，张楚等译，社会科学文献出版社 2004 年，第 242 页。

③ [美]唐纳德·M.吉尔摩等：《美国大众传播法：判例评析》（下），梁宁等译，清华大学出版社 2002 年，第 588 页。

同色情具有相似的内涵,1983 年迈阿密州立法通过的《有线电视条例》对"猥亵"定义如下:指正常人采取当代社区的普通标准,认为它对于人类性活动及排泄器官及其功能的表述是令人作呕的①。1975 年,联邦通讯委员会为了区别"猥亵"与米勒案中的"淫秽",将猥亵定义为"在白天儿童可以观看到的时间内,以明显具有冒犯性的词汇描写或刻画性、排泄性活动或性器官"。在 1978 年"联邦通讯委员会诉太平洋基金案"中,联邦最高法院裁定禁止在广播或无线电视节目中播出猥亵言论。但法院并没有将猥亵言论的禁止推广到有线电视,因为用户可以选择有线电视是否允许进入家庭,对有线电视过分限制不符合宪法第一修正案规定。同时,电话使用也未限制猥亵言论,以免侵犯成年人接触这些言论的权利。因此,猥亵言论除了对未成年人禁止外,司法裁决更倾向于归为自由表达的范畴。

"有一些权威人士,他们把所有公开论及性的表达都视为淫秽色情的,并对其予以禁止或处罚,但在美国流行的观点正好相反,并非一切有关性的表达都有必要予以谴责。"淫秽就像美好一样,是观看者的心态,精准定义淫秽似乎超出了法律能及的范围。即便是美国司法部长委员会 1986 年的报告也未能对此做出任何定义。关于淫秽的唯一可以信赖的标准就是联邦最高法院大法官1964 年在"雅各贝利斯诉俄亥俄州案"中提出的:"当我看到时,我便清楚了。"②亚利桑那大学法哲学教授乔尔·芬伯格在"淫秽""色情"界定方面的忧虑具有一定的代表性。在辨别"淫秽"和"色情"概念时存在错误的理解,通常用法中称某物为"淫秽的",是在谴责某物令人厌恶,因为"淫秽"同"好笑"这个词一样,是用来表示特定反应的(前者是厌恶,后者是娱乐)。"色情的"是描述词,指的是完全用来激发读者和观众的性兴奋的露骨的性描写和图片。将"淫秽"与"色情"混用,就像它们指的是同样的事情一样,这就提出了一个基本问题:是否某些或全部(或只有)色情的东西是淫秽的。当然,对成千上万的喜欢色情书籍、图画和电影的人来说,他们喜欢的东西不是令人厌恶的或者淫秽的。如果这些材料仍然被认为是"淫秽的",那这不是由"淫秽""色情"这两个词的定义决定的,而是明显地违反了一些相关标准,要确定这些东西是否淫秽的,需要进行严

---

① Cruz v. Ferre,755 F. 2d 1415 (11th Cir.1985).
② [美]T.巴顿·卡特等:《大众传播法概要》,黄列译,中国社会科学出版社 1997 年,第 101 页。

肃的讨论和论证。任何特定的色情是不是真的"淫秽"在逻辑上是一个问题，应公开地辩论才能决定，而不是权威的法令决定。联邦最高法院在寻找被称为"淫秽"的定义时，一致认为只有色情的是淫秽的，或者说只有作为激发性欲的工具的语言、图片和表演材料和展览才是淫秽的。在法庭的用法中，"淫秽的"就是"色情的"。联邦最高法院哈兰大法官在 1971 年的"科恩诉加利福尼亚州案"中就明确地认可了这种理解：从某种意义上说，国家应该使用权力制止的任何淫秽的词语必定明显是色欲的。在法庭的主要用法中，只有倾向于激发观看者的色情想法的内容才是"淫秽"的，不管这种"精神刺激"对观看者是不是一种冒犯。但是，其他更多的时候，法庭把"色欲"（不管它是不是惹人讨厌）当成真正的敌人，好像法庭对淫秽程度的测试是为了制止并惩罚天生邪恶的思想状态或者是"保护"成年人不受腐蚀，不管这种腐蚀是不是他们自愿的，也不管有没有给他人带来伤害或麻烦①。

　　"在美国这种以判例法为主体的英美法系国家，言论自由的限制原则通过在具体案件中的适用，借助判例的先定作用确立了法律的地位和效力。"②在司法实践中形成、检验并修正这些原则，可以避免原则适用的武断性，对于淫秽、色情的不同定义以及由此导致的该类内容自由表达的限制问题，都需要经历反复的扬弃过程。因为在地方法院尤其联邦最高法院的诸多判例中，定义或区别被禁止的淫秽或不雅材料以及应当受到宪法第一修正案表达自由保护的材料是非常困难的。对于考虑到会造成儿童伤害的材料的扩散，各级法院通常采取一种模糊的观点③。出现这种司法窘境，主要由于宪法第一修正案所保护的言论自由价值已经浸入社会的每个细胞。在不少判例中，法官都在讨论这一问题：即便在防止未成年人接触"淫秽"或"明显冒犯性"内容上政府享有多重大的利益，如果政府所选择的实现利益的方式大大超出了必要的范围，政府就侵犯了受宪法第一修正案保护的权利④。

---

① Joel Feinberg. Pornography and the Criminal，University of Pittsburg Law Review，40 U.PITT.L. REV.1979(56).

② 王锋：《表达自由及其界限》，社会科学文献出版社 2006 年，第 261 页。

③ ［美］格拉德·佛里拉等：《网络法：课文和案例》，张楚等译，社会科学文献出版社 2004 年，第 220 页。

④ ［美］唐纳德·M.吉尔摩等：《美国大众传播法：判例评析》（下），梁宁等译，清华大学出版社 2002 年，第 564 页。

　　在权利范畴中考虑淫秽、色情是否应受限制以及限制的方式、程度问题，不仅面临宪法第一修正案所保护的言论自由价值的拷问，还涉及女性平等权利问题的追问，因为宪法第一修正案的精神而不得已保护了某些情色内容，仍然有可能导致女权主义者的质疑。女权主义者从妇女歧视角度将淫秽色情定义为"从性角度以图示书画形式明确详述妇女的屈从性"，"妇女被表现为性对象，喜欢强奸、疼痛或屈辱、物体或动物的进入体内，或处于有侮辱人格和折磨虐待之中，且这种环境使得有辱人格和折磨虐待具有性色彩。"[①]女权主义者认为，淫秽或色情描述有可能起到刺激实际生活中对妇女实施暴力的"催化剂"作用。如代表性人物 A.德沃金提出，淫秽品是理论，强奸是实践。淫秽是观念，淫秽品就是行动。淫秽品有效地将女性变成妓女，成为男性使用的对象。研究学者收集的一些证据证明，淫秽、色情不是刺激对妇女的暴力，就是使对妇女的暴力合法化。越来越多的试验性研究也支持淫秽色情将刺激或使对妇女的暴力合法化的理论。从事法学研究的女权主义代表者密歇根大学麦金农教授认为，色情刊物不能构成言论表达，而是一种导致女性被压迫的行为[②]。司法部下设的组织机构色情委员会曾经发布的调研报告指出："已有证据强有力地证实以下推定，大量暴露于性暴力材料与反社会的性暴力行为有着因果关系。对某些亚群体而言，还与非法性暴力行为有着因果关系。"该调查报告表明，当有关材料把妇女描述为喜欢强奸或其他虐待方式时，男性较易于接受对妇女的性暴力是合法的说法，而这样的描述又总是占据被调研的淫秽色情材料主题的位置[③]。1983 年，以女权主义者 A.德沃金、C.麦金农为代表所起草的《示范反色情法》将淫秽色情引证为严重违反妇女的权益，系性别歧视行为，应当创设为受害者提供民事赔偿的权利救济，该民事诉讼不仅适用于胁迫从事色情、因具体色情刺激造成的暴力殴打，亦应适用于非法买卖淫秽色情，即制作、销售、展示或传播发行。色情委员会对此建议持认同态度，因为"民权方法尽管有争议，但它是人们提议的唯一法律方法"。该法案获得印第安纳州的明尼阿波利斯市政委员会

---

① ［美］T.巴顿·卡特等：《大众传播法概要》，黄列译，中国社会科学出版社 1997 年，第 112 页。

② Bernard Schwartz. The Great Rights of Mankond, Oxford University Press. New York,1977,p.189.

③ George Anastaplo. The Amendments to the Constitution: A Commentary. John Hopkins Uinversity Press，Baltimore，1995，p.37.

的批准①。印第安纳州的该项立法就"色情刊物"被认定为"歧视妇女"的具体情形予以列举，即涉及性贬低女性地位的书面表达，无论图片还是文字，包含以下的一项或多项内容：①将女性描述为享受疼痛或侮辱的性对象；②女性被描绘为能在强奸中产生快感的性对象；③女性被描述为被绑架或肢解或遭殴打以及其他肉体伤害的对象；④描写女性被物品或动物插入；⑤女性被描述为堕落、下贱、遭折磨的性对象；⑥女性被描述为被征服、强奸、剥削、占有或被利用的性对象，以及明显有关性奴隶的角色。该法强调，色情作品造成伤害的，有书证证明的，是对平等权的侵犯。任何被色情作品伤害的人证明色情作品与其受到虐待之间有因果关系，允许其通过司法途径恢复被剥夺的公民权利，阻止色情作品继续为害。在 1984 年的"美国书商诉哈德那特案"中，哈德那特因制售淫秽品罪被起诉，联邦地区巡回上诉法院裁定支持了该主张，法院认定色情作品造成的损害是真实的，因果关系的认定在司法上是充分的，对于创制并维持性别作为歧视的基础而言，色情作品起到了关键作用。色情作品使得妇女的从属地位与针对女性的暴力持久化，伤害妇女就是伤害社会②。但 1986 年，联邦最高法院判定这项法律是违反宪法的，它违反了美国宪法第一修正案有关言论自由的条款。因为这一立法管制的对象是言论本身而不是管制色情刊物的行为。只有在减少性歧视方面有强制性利益时，对言论的管制才是正当的，但地方政府并不存在这样的利益。而且，这样的立法也没有考虑言论的社会价值③。

对于是否禁止淫秽或色情、如何禁止，理论与司法执行标准一直未能达成统一认识。诸如自由主义倡导者倾向于将色情内容仅仅当作扰民行为，或当作民事侵权性质，并未着眼于其社会危害性问题。针对美国法律所存在的混淆"淫秽"与"色情"、误把制止人们的性变态和性探索当成治理任务，学者提出解决有关色情内容管理的方法，即私人拥有色情书刊，或是向自愿的成年人出售、分发色情内容，不受法律限制和惩罚。只有当色情内容被强加于不愿观看的成

---

① Steven Shifrin. The First Amendment, Democracy and Romance. Havard University Press, Cambridge, 1990, p.116.

② ［美］乔尔·鲁蒂诺、安东尼·格雷博什：《媒体与信息伦理学》，霍政欣等译，北京大学出版社 2009 年，第 35 页。

③ Steven Gey. The Apologetics of Suppression of Pornography as Act and Idea. Michigan Law Review, 1988, Vol.86, p.1570.

年人或孩子时,色情内容才成为该受法律限制和惩罚的东西。"只有在公众场合公开向非自愿的观众和孩子们展示色情内容才是该被禁止的。"如果拥有、使用或者展示明显的色情内容是被法律禁止的,违反这些法令会遭受惩罚或者监禁,这种对私人事务的强烈干涉是无耻的,除非有特殊的令人信服的理由。如果没有恰当的理由,政府使用强制性的力量,显然是不道义的①。乔尔·芬伯格提出,刑法禁令的"合理理由"有两个方面:一是制止对遵守治安的人进行伤害、侮辱,这是一种合法的理由;第二种合法理由是制止一些行为以保护其他人不受某种讨厌的、令人生气的或带来不便行为的影响。这些讨厌的行为带来了不愉快不舒服的经历,对精神和意识的侮辱、厌恶、震惊、羞耻、尴尬、烦恼、厌倦、气愤或者蒙耻。这些会带来不方便甚至伤害。因此,自由主义者认为,制止伤害他人的需要与制止扰民行为的需要已经穷尽了所有可以用来支持刑事起诉的理由。在这个范围内,如果一个刑法条例没有这两个理由中的任何一个支持的话,那么它就是不合道义的。根据自由主义者的观点,保护作恶者的利益和名誉,保护邪恶、不道德的行为,不应是某条刑法条例合法存在的理由。

(二)美国联邦最高法院:淫秽标准的争议与调整

目前,美国对淫秽的认定仍然采纳 1973 年由联邦最高法院提出的"米勒标准",但该标准的最终确立却经历了一个持续争议与调整的司法裁定过程。19世纪中期,美国法律已有明确规定,性指向的材料为非法,制作者、扩散者等都有可能受到法律的制裁②。20 世纪初,由于淫秽内容而引发的诉讼日渐增多,淫秽标准问题才被通过一些案例得到广泛关注与讨论。美国法院关注什么是淫秽、什么不是淫秽内容始自 1873 年通过的《康斯托克法》,该法规定所有的淫秽书籍、小册子、图片及其他材料都不得邮寄,但并没有对淫秽进行定义。在1957 年"罗斯诉美国案"之前,美国法院一直沿用英国法院的"希克林标准",从1868 年起美国各级法院相继采纳"希克林标准"作为判决淫秽材料案的依据。1879 年"美国诉本尼特案"中大法官萨缪尔在判决中引入了希克林标准,成为联邦最高法院引入希克林标准的第一个判例。而 1896 年"罗森诉美国案"中,

---

① [美]乔尔·鲁蒂诺、安东尼·格雷博什:《媒体与信息伦理学》,霍政欣等译,北京大学出版社 2009年,第 232 页。

② [美]约翰·D.泽莱兹尼:《传播法:自由、限制与现代媒介》,赵刚等译,清华大学出版社 2007 年,第392 页。

联邦最高法院以判例的形式正式接纳"希克林标准"。罗森是纽约一名出版商，因邮寄关于女性的不雅图片违反《康斯托克法案》而被定罪，案件上诉至联邦最高法院，最高法院维持了有罪判决。随后的数十年，"希克林标准"一直主导了美国法院的司法理念，直到 1933 年的"美国诉《尤利西斯》案"判决对"希克林标准"产生了动摇或修正。由兰登书屋出版的乔伊斯的小说《尤利西斯》被认为是淫秽色情书籍，遭到起诉。在该案审理中，联邦地区法院法官约翰·伍尔西提出：第一，必须从整体而不是从片段（"最糟糕的那部分"）衡量一本书是否为淫秽的；第二，不能简单使用"腐化""堕落"等模糊的标准来判断作品是否为淫秽的，淫秽作品必须能够"激起人的性欲"或者导致具体的行为；第三，判断淫秽所造成的影响，不应当以那些"最容易受影响的人"为标准，而应该以"具有正常的性本能的人"为标准[①]。但因为该案未进入联邦最高法院，该判决对其他各州未能产生实际约束力。

"罗斯诉美国案"使美国得以确立新的淫秽认定标准即"罗斯标准"，它被解释为"对普通人来说，参照其时代的共同体标准，从整体上看具有主导地位的意旨是渲染色情"。该标准首先所强调的淫秽品是指制约整个作品的主题必须是淫秽的，或者说，作品主导性主题是为了激发好色之徒的兴趣（"一种羞耻而病态的兴趣"），判断作品是否吸引好色之徒的兴趣，需要根据客观而理性的人的取向，亦即是否会对普通人而不只是对容易受到影响的人尤其是未成年人产生不良影响；其次，它必须是冒犯了社会共同的准则，违背了当代的社区道德标准；再次，它必须被判定为完全没有社会价值。1957 年，纽约出版商塞缪尔·罗斯在自己创办的杂志上刊登或出版《尤利西斯》《查特莱夫人的情人》等当时的禁书，并在用来招揽生意的广告和传单中夹带淫秽色情内容，被纽约地方法院裁定有罪入狱。罗斯上诉至联邦最高法院，法院维持了地方法院判决。大法官布伦南依据"价值二分法"提出了影响深远的观点"淫秽物品不受宪法第一修正案保护"：言论分为有价值的和无价值的，而第一修正案保护的是人们自由交流的意愿以促成政治和经济的变革。但是一部分不具有社会补偿价值的表达，如诽谤和亵渎言论不受宪法第一修正案保护。淫秽物品激起下流的淫欲，属于

---

①　United States v. One Book Entitled "Ulysses", 5 F. Supp. 182, 184 (S.D. N.Y. 1933).

表达而非言论,亦不受第一修正案保护①。这是联邦最高法院第一次对淫秽做出操作性的解释,缩减了淫秽的边限,同时也固守了言论表达的空间。依据该案所做出的解释,1959 年联邦最高法院驳回了纽约州对影片《查特莱夫人的情人》的禁令。法院认为,该影片尽管有宣扬通奸行为的内容,是一种"意识形态上的污秽",而利用法律打击所谓的"不道德行为",违反了宪法第一修正案。虽然该案没有对何为"淫秽"做进一步的说明,但却区分了"性观念"和"淫秽",性观念属于道德的范畴,不在法律治理范围。

但罗斯标准存在一些不确定性,如测量具体材料对虚构的"正常人"的心理作用,衡量长篇幅的作品中淫秽材料的显性程度,参考的有关社区是当地、州还是国家一级的社区。直到 1966 年"芬妮·希尔案"(《芬妮·希尔:欢场女人回忆录》一书的出版被指控为淫秽出版物)的大法官布坎南重新阐述了淫秽作品判断的三个要件:①内容的主题就总体而言能够引起淫乱的欲望;②内容因违背关于描写和表达性的当代社会标准而具有明显的冒犯性;③内容完全没有其他的社会价值。这是对淫秽的修正表述,被称为"罗斯—迈莫斯标准"②。该案对淫秽的阐述表明,即使作品本身只存在为数不多的社会价值,都不能用刺激性欲或违背公众道德的理由加以阻止,除非证明它完全没有社会价值,这增加了处理淫秽品的难度。尽管联邦最高法院在芬妮·希尔案判决中提出了一个区分淫秽的方法,即"罗斯标准"的重述,材料须明显令人生厌且有意冒犯与描述或表现两性关系有关的当代社区标准的检验标准以及材料须全然不顾实现社会价值,但由于这些标准的阐述是相互关联的,执行仍然存在困惑。

作为当下美国法院裁决淫秽案件的标准,依然沿用了 1973 年"米勒诉加利福尼亚州案"所诞生的"米勒标准"。1973 年,加利福尼亚州名叫马尔文·米勒的推销员在销售"成人用品"的邮送广告中夹寄了涉及色情内容的 5 本小册子,其中一封寄到加州一家餐馆。小册子中包含许多描绘性行为的图片,餐馆老板打开邮件时他母亲正好在场,觉得十分尴尬,向警方举报了米勒。依据加州刑法典的规定,任何人为了销售或分发,或者准备、出版、印刷、展示、分发,或邀约分发,或自己持有并有意分发或展示任何淫秽材料,而向本州故意发送或引起

---

① Don R. Pember. Mass Media Law. Boston,MA:McGraw-Hill,2000,p.456.
② 邱小平:《表达自由——美国宪法第一修正案研究》,北京大学出版社 2005 年,第 238 页。

发送，或者故意带来或引起带来该材料的，为轻罪行为。此处的淫秽指，对于普通人，采用同时代的社区标准，该事物的主要诱惑，从整体而言，是引发淫欲的兴趣，如对于裸体、性、排泄所产生的不体面的、病态的兴趣，并超过了对这样的事情习惯上描述或表达的直白的限制，也没有任何补偿社会的作用。检方以"故意传播淫秽物品罪"对米勒提起控诉。在经过陪审团审判之后，米勒被定罪。米勒认为加州刑法典中禁止传播淫秽物品罪的规定侵犯了其言论自由，将官司上诉至联邦最高法院。最高法院裁定米勒胜诉，"米勒标准"被确立。首席大法官伯格代表法院多数派给出了新的判断标准：①一个普通人运用当代的社区标准，是否感受到作品整体上会引起人们淫乱欲望；②作品是否以一种显然令人作呕的方式描绘或描写该州法律所定义的性行为；③从整体上看作品是否缺乏重大的文学、艺术、政治或科学价值①。

该案贡献体现在如下方面：其一，对作品的审查必须经过"整体观察"，不得以"断章取义"方式抽取片段内容认定该作品是否属于淫秽物品。其二，必须采取"当代的社区标准"加以认定，"当代的社区标准"构成米勒标准的重要元素。联邦最高法院在"米勒案"中否决了不受地方偏见影响的全国性的社区标准才会提供第一条修正案的适当保护的论点，允许各地法院在确定什么是淫秽作品时使用地方标准。其三，作品的主要目的在于激发淫乱欲望。"淫乱欲望"强调宣扬可耻或病态的性欲望的内容，不包括正常的性兴趣。作品以"显然令人作呕"方式描述或形容某些特定的性行为，是指对性行为的描写"已严重超越习惯上形容或描述此类事件之坦白程度并冒犯了当代社会的礼仪标准"。大法官伦奎斯特解释"令人作呕"主要包括："对最终的性行为——正常的或不正常的，实际的或模仿的——显然令人作呕的表现或描绘；对手淫、排泄功能和对生殖器的猥亵展示等的显然令人作呕的表现或描绘。"②"米勒诉加利福尼亚州案"之后，联邦最高法院在一些判决中对上述标准作过如下进一步解释：陪审员可以适用其所处地区的标准作为判定淫秽的"社区标准"，各州既可以规定没有进一步说明的社区标准，也可以限定精确的地理范围来确定社区标准；"引发淫欲"意为引发"可耻的或者病态的性欲"而非"正常的性欲"；强调普通人"但不包括

---

① Miller v. California, 413 U.S. 15, S.Ct. 2607, 37 L.Ed. 2d 419 (1973).

② Don R. Pember: Mass Media Law. Boston, MA: McGraw-Hill, 2000, p.460.

未成年人";衡量"严肃的文学、艺术、政治或科学价值"应使用全国标准,且使用全国标准认定严肃的文学、艺术、政治或科学价值只是判断某作品不是淫秽所需的,具有某种艺术、政治或科学价值并不必然排除一部作品是淫秽的认定。值得说明的是,在1973年的"巴黎第一成人剧院诉斯莱顿案"中,联邦最高法院裁定州法院有权根据"米勒案标准"禁止上演赤裸裸的色情描写的电影,即使放映方尽力把观众限制在做出同意的成人范围。法院把本人同意的成人观看淫秽材料的宪法隐私权仅仅限制在家庭场所,实际上拒绝了将个人在家庭中异性亲密关系的宪法隐私权扩大到在公共的成人聚集的场所观看色情表演。而在1974年的"詹金斯诉佐治亚州案"中,詹金斯作为该州一家电影院经理因放映了电影《性欲知识》,被该州最高法院依据"米勒标准"裁定有罪。但联邦最高法院推翻了州最高法院的判决,裁定该电影不属于淫秽作品,因为当地社区标准与州一级的社区标准的适用存在不同意见,州法院依据的是当地社区标准,而联邦最高法院依据的则是州一级的社区标准。

米勒标准确立之后,联邦最高法院没有再做出过重要修改,它基本奠定了当今美国法律对于淫秽的定义。米勒标准对于淫秽认定标准门槛的抬高,同当时美国色情产业发展与适度生存空间密切相关,是对色情产业保护平衡的产物。正如联邦最高法院大法官沃伦·厄尔·伯格写给布伦南大法官的信中所言:"让色情产品的制造商感到些许不安,并不会影响美国第一宪法修正案的价值。些许的寒风,不会让色情业者造成太大的伤害,而是会让全体人民都受益。"①

(三)互联网环境:禁控淫秽色情更为谨慎

正如网络预言学者约翰·佩利·巴洛在《网络空间独立宣言》中所言,"我们正在创造一个任何人都能参与的,没有因种族、财富、暴力和出身差异而产生的特权与偏见的社会。在我们正在创立的新世界中,任何人可以在任何时间、地点自由发表自己的意见和主张,而不会被胁迫保持沉默和屈从。"②互联网表达的畅通渠道无论在规模还是深度方面,都更加激发了言论自由意识与淫秽色

---

① Donald Downs. The New Politics of Pornography. University of Chicago Press,Chicago,1989,p.18.
② John Perry Barlow. Declaration of independence in Cyberspace. http://internetlaw.51.net/internet-law040501.htm#1MAILLISTDOC,2010-07-01.

情管控之间的冲突。"网络空间虽然没有带来关涉言论自由的全新的问题，但会使传统的言论自由理论中的某些问题更加尖锐、更加突出。""在网络空间中，言论自由的行使更多地借助于网络技术和言论内容本身，只要能引起网民兴趣，网络空间为你带来的利益是现实空间无法比拟的。网络空间实现了出版者和作者的分离。"①大法官布伦南在 1973 年"巴黎成人剧院诉斯莱顿案"中就联邦最高法院对淫秽定义的历史进行了反思，"最高法院多年来试图对淫秽定义之所以失败，是因为任何一个淫秽定义，不管界定得多么精确严格，都无法考虑到所有情况，都可能在禁止淫秽出版物的同时，侵犯个人的表达自由。"②淫秽色情到底是法律问题还是道德问题，互联网传播环境下更难达成定论与共识。"淫秽定义之所以成为解释和适用第一修正案的难点，是因为这里不仅涉及法律问题，还特别涉及道德问题……最高法院在审理淫秽出版物的案例时，一直试图以社区标准作为认定淫秽的公认道德基础，这实际上限制和剥夺了个人参与道德选择的机会，从而侵犯了第一修正案保障个人的表达自由。……由于美国有关政府部门一直不能就淫秽出版物和性犯罪的直接因果关系提出充分的证据，反淫秽出版物惩治的实在不是一种刑事犯罪（即触犯了刑律），而是一种道德犯罪，只触犯社区体面标准。"③"宪法保护公民的言论自由，社会也需要维护一定的道德秩序，二者之间存在着根本的矛盾冲突。淫秽问题就是这种冲突的一种典型表现……在因特网时代我们这个讲究民主的国度里，言论自由与色情之间的冲突越来越大了。决策者有必要制定更有效的政策方针，以平衡 21 世纪言论自由与言论限制之间的关系。"④"宪法所保护的言论自由并不是在任何时候、在任何情况下都是绝对的。言论的种类是有明确定义和恰当限定的。对诸如猥亵、淫秽、亵渎、诽谤、侮辱、挑衅等言论的禁止和处罚就不会引起宪法问题。"⑤

---

① ［美］劳伦斯·莱斯格：《代码 2.0：网络空间中的法律》，李旭等译，清华大学出版社 2009 年，第 23 页。

② Brian Lamb, Susan Swain, Mark Farkas. The Supreme Court: A C-SPAN Book, Featuring the Justices in their Own Words. Harvard University Press, Cambridge, 2007, p.101.

③ Steven Shifrin. The First Amendment, Democracy and Romance. Harvard University Press, Cambridge, 1990, p.119.

④ ［美］雷蒙德·塔塔洛维奇等：《美国政治中的道德争论——社会调节政策八个侧面》，吴念等译，重庆出版社 2001 年，第 353 页。

⑤ Black's Law Dictionary. West Publishing Co., 1979, 5th Edition, p.1299.

传统媒体主导的传播环境下,"米勒标准"地位已基本确立,社区标准取代全国标准得到了更多认可。但是,禁止网络淫秽或色情所遭遇的突出问题表现为两个方面:一是社区标准面临问题,因为网络没有现实的地理界限,信息发布者所在的地区可能并不认为其所发布的信息是色情内容,但信息接收者所在地则可能持有相反的法律标准。如日本儿童色情不被禁止,但携带者将相同材料带到澳大利亚就属于犯罪①。相对成熟的"米勒标准"对于在线传播的淫秽色情问题可能面临困境,"同时代的社区标准"是指使用淫秽色情材料上传发生地的社区标准,还是材料被浏览地或下载地的社区标准,可能聊天室、公告板和其他互联网用户的经营人在判断方面缺乏可以预见性。关于是否应当确立"网络空间的社区标准",1996 年"托马斯诉美国案"较早涉及该问题。加利福尼亚州的卡里恩·托马斯夫妇通过使用扫描仪将色情杂志图片传送到他们经营的"业余计算机活动公告栏系统",并向成员推销成人录像带的性爱图像。一名邮政检察员收到一份田纳西州居民对此的申诉。田纳西州地方法院根据田纳西州孟菲斯市的社区标准,判决其行为构成犯罪。该夫妇曾接受该州圣何塞警察局的调查:根据加州法律,公告板上的色情材料不属于淫秽材料,孟菲斯市的一名邮政检察员使用假名申请加入这个公告板,并在田纳西州通过个人电脑接受了色情图片。托马斯夫妇在上诉中称现行法律并不涵盖计算机传输,主张法律管制的是通过私人运送、销售、扩散方式而非电话线传送。联邦第六巡回区上诉法院驳回了被告的上诉讼主张。该夫妇在上诉中还主张,不应当采用田纳西州的社区标准来判定所涉材料是否属于淫秽,联邦巡回上诉法院支持了初审法院的判决:如果被告不愿意面临来自田纳西州的审判与认定标准,就不应该允许田纳西州的人申请成为会员。联邦最高法院最终裁定驳回托马斯夫妇的诉讼②。虽然联邦法律已有规定禁止使用计算机和州际电话传播淫秽、下流、挑动情欲、污秽或猥亵的评论、建议或意见,但该案的审理提出了一个问题,即应

---

① 《一日本游客因涉嫌持有儿童色情物品在澳大利亚被捕》. http://www.chinanews.com/w/2019-11-04/doc-iicezuev7076640.shtml.

② United States v. Thomas 74 F. 3d 701(6th Cir.), cert. denied 117 S. Ct 74(1996).

否存在"网络空间的社区标准"①。尽管联邦巡回上诉法院最终认定田纳西州地方法院有权使用投诉人所在地的田纳西州地区标准作出判决，但如果引发诉讼的淫秽色情材料内容并不属于非常典型的淫秽材料，在不同地区的法院因采纳的不同的地方标准可能面临不同的判决结果，淫秽品与非淫秽品之间并不存在非白即黑的界线。而 1997 年"美国公民自由联盟诉雷诺案"及上诉案的判决，实际上否定了"网络空间的社区标准"。

联邦政府和州政府都有法律规定，禁止商业或非商业目的进行淫秽材料的运送、分享行为，不论是否以家庭使用为目的。如《美国法典》有条款规定不得进口"任何色情的图书、宣传册、文件、笔记、广告、函件、印刷品、照片、图画或在纸面或其他媒介上的画像、体态、肖像，或者类似色情或不道德的文章"，包括通过计算机互联网络传递符合法律保准的淫秽内容。这意味着对于互联网服务提供者，如果他知道来源于外国的被禁止的资料，且允许用户下载，会被追究法律责任。如果用户通过搜索并从国外的网站资源下载被禁止的资料，亦被追究法律责任。如何实现一般性规定与地方标准使用之间的协调，是互联网面对成年人扩散淫秽色情材料如何合理地承担责任需要进一步解决的棘手问题。

二是违法行为人难以查证，有些软件可以有效屏蔽用户的 IP 地址。为了查获使用代理服务器发布儿童色情信息的嫌疑人，美国联邦调查局（FBI）曾经采取钓鱼执法的方式，自己运营色情网站，在网站的链接中植入木马程序获取用户真实 IP 地址，查获嫌疑人。尽管 FBI 只是在极短时间内运营色情网站，但其并未组织访客浏览和下载儿童色情信息，更无法阻止访客二次传播，引发社会广泛的批评。在打击网络淫秽或色情问题上，美国联邦政府、各州在不同时期的执法各有不同。一些地区可能倾向采取严厉管制措施，而另一些社区可能更关注成年人所享有的言论自由价值。

总体而言，法院对网络淫秽色情内容的惩罚采取了完全不同于政府施予广播电视媒介的比较严苛的内容标准，在互联网内容限制与追责方面采取比较谨慎的立场，即便出于对未成年人的合法利益考虑，司法也拒绝由此而导致的对

---

① Steven Shapiro. The Changing Landscape of First Amendment Jurisprudence in Light of the Technological Advance in Media. Fordham Intellectual Property, Media & Entertainment L.J.1995, 317.

成年人合法利益的损害,被视为美国网络言论自由第一案的"美国公民自由联盟诉雷诺案"可从一个侧面说明这一点。美国第一部旨在限制网络淫秽色情信息的联邦法律《通讯内容端正法》(注:国内译名多种,如《网络端正通讯法》《通讯行为端正法》《传播净化法案》《通讯严肃法》《通信品位法》《正当通信法案》《通讯庄重法》《通讯风化法案》《通信道德礼仪法案》《通信正派条例》《传播庄重法》等,1996年《电信法》颁布,该法并入《电信法》第五部分)于1996年颁布,该法禁止如下犯罪行为:在州际或国际通过电信传播淫秽、下流、挑动情欲、污秽或猥亵信息,或以按照当代的社会标准确定的公然冒犯性术语描写性或排泄行为或性器官。该法自实施起便遭遇合法性的质疑,司法部长珍妮特·雷诺宣布,司法部不会强制实施该法律有关不合适条款,这意味着"网络空间的社区标准"并不被认可。

在该法颁布实施所引发的"美国公民自由联盟诉雷诺案"(1997)中,联邦地区法院及上诉法院的判决意见均认为《通讯内容端正法》对淫秽标准的界定过于模糊,与被普遍采用的"米勒标准"不一致,可能过多地限制了成年人的表达自由,不符合宪法第一修正案的宗旨①。1997年联邦最高法院维持了地区法院的判决:"该项立法明显对言论自由构成了威胁,虽然它是为了避免让未成年人接触到具有潜在危害的材料,但它事实上禁止了成年人依据宪法而享有的接受或发表言论的自由。"史蒂文斯大法官在判决书中再一次强调已经被多次重复的一种理念,"就宪法历史的传统来看,在没有相反证据之前,我们认为政府对言论内容进行管制的做法,非常可能干预观念的自由交换,而非鼓励观念的自由交换。而在民主社会中,鼓励表达自由的重要性,远超过任何言论内容审查的做法所带来的在理论上可能存在却未经证实的利益。""不容否认地,我们已经一再地表明在保护未成年人免受不良信息的影响伤害方面,政府的确有其正当利益可言。但政府的这一利益却不能作为正当化以非属必要的方式,广泛压制传播给成人的信息的做法。"针对《通讯内容端正法》规定条款,联邦最高法院做了详细论证:其一,规定用语过于模糊,《通讯内容端正法》并未明确界定"粗俗不雅"及"明显令人不悦"以及二者之间的联系,一般人也会产生探讨避孕、同性恋等事件是否会违反《通讯内容端正法》的疑虑;其二,限制过度,虽然国家有

---

① American Civil Liberties Union v. Janet Reno ,929 F.Supp.824(E.D.Pa.1996).

权立法保护未成年人的利益,但这项利益并未强到可以限制成年人所享有的宪法第一修正案所保障的言论自由的权利;其三,《通讯内容端正法》并非网络设定区域的法律,而是涵盖整个网络,其目的是保障未成年人免于"粗俗不雅"及"明显令人不悦"言论的主要影响,是以内容为基础的言论全面限制,而非以时间、地点、方式为基点的规制①。在对待成年人的淫秽色情管制上,司法一直强调,即便基于未成年人、妇女保护的立场,对这些淫秽色情言论进行限制也必须考量限制的正当性及其影响,它可能在根本上导致对成年人言论自由、文学艺术创作自由的限制。如美国联邦最高法院在 1964 年"雅各贝利斯诉俄亥俄州案"中所言"虽然州和地方有合法的利益阻止传播被认为是危害未成年人的材料,这一利益甚至是迫切需要关注的利益,但这一利益不能合理解释全盘禁止这些出版物。全盘禁止的后果是,成年人只能阅读到儿童读物了";大法官道格拉斯在 1957 年"罗斯诉美国案"与"艾伯特诉加利福尼亚州案"合并审理意见书的反对意见中所称"现在还不能确定,淫秽出版物是造成世风日下的主要因素。在淫秽出版物对人类行为的影响还缺乏可靠信息的情况下,对淫秽出版物的处理应该谨慎,应该站在社会对文学作品保护这一利益方面,除非作品对政府应加以控制的行动产生了影响。"②这也是美国当下互联网淫秽色情难以有效管控的根本原因,对于那些尚未达到"淫秽"程度的一般色情内容,美国没有一部法律禁止此类内容的传播,色情内容在未成年人不能轻易接触到的一些互联网空间呈现泛滥之势。不是由于政府不重视,而是司法审查太过强势,而审查标准又一直饱含争议。

(四)英国既有淫秽管控法律的调适

基于对言论自由价值的高度推崇,早些年英国在网络淫秽色情内容规制方面保持谨慎,优先倡导行业自律和协调,偏重社会性的监督而非监控,避免行政权力干预,只有严格意义上的淫秽内容才纳入刑事治理范畴。如 1996 年英国互联网监视基金会与网络服务商协会、伦敦网络协会共同制定了行业自律与监管兼备的规范性文件《安全网络:分级、检举、责任》,该文件鼓励网络服务商自

---

① Steven Shifrin. The First Amendment, Democracy and Romance. Harvard University Press, Cambridge, 1990, pp.115-116.

② Thomas Emerson. The System of Freedom of Expression. Randon House, New York, 1970, p.223.

愿对其网站内容进行分级和过滤,除法律明确禁止的儿童色情内容外,对于成人色情等通过内容分类标注技术,让用户自行决定是否浏览。但近年来政府治理淫秽内容的主体存在一种倾向,即参与淫秽材料扩散过程的有关主体均被追究法律责任,而非传统法律规定的仅仅出于营利目的持有并传播的主体才承担刑事责任。

政府治理网络媒体传播淫秽内容的主要法律依据是《1959 年淫秽出版物法》(1964 年修订),此外还包括针对儿童色情的专门立法《1978 年儿童保护法案》、针对性侵犯的专门法律《2003 年性侵犯法案》(该法案是在《1978 年儿童保护法案》基础上修改形成的,2012 年再次修订,将未成年人的年龄由原来的 16 岁以下改为了 18 岁以下)以及刑法中规制淫秽出版物的相关条款的专项立法如《1994 年刑法司法和公共秩序法》(有关条款规定淫秽、色情和录像制品的行为及处罚刑期)、《2008 年刑事司法和移民法案》(规定拥有极端色情图像的具体行为及惩罚后果,抗辩理由和拥有儿童色情图像的相关处罚)。除了上述法律文件,政府也可根据普通法中"共谋腐化公共道德罪""共谋侵犯公序良俗罪"对淫秽出版物的公开行为予以定罪处罚。此外,《1953 年邮局法》规定,邮寄或者企图邮寄或者获取被邮寄的含有有伤风化的或者淫秽的印刷品、绘画、照片、电影、书籍、卡片或者书信或者其他任何有伤害风化的淫秽物品,都构成犯罪。如果在实施上述行为时,相关包裹的封面上含有有伤风化或淫秽特征的任何词语、标记或图案,相关行为也构成犯罪。《1971 年主动提供物品和服务法》亦规定,运送某些出版物或物品,只要行为人知道或有理由知道该物品是未经请求而提供的,且该物品对性技巧进行了描述或者图例说明,该行为构成犯罪。《1981 年电信法》明确了通过公共电信系统(包括传真和电子邮件)发送包含有伤风化、淫秽或邪恶特性的消息或其他资料的行为,可以构成犯罪。《2000 年邮政服务法》《2003 年通讯法》分别规定,通过邮局寄送或通过公共电信系统发送淫秽或有伤风化的资料,构成犯罪。《1968 年剧院法》《1981 年防止有伤风化的展示法》分别就戏剧表演、公开展示活动涉及的淫秽物品予以规制。

淫秽、色情、低俗均为法律治理的对象,在英国长期的司法审理中,淫秽被界定为"使人堕落和腐化",色情则被认为是"其唯一或主要目的是激起人的性欲",低俗内容意为下流的、有伤风化的、亵渎的,不符合文明社会的公认礼节标准，低俗内容亦为英国法律所禁止。《1959年淫秽出版物法》对"淫秽"做如下界定：对于在所有有关场合下可能读到、看到或听到相关作品所包含或体现的内容的人而言，如果该物品或者（当物品由两个或多个部分组成时）作为其整体的任何一部分，具有倾向于使人堕落或腐化的效果，该物品将被认为是淫秽的。该标准强调着眼于材料的整体而非片断，采取社区标准而非"敏感人群"标准。该法同时从"公共利益"考虑，如果证明公布有关材料是为了公共利益，则不得根据本条发出没收令，如果它符合科学、文学、艺术或学习的利益，或者其他普遍关注的利益。如1961年的"查泰莱夫人情人案"中，企鹅图书出版公司因出版未删节版《查泰莱夫人的情人》违反1959年《淫秽出版物法》被指控犯罪，公诉方敦促陪审团依照该法第2条判定该小说总体上属于淫秽内容，并提出设问：你会赞成你的孩子阅读这本书吗？你打算将这本书放在家里吗？你希望自己的妻子、仆人阅读这本书吗？"这本书的确实意图，而且可以肯定诱使那些看过它的人在头脑里产生骄奢淫逸的想法。"而辩方则认为，本书没有让任何人堕落，作者要传达的意思是对待人类的心理压力需要用身体去消解、人类需要重建私人关系、男女间的亲密并非错误、不洁和禁忌，因而其中的性描写是完全必要且恰当的。陪审团最终就此案作出无罪判决[1]。大法官伯恩对"堕落或腐化"进行阐释："使堕落意味着道德恶化、堕落和贬低或腐化道德；使腐化意味着道德不健全或糜烂，损害道德纯洁或贞洁，败坏或者损坏良好品质，使他人污秽和不堪。"[2]但随着公众对淫秽色情的接受程度越来越高，该法案已经不符合互联网时代的潮流，现在，所有性别和社会阶层的人都可以随时获取色情内容。因此，此案陪审团的裁决在数字时代第一次成为有争议的淫秽审判，似乎表明"正常"的公众成员接受淫秽色情是日常生活中一个不起眼的事实，《淫秽出版物法》(1959)失去了规制淫秽材料的能力[3]。而且，依据该法对淫秽的认定标准，如果特定的材料对受众产生堕落或腐败影响的材料就是淫秽材料，是否说明如果受众不容易接触到材料且不易被腐化，则该材料不会受到法律上的任何

①　李韧：《〈查泰莱夫人的情人〉：50多年前的一桩言论自由案》，《新闻界》2012年第5期。

②　Hodgsons, N. Michael Peacock's Acquittal Is A Victory For Sexual Freedom. The Guardian, 6January 2012.

③　Myles Jackman. Obscenity Trial: the Law Is Not Suitable for a Digital Age. 6 January 2012. The Guiardian.

关注,也就不能被视为淫秽材料。在此案中,被告强烈反对的理由是,有关男同性恋的材料只会被男同性恋这类特殊群体所需要和关注,这样对其他人产生腐化的危险就无从谈起。法院最终采纳了这一理由,做出了无罪判决①。尽管如此,问题仍然存在,即这样的材料在互联网环境下,仍然有被未成年人获取的风险。

该出版法规定的“出版物”是指通过某种介质承载、能够被听到或者看到或者二者兼有,包括任何音频、电影或其他方式记录的图片。互联网传播色情内容是从一台计算机电子传输到另一台计算机或终端,使用电话线路和调制解调器,不是通过任何有形介质(如光盘)传输。因此,《1994 年刑事司法和公共秩序法》修改了“出版物”的含义,涵盖了电子传播的色情材料。因为 1964 年修订的《淫秽出版物法》明确规定,发布者必须有使自己或他人营利的意图才构成犯罪。据此法案理解,如果淫秽材料发送者没有营利目的,只是个人拥有并分享,即使导致严重危害后果,也并不构成犯罪,包括许多借用运营商平台分享色情图片或者视频的人从事犯罪行为,也无法认定为犯罪。为适应复杂的网络淫秽治理情形的现实需要,2008 年议会通过了《2008 年刑事司法和移民法》,该法案制定目的在于加强《1959 年淫秽出版物法》中关于淫秽适用的刑事责任执行能力。《淫秽出版物法(1959)》针对的是成年人淫秽材料,《刑事司法和移民法(2008)》针对的是淫秽、成人极端色情和儿童色情。《淫秽出版物法(1959)》规定,仅仅拥有并不犯罪,必须有发表或出版行为。《刑事司法和移民法(2008)》规定,仅仅拥有也构成犯罪。认定标准上,《淫秽出版物法(1959)》强调的是将材料作为一个整体,倾向于使看到、听到或者阅读到的人腐化或堕落。《刑事司法和移民法(2008)》则强调是否严重冒犯,恶心或其他淫秽特征。该法将极端色情作品定义为:色情指其唯一或主要目的是为了挑起性欲,“极端”包括直白的或现实主义地方式描述 4 种行为:威胁人的生命,有可能导致人的生殖器官受到严重伤害,涉及人与尸体的性活动、人与动物的性交或口交(在一个理性的人看来其中的人和动物是真实的),且作品必须具有严重的冒犯性、极其令人厌恶或是淫秽的。

《刑事司法和移民法(2008)》规定,检方的刑事指控必须证明:第一,图像是

---

① ［英］萨莉・斯皮尔伯利:《媒体法》,周文译,武汉大学出版社 2004 年,第 382 页。

色情的；第二，必须有"严重冒犯，恶心或其他淫秽特征"；图像以明确和真实的方式描绘，其中之一是：①威胁人的生命的行为；②导致或可能导致对他人人身如肛门，乳房或生殖器造成伤害的行为；③涉及对人类尸体的性行为；④与动物进行性交或口交的人（无论死亡还是活着），以及看图像，正常的人会认为描绘的动物和人是真实的①。该法将犯罪行为的关注焦点从以往侧重生产和出版淫秽材料转移到私人拥有极端色情材料也构成犯罪，即使没有营利目的，"个人拥有极端色情图像成为一种罪行"。该法案还改变了《1959 年淫秽出版物法》所设立的"腐化和堕落"的淫秽认定标准，确定检察官可以依据显示为"严重冒犯，恶心或其他淫秽特征"的极端色情材料给材料拥有者定罪。《2008 年刑事司法和移民法》弥补了《1959 年淫秽出版物法》仅仅追究网络淫秽色情传播主体法律责任的不足，将极端色情材料拥有行为也纳入了刑事罪行，规制范围从发布行为扩展到拥有材料的行为，规制主体也从传播者扩大至消费者。《2008 年刑事司法和移民法》之所以能够获得通过并实施，缘于一起极端刑事案件即"格雷厄姆·库茨谋杀案"。2003 年 3 月 14 日，39 岁的吉他手格雷厄姆·库茨勒死了 31 岁的音乐教师简·朗赫斯特，杀害行为是在双方同意的性行为过程中发生的。检方调查认为，没有任何迹象表明两人之间曾经是恋人关系。陪审团裁决库茨扼杀朗赫斯特是为了满足自己的性兴奋。检方非常重视在库茨电脑中发现的"极端色情"图片，被告在谋杀之前的 24 小时内曾经看过暴力色情材料。库茨承认他一直在使用互联网查找窒息性和扼杀的图像，包括被扼杀，窒息，被溺死等裸体女性照片和视频②。2007 年，库茨被定罪并被判处终身监禁。此案审判后，受害者母亲发起了一场将暴力色情制品定为犯罪的运动，旨在禁止"以性满足的名义宣传对妇女的暴力行为的极端互联网网站"，主张应该对互联网服务提供商施加压力，关闭或过滤掉这些色情网站，不再能够养活类似杀死简的病态的人，从而避免对他人造成伤害。该起案件中，受害者母亲的意见得到陪审员的重视，他们做出了积极回应：无论提供者和负责人是谁，警方

---

① William T. Goldberg(2010). Two nations, one web: comparative legal approaches to pornographic obscenity by the United States and the United Kingdom. Boston University Law Review. Vol. 90: 2121. pp. 2139-2140.

② MP calls for violent porn ban. BBC News(Feb. 9, 2004). http://news.bbc.co.uk/2/hi/uk_news/england/berkshire/3471441.stm.

正在努力追寻①。由于库茨访问的网站有两个客户端是在美国,英国当局寻求美国支持,敦促美国卸下冒犯性的网站。但美国除了表示同情之外,由于宪法第一修正案约束而无法采取行动②。由于网络发布者所在地理位置的任意性,已有的《出版淫秽法》无法有效地控制淫秽内容的发布行为,遏制网上淫秽材料可能变得无效。

《2015 年刑事司法与法院法》还规定了一项披露报复性色情图片构成犯罪,如果未经他人同意并意图引起他人的痛苦而将他人的私人"性"照片或胶片向当事人之外的其他人予以披露,构成犯罪。但同时规定如果他能证明他相信该披露行为对于防止、侦查及调查犯罪行为是必须的;或者如果被指控者可以证明这一披露行为是发生在新闻资料的制作过程中、或出于新闻资料的目的或在新闻资料公开时,且他有理由相信在特定的情形下该资料的公开对公共利益是有利的;或者被指控者相信该照片之前曾为获得报酬而被披露过且被指控者没有理由相信这种披露是未征得相关人士同意的。

此外,在传统媒介环境下,大多数以印刷形式出现的常规色情内容被控制了发布渠道,因此,许多材料可能不会被视为淫秽材料。比起印刷材料,通过互联网方式传播的色情内容,更易被未成年人获取,也有更易产生腐化和堕落的危险。对淫秽材料的判断标准(即对接收者产生"腐化和堕落"的影响)是随着材料对受众群体的影响而改变的,即便是以印刷形式呈现的材料不是淫秽材料,但在互联网上传播,则很可能被视为淫秽。其理由在于英国对淫秽的定义侧重材料观看者的类型,大多数色情材料,如果以未成年人为视角,易被归类为淫秽材料③。

(五)英国法律对淫秽责任承担主体范围扩大

英国政府对网络有害内容监管的总体思路是区分"非法"和"有害",对"非

① Chris Williams. Violent porn crackdown: Possession loophole to be closed. The Register(Aug. 30, 2006), http://www.theregister.co.uk/2006/08/30/pornography_possession_laws/.
② William T. Goldberg(2010). Two nations, one web: comparative legal approaches to pornographic obscenity by the United States and the United Kingdom. Boston University Law Review. Vol.90: 2121.pp.2139-2140.
③ DawnA. Edic (1998). Regulation of Pornography on the Internetin the United States and the UnitedKingdom: A Comparative Analysis. Boston College International & Comparative Law Review. Vol.XXL.No.2.pp.451-452.

法内容"的治理措施比较明确,违反何种法律规定即依据相应法律受到惩罚。如在商业网站登载属于"淫秽"内容或儿童色情内容,适用《淫秽出版法》或《通信法》的有关条款。"有害内容"则是依据本国文化、道德而形成的一种价值判断,治理手段主要由业界认可的自律组织或者独立机构依据普遍遵守的行业守则来执行,秉持"监督而非监控"的治理理念,有害内容没有相应的立法,对网络有害内容的治理措施主要是通过政府与企业协作、行业自律组织的力量共同治理。

对制作、传播非法内容的主体而非平台机构的监管,尤其是司法刑事责任追惩,立法已经比较成熟,但对互联网企业作为法律责任主体的立法一直是个短板,这种局面将有所改变。2019 年 4 月,英国政府发布了影响到网络治理立法的《网络有害内容白皮书》。所谓"白皮书",即是政府鉴于未来立法而制定的政策性文件,为拟立法所准备的草案,经社会讨论后形成法案提交议会。如《2003 通信法案》制定的基础是 2000 年政府发布的《通信白皮书》。

《网络有害内容白皮书》将监管对象区分为两类,一类是可以分享或者浏览用户生成内容的网站,如社交媒体平台、公共论坛;另一类是允许用户在线互动的网络平台,如即时消息、跟帖评论。这种分类方式不再强调网络服务提供商(ISP)或网络内容提供商(ICP)角色,而是以开展的业务为标准,如社交媒体、互动论坛、搜索引擎等。该分类方式扩大了监管对象的范围,这些被纳入监管对象的互联网企业对于网络有害内容也将负有"法定的注意义务",网络平台如果未能尽到注意义务而及时采取措施阻止网络有害内容传播,平台需要承担相应责任。这意味着英国首次将网络有害内容纳入法律范围,而在此前,英国对网络内容的治理仅限于法律层面的"非法内容",与美国等普遍做法相似。1996 年欧洲委员会在制定《网络非法和有害内容》时对有害内容的立法有所考虑,但由于其内容是否有害取决于各国文化,定义模糊,很难统一,就未纳入法律范畴。随着网络传播的范围、影响力显著增加,英国把有害内容治理在欧美国家范围内率先纳入立法范畴。《白皮书》根据内容有害性程度将其区分三个层次:第一层次"明确规定的有害内容",即"非法内容",包括儿童性虐待和性剥削、极端色情、复仇色情、传播 18 岁以下未成年人不雅照等;第二层次"定义不明确的有害内容",虽没有触犯法律但具有比较严重的社会危害性,包括网络欺凌、强迫恐吓、暴力恐怖、宣扬自残等;第三层次涉及保护未成年人远离网络色情和低俗内容,防止网络沉迷,如儿童访问色情内容,或儿童访问不适当内容(如 13 岁以下儿童使用社交媒体,18 岁以下未成年人使用约会软件)等。通过立法手段强化治理力度,表明英国管控网络内容从"依法处理非法,自行处理有害"向"依法处理非法有害"的策略转变。

二、中国:行政监管主导的多层治理

新中国成立之后,无论是非法律化政策主导还是法制或法治主导,一直倡导社会道德纯化,有违社会风化的行为都在从严禁控之列。改革开放之前的30 年,法律制度残缺,作为治理对象的淫秽、色情与低俗不雅内容之间的界限并没有得到区分,非常规的刑事政策作为最主要手段发挥作用。1978 年后,法治建设起步,治理不雅内容的法律相继出台,针对传统媒体、互联网媒体监管的法律体系逐渐完善。行政处罚主导、刑事惩治作为后盾、联合执法行动常态化、行业自律强制化的多层治理形成相对有效的监管模式,同英美等西方国家偏重单一刑事治理手段存在明显差异。

(一)新中国成立后禁止的情色内容涵盖过宽

受生产、制作技术与传播介质的限制,并受特定政治氛围及社会道德风尚等环境因素影响,新中国成立后的一段时间内,淫秽色情内容的隐蔽扩散或公开传播问题并未呈现出难以遏制的状况,这从相关部门在该段时期内出台的规范性法律文件的频率低、数量少可以得到某个侧面的印证。在 1979 年 6 月国务院批转外贸部《关于我国个人进出口自用印刷品管理的暂行规定》及 1979 年7 月颁布《刑法》并设立"制作、贩卖淫书淫画罪"之前,相关部门在 30 年时间内仅仅颁布了中共中央的《关于处理反动的、淫秽的、荒诞的书刊图画问题和关于加强对私营文化事业和企业的管理和改造的指示》(1955 年 5 月,此为新中国成立后出台的第一份治理淫秽内容的规范性文件)以及国务院具体执行的《关于处理反动的、淫秽的、荒诞的书刊图画的指示》(1955 年 7 月)、《关于处理违法的图书杂志的决定》(全国人大常委会,1955 年 11 月),以及文化部的几项行政指导性的批复函,包括 1956 年 1 月文化部就《关于处理反动、淫秽、荒诞图书工作中的一些问题》批复上海市文化局,就《关于一些反动、淫秽、荒诞图书的处理界限问题》批复江西省文化局。1956年3月，文化部向各地出版行政机关发出《关于各省市处理反动的、淫秽的、荒诞书刊工作中的一些问题》的通知。1958年1月文化部发出《关于处理反动、淫秽、荒诞书刊图画问题的通知》，要求各地继续贯彻执行国务院《关于处理反动的、淫秽的、荒诞的书刊图画的指示》。这一阶段出台的文件数量非常少，均为行政指导的规范性文件，法律化程度比较低，以政代法是这一时期不雅内容管制的特点。

改革开放之后，整个社会盛行的生活观念、价值观念、文化生活方式的逐渐改变，淫秽色情内容禁控问题日渐凸显。如1981年4月中宣部、公安部、文化部、商业部等八部委发布的《查禁淫书淫画和其他诲淫性物品的通知》提供了如下信息：据海关总署统计，1980年从进口的印刷品中，没收淫秽色情印刷品1万9千多件，比1979年增加4.1倍。海关发现有裸体女人像和印有裸体像的扑克牌，以及装有裸体像的"万花筒"式的圆珠笔、玩具盒，录有淫荡歌曲的唱片、录音带，甚至还有诲淫的性电影、录像带、光盘等。输入的渠道主要有夹藏在印刷品和信件中邮寄，入境的外国人、华侨和港澳客商随身藏带，走私犯偷运进来以及国内远洋轮职工和出国人员私带入境①。70年代末以来，从小说、报刊、字画、图片印刷品到录像带、光盘，与赤裸裸的性素材相关的色情淫秽物品成为这一社会阶段重点治理对象，以维护社会主义精神文明建设。

这一时期，仅有的几份政策文件对淫秽、色情的区分并不清晰，虽将"淫秽""诲淫"作为治理对象，但由于"淫秽""诲淫"等并没有任何认定标准的解释性文字，在人们的认识或观点上"性"与资产阶级、封建阶级的腐朽生活属于同义语，加上社会对性话题的公开谈论持明显排斥的心理，所以，在实际的执行工作中，治理对象扩大化在所难免，凡是涉及或显示"性"的内容都被纳入严厉禁止的范围。人们对"情色"持有高度的警觉，情色内容涵盖过宽，这种局面一直延续到80年代末期"淫秽""色情"的法律认定标准的出台，才得以改变。因为高度警惕，对内容性质认定失当的案例并不少见，如1979年5月，江苏人民出版社的外国文学期刊《译林》第1期刊登外国长篇推理小说《尼罗河上的惨案》，诗人、翻译家冯至就此事写信向国家有关部门反映，认为这是中国40年代以来出版

---

① 《中央宣传部、公安部、文化部、商业部等八部委关于查禁淫书淫画和其他诲淫性物品的通知》https://www.pkulaw.com/chl/db30915913837c80bdfb.html.

界从未有过的"堕落"。该信被转到江苏省委相关负责部门。出版社据实申辩，认为这部小说并不存在诲淫诲盗内容，冯至的批评有欠公正，非实事求是，其意见也不为翻译界许多专家所认可。冯至最终接受了辩解意见，向《译林》杂志负责人表达了歉意。又如1986年，漓江出版社上报出版选题《查泰莱夫人的情人》，未获得国家新闻出版总局批准。1987年，湖南人民出版社未经批准，即出版了该小说，一共印刷了36万册。出版社在发行方式方面仿照此前人民文学出版社发行删节本《金瓶梅词话》的办法，采取小说出版后凭购书证购买，把图书发行限制在专业范围。为此，湖南人民出版社印制了一批购书证。但小说出版后很快被查禁，不得发行。出版社派人四处追回已发出去的图书，已经成书的全部封存。因为出版这部小说，省出版局的主要负责人或受到党内警告处分，或行政记大过处分。《查泰莱夫人的情人》直到2004年才得以由人民文学出版社出版①。

（二）法律文本对规制内容表述的不统一

改革开放以来40年，该方面内容的法律规制以行政法规及部门规章、刑法第363条"制作、复制、出版、贩卖、传播淫秽物品牟利罪""出版淫秽物品牟利罪""为他人提供书号出版淫秽书刊罪"、364条"传播淫秽物品罪""组织播放淫秽音像制品罪"以及相关刑事司法解释为主体的不同位阶法律已逐渐构成了相对完善的法律体系。国家有关部门就传统媒体及互联网"淫秽""色情"内容治理先后出台的法律、行政法规、部门规章及专项行动指导性法律文件已达百余件，其中超过一半的法律文件在2000年之后颁布，专门针对互联网不雅内容，近20年内共出台的法律文件如此之多，足见问题的突出性、严峻性与治理效果有限性。法律文件众多但治理效果欠佳，有其他因素的影响，但同法律文本具体条款本身设计存在问题也有一定的关系，如不同阶段或同一社会阶段的相同位阶或不同位阶法律文本，甚或相同规制对象的法律文本，这些文本法条在规制对象的表述上所呈现的不严谨、不确定、不一致或不协调，可能使得法律执行力度与标准不能相对统一。法律术语使用不一致，内容管制的法律政策标准缺少稳定性或持续性，意味着执法标准的不一致，如《关于严禁淫秽物品的规定》

---

① 陈晓萍：《劳伦斯制造："黄色禁书"〈查泰莱夫人的情人〉的遭遇》，《民主与法制时报》2009年2月22日。

（国务院，1985）《关于严格查禁淫秽物品进出口的实施办法》（海关总署，1985）并没有将色情内容纳入禁止范围，只禁止淫秽内容。而《关于重申严禁淫秽出版物的规定》（新闻出版署，1988）却同时将淫秽、色情内容纳入禁止范围。

　　改革开放之后较早颁布的有关法律文件是 1979 年 6 月国务院批转外贸部《关于我国个人进出口自用印刷品管理的暂行规定》，该《规定》从"进出境的海外华侨、台湾同胞和港澳同胞的职业需要和生活习惯"考虑，将资本主义国家流行艺术和生活方式同淫秽色情作品区分开来，淫秽色情作品禁止进口：属于"春宫"一类的图照；海淫的裸体女人像；以描写性行为为主题的色情文学；淫荡下流的歌曲；介绍嫖妓、脱衣舞、按摩院、夜总会以及其他宣扬淫乱的书刊。属于资本主义国家流行艺术和生活方式的作品书刊可以进口：属于人体绘画美术和杂有裸体女人照片的摄影书刊；穿"三点式"游泳衣或当地民族有裸露上体生活习惯的女人像；情歌和当代资产阶级流派的音乐乐谱；掺有个别性行为描述的一般文学著作。该文件有两点值得注意，一是淫秽、色情并用，作为笼统的治理对象，而新中国成立后的几项文件只使用了"淫秽"一词。二是对淫秽色情物品所指首次进行列举，使得淫秽色情内容的标准相对具体化。在这份《规定》颁布之后，80 年代集中出台的若干项行政规范性文件存在一个比较凸显的问题，即法律文本对治理内容的表述条款彼此之间存在不统一或不一致的现象，主要体现在发文部门相同、法律位阶相同的文件使用的措辞表述却不一致，法律术语使用的不严谨或随意性主要表现为两点：第一，部分行政法规或部门规章仅将"淫秽"纳入监管对象，没有涉及"色情"，如《关于加强出版工作的决定》（中共中央、国务院，1983）、《关于严禁淫秽物品的规定》（国务院，1985）、《关于严格查禁淫秽物品进出口的实施办法》（海关总署，1985）只出现了"淫秽"概念。另一部分法律文件却使用了不规范的"海淫""黄色下流"，没有使用"淫秽"或"色情"概念，如《关于我国个人进口自用印刷品管理的暂行规定》（1979）、《查禁淫书淫画和其他海淫性物品的通知》（1981）、《关于严禁进口、复制、销售、播放反动黄色下流录音录像制品的规定》（中共中央、国务院，1982）。而《录音录像制品管理暂行规定》（国务院，1982）又使用了"黄色下流""海淫""色情"术语。第二，有些法律文件则同时使用了"淫秽""色情"概念，如《关于制止滥编滥印书刊和加强出版管理工作的报告》（国家出版事业管理局、公安部、财政部、工商行政管理总局等 8 部委,1980)、《关于严禁进口淫秽色情书刊的通知》(中宣部,1981)、《关于整顿内容不健康报刊的通知》(中宣部,1985)、《关于加强报刊出版发行管理工作的通知》(文化部、工商行政管理局、公安部,1985)、《关于严厉打击非法出版活动的通知》(国务院,1987)、《关于重申严禁淫秽出版物的规定》(新闻出版署,1988)、《关于认定淫秽及色情出版物的暂行规定》(新闻出版署,1988)、《关于整顿、清理书报刊和音像市场严厉打击犯罪活动的通知》(中共中央办公厅、国务院办公厅,1989)、《关于部分应取缔出版物认定标准的暂行规定》(新闻出版署,1989)、《关于压缩整顿报刊和出版社的通知》(中共中央办公厅、国务院办公厅,1989)、《关于鉴定淫秽、色情出版物权限的通知》(新闻出版署,1989)、《关于认定、查禁非法出版物的若干问题的规定》(新闻出版署,1991)等。这类核心法律概念使用的模糊性、不确定性、不规范,表明政府对于情色不雅内容治理的认识与态度在一定社会发展阶段处在不很明朗的状态,这在一定程度上影响到80 年代早中期刑法对"淫秽"内容的刑事惩治的严谨性,不恰当地扩大严厉惩治范围的"严打"就在所难免。

除了上述《关于我国个人进出口自用印刷品管理的暂行规定》(国务院,1979)首次对淫秽物品予以具体列举,国务院 1985 年发布的《关于严禁淫秽物品的规定》再次划定了淫秽物品的范围:具体描写性行为或露骨宣扬色情淫荡形象的音像制品(录像带、录音带、视盘、影片、电视片、幻灯片),印刷品(照片、图画、书籍、报刊、抄本),印有这类图照的玩具、用品,以及淫药、淫具。但夹杂淫秽内容的有艺术价值的文艺作品,表现人体美的美术作品,有关人体的生理、医学知识和其他自然科学作品,不属于淫秽物品的范围。在这两份文件的基础上,1988 年国家新闻出版署制定的《关于认定淫秽及色情出版物的暂行规定》、1989 年新闻出版署出台的《关于部分应取缔出版物认定标准的暂行规定》更加系统地就"淫秽""色情"标准进行具体描述,该标准一直被沿用至目前的互联网内容的治理。《关于认定淫秽及色情出版物的暂行规定》分别给出"淫秽出版物""色情出版物"标准,"淫秽出版物"是指在整体上宣扬淫秽行为,具有下列内容之一,挑动人们的性欲,足以导致普通人腐化堕落,而又没有艺术价值或者科学价值的出版物:(一)淫亵性地具体描写性行为、性交及其心理感受;(二)公然宣扬色情淫荡形象;(三)淫亵性地描述或者传授性技巧;(四)具体描写乱伦、强奸或者其他性犯罪的手段、过程或者细节，足以诱发犯罪的；(五)具体描写少年儿童的性行为；(六)淫亵性地具体描写同性恋的性行为或者其他性变态行为，或者具体描写与性变态有关的暴力、虐待、侮辱行为；(七)其他令普通人不能容忍的对性行为的淫亵性描写。"色情出版物"即在整体上不是淫秽的，但其中部分内容涉及淫秽出版物所列举的第(一)至(七)项规定的特征，对普通人特别是未成年人的身心健康有毒害，而缺乏艺术价值或者科学价值的出版物。这也是我国法律文件最早对淫秽、色情的明确界定。而《关于部分应取缔出版物认定标准的暂行规定》(新闻出版署，1989年)则列明了夹杂淫秽色情内容、低级庸俗、有害于青少年身心健康的"低俗出版物"内容，是指尚不能定性为淫秽、色情出版物，但具有下列内容之一，低级庸俗，妨害社会公德，缺乏艺术价值或者科学价值，公开展示或阅读会对普通人特别是青少年身心健康产生危害，甚至诱发青少年犯罪的出版物：①描写性行为、性心理，着力表现生殖器官，会使青少年产生不健康意识的；②宣传性开放、性自由观念的；③具体描写腐化堕落行为，足以导致青少年仿效的；④具体描写诱奸、通奸、淫乱、卖淫的细节的；⑤具体描写与性行为有关的疾病，如梅毒、淋病、艾滋病等，令普通人厌恶的；⑥其他刊载的猥亵情节，令普通人厌恶或难以容忍的。实际上，《关于认定淫秽及色情出版物的暂行规定》《关于部分应取缔出版物认定标准的暂行规定》将应该加以管制的出版物内容分为3类，即淫秽出版物、色情出版物、低俗出版物。从当前的依法治理精神来看，淫秽出版物当然为刑法所禁止，色情出版物则为行业的行政法规或部门规章所监管，而低俗出版物主要由行业自律加以规范。

法律术语使用的不统一、不协调、不连贯在治理淫秽色情的整个法律体系中有比较突出的体现，截至2019年12月《网络信息内容生态治理规定》出台，我国出台涉及不雅内容治理的不同层次法律文件共95项，其中法律及司法解释21项、行政法规及部门规章74项。在21项法律及司法解释文本中，属于刑法范畴的8项法律及司法解释包括《刑法》(1997)、《关于惩治走私、制作、贩卖、传播淫秽物品的犯罪分子的决定》(1990)、《关于依法严惩非法出版犯罪活动的通知》(1987)、《关于办理淫秽物品刑事案件具体应用法律的规定》(1990)、《关于审理非法出版物刑事案件具体应用法律若干问题的解释》(1998)、《关于办理利用互联网、移动通讯终端、声讯台制作、复制、出版、贩卖、传播淫秽电子信息刑事案件具体应用法律若干问题的解释》(2004)、《关于办理利用互联网、移动通讯终端、声讯台制作、复制、出版、贩卖、传播淫秽电子信息刑事案件具体应用法律若干问题的解释》(二)(2010)、《关于利用网络云盘制作、复制、贩卖、传播淫秽电子信息牟利行为定罪量刑问题的批复》(2017),统一使用"淫秽"术语,不存在任何歧义。但同属于一般法范畴,无论在一般性条款还是在具体条款中,有些仅将"淫秽"作为治理对象,如《关于处理违法的图书杂志的决定》(1955)《治安管理处罚法》(2012 修订)、《海关法》(2013 修订)、《邮政法》(2015 修订)、《未成年人保护法》(2012)、《妇女权益保障法》(2018 修订)、《关于维护互联网安全的决定》(2000)、《电影产业促进法》(2016)等 8 项法律文件。有些则同时将"淫秽""色情"同时作为治理对象,如《网络安全法》(2016)、《预防未成年人犯罪法》(2012 修订)、《广告法》(1995 修订)、《全国人大常委会关于批准〈儿童权利公约〉关于买卖儿童、儿童卖淫和儿童色情制品问题的任择议定书的决定》(2002)等 4 项法律文件。此外,《公务员法》(2018 修订)又使用"色情""低俗内容"的表述。从法理上说,除了刑事范畴的法律文件统一使用"淫秽",所有一般法范畴的法律文件都应该一致使用"淫秽""色情"概念,不宜只取其一或变相表述,这是法律表述严谨性的基本要求。

相关行政法规、部门规章的术语使用更加不规范,在 74 项法律文件中,有16 项文件使用的术语为"淫秽",包括《关于处理反动的、淫秽的、荒诞的书刊图画的指示》(1955)、《关于加强出版工作的决定》(1983)、《关于严禁淫秽物品的规定》(1985)、《关于严格查禁淫秽物品进出口的实施办法》(1985)、《广告管理条例》(1987)、《印刷行业管理暂行办法》(1988)、《关于印发〈依法查处非法出版犯罪活动工作座谈会纪要〉的通知》(1988)、《有线电视管理暂行办法》(2018 修订)、《广播电视管理条例》(2017 修订)、《出版管理条例》(2016 修订)、《音像制品管理条例》(2016 修订)、《印刷业管理条例》(2017 修订)、《互联网等信息网络传播视听节目管理办法》(2004)、《互联网上网服务营业场所管理条例》(2016修订)、《专网及定向传播视听节目服务管理规定》(2016)、《关于加强信息网络国际联网信息安全管理的通知》(1996)。有 30 项法律文本使用的是"淫秽""色情",具体包括《关于我国个人进口自用印刷品管理的暂行规定》(1979)、《关于制止滥编滥印书刊和加强出版管理工作的报告》(1980)、《关于严禁进口淫秽色情书刊的通知》(1981)、《关于整顿内容不健康报刊的通知》(1985)、《关于加强报刊出版发行管理工作的通知》(1985)、《关于严厉打击非法出版活动的通知》(1987)、《关于重申严禁淫秽出版物的规定》(1988)、《关于认定淫秽及色情出版物的暂行规定》(1988)、《关于部分应取缔出版物认定标准的暂行规定》(1989)、《关于整顿、清理书报刊和音像市场严厉打击犯罪活动的通知》(1989)、《关于压缩整顿报刊和出版社的通知》(1989)、《关于鉴定淫秽、色情出版物权限的通知》(1989)、《关于认定、查禁非法出版物的若干问题的规定》(1991)、《计算机信息网络国际联网安全保护管理办法》(1997)、《报纸出版管理规定》(2005 修订)、《期刊出版管理规定》(2005 修订)、《互联网信息服务管理办法》(2000)、《互联网电子公告服务管理规定》(2000)、《电信条例》(2016 修订)、《营业性演出管理条例》(2016 修订)、《互联网新闻信息服务管理规定》(2017 修订)、《移动智能终端应用软件预置和分发管理暂行规定》(2016)、《互联网直播服务管理规定》(2016)、《网络游戏管理暂行办法》(2017 修订)、《互联网域名管理办法》(2017)、《关于促进移动互联网健康有序发展的意见》(2017)、《关于进一步加强网络视听节目创作播出管理的通知》(2017)、《网络信息内容生态治理规定》(2019)、《网络音视频信息服务管理规定》(2019)、《关于严厉打击利用计算机技术制作、贩卖、传播淫秽物品违法犯罪活动的通知》(1995)，使用"淫秽""色情"的法律文件在行政法规、部门规则中占据近一半。此外，同时使用"淫秽""危害社会公德"的有 6 项，即《电影管理条例》(2001)、《互联网文化管理暂行规定》(2011)、《网络表演经营活动管理办法》(2016)、《网络出版服务管理规定》(2016)、《娱乐场所管理条例》(2016 修订)、《互联网上网服务营业场所管理条例》(2019 修订)，使用"色情""低俗内容"的有 4 项，分别是《互联网视听节目服务管理规定》(2007)、《互联网新闻信息标题规范管理规定（暂行）》(2017)、《关于进一步加强网络剧、微电影等网络视听节目管理的通知》(2012)、《关于加强网络表演管理工作的通知》(2017)，使用术语"海淫""黄色下流"的为 4 项，即《关于我国个人进口自用印刷品管理的暂行规定》(1979)、《查禁淫书淫画和其他海淫性物品的通知》(1981)、《关于严禁进口、复制、销售、播放反动黄色下流录音录像制品的规定》(1982)、《录音录像制品管理暂行规定》(1982)。而使用更为模糊的表达"法律法规禁止内容"的多达 14 项，这些部门规章包括《即时通讯工具公众信息服务发展管理暂行规定》(2014)、《互联网论坛社区服务管理规定》(2017)、《互联网用户公众账号信息服务管理规定》(2017)、《互联网群组信息服务管理规定》(2017)、《微博客信息服务管理规定》(2017)、《互联网新闻信息服务单位内容管理从业人员管理办法》(2017)、《移动互联网应用程序信息服务管理规定》(2016)、《互联网跟帖评论服务管理规定》(2017)、《互联网信息搜索服务管理规定》(2016)、《互联网广告管理暂行办法》(2016)、《关于加强网络直播服务管理工作的通知》(2018)、《关于加强网络视听节目直播服务管理有关问题的通知》(2016)、《区块链信息服务管理规定》(2019)、《公安机关互联网安全监督检查规定》(2018),它们所禁止的内容所指为何,无论如何解读,难免同上述其他相同位阶的法律文件规定存在不同程度的不一致,就有可能导致执法尺度的差异。

第二章
网络不雅内容治理困境因素

　　互联网媒介与技术运用,使得不雅内容从制造源头到扩散渠道较传统方式都出现了更为复杂多样与隐蔽的态势。"网上轻松赚钱"不仅是网络空间铺天盖地、无孔不入的广告语,更是某些群体生存的信念。有些所谓的网络经济,沦为"声色的供给和需求"的代名词。不雅内容的源头治理困境在于,一方面,真实个体在名利法则支配下参与不雅内容生产的数量呈现出前所未有的规模。另一方面,世界范围内虚拟现实技术(VR)"无中生有",制造不雅内容完全摆脱了真实个体的性器官资源,VR 技术已经在色情行业实现了大规模非法营利,如洛杉矶以及圣费尔南多谷(美国成人电影工业集中地)的 VR 成人影视产业,已致力于建立全球最大的成人色情片源库。全球最大的色情网站 Pornhub 已经与成人娱乐内容提供商 BaDoinkVR 达成合作,在 Pornhub 网站上推出免费的 VR 内容。Pornhub 将推出为 Android 和 iOS 设备优化的 VR 视频,可以在 Oculus Rift、三星 Gear VR 以及谷歌 Cardboard 等 VR 设备上,基于智能手机播放[①]。而这些内容的扩散是无国界阻隔并瞬时分享的。扩散或传播渠道的治理方面,技术所带来的不法行为的便捷性、隐蔽性既给治理方式与成本带来显著负担,也对法律技术或法律驾驭技术构成挑战。数字技术之间的无限形式的连接,使得犯罪源头查找难度、取证成本显著增加。更为不可忽略的问题是,由于法律规制能力的滞后性,技术从恶行为规避法律惩罚的风险如影随形。

---

① 《全球最大成人网站推 VR 版块:兼容三星、谷歌设备》,http://www.cyzone.cn/a/20160324/292618.html.

第一节　非法利益:不雅内容扩散首要因素

一、治理困局:网络不雅内容治理长期性

互联网安全问题已经成为国家与社会发展高度重视的重大任务之一,清除包括不雅内容在内的"净网"工程构成互联网安全建设的应有内涵,为了净化网络空间,自 2004 年 7 月由公安部等 14 家单位和部门首次联合开展打击淫秽色情内容的专项行动开始,近二十年来"扫黄打非"专项治理工作一直保持着高压态势,先后已集中开展过十多次大规模的专项打击行动,如 2007 年 5 月中宣部、公安部等 10 家部门联合,2008 年 1 月中宣部、公安部、最高人民法院、最高人民检察院等 14 个单位和部门联手,2009 年 12 月全国"扫黄打非"办、工业和信息化部、公安部、新闻出版总署等 9 部门联合,2011 年 9 月全国"扫黄打非"办牵头以及 2014 年 4 月全国"扫黄打非"工作小组办公室、国家互联网信息办公室、工业和信息化部、公安部四部门联手,等等①。如"净网 2019"专项行动,聚焦整治网络色情和低俗问题,从严整治利用网络直播、短视频、网络文学、社交群组、"两微一端"等平台传播淫秽色情信息行为,严查淫秽视频打赏平台,打击建立平台、发布链接人员及参与传播的下线代理。严惩通过直播平台传播淫秽物品、组织淫秽表演的犯罪行为,关停违法直播及聚合软件。这些大规模、集中多方面力量投入的整治行动,时间少则一个月,多则半年或一年,每一次行动结束都确实治理成绩突出、达到预期效果,但每次治理工作的成绩并非意味着问题彻底消除。

随着近年来互联网应用终端多样化的开发及网民数量的急剧增长,网络媒体作为社会性自媒体的运用进入一个新阶段,与传统媒体"机构中心——强控制"模式截然相反,新媒体以"用户中心——内容自生——弱把关"的运行特征更为突出,某种意义上技术赋权网民在进一步强化。无限性链接、瞬时复制与粘贴、海量收纳储存、临时屏蔽、一对多的加密扩散、网页或网站设立的零成本等技术手段,恰恰为淫秽色情内容的非法制作与隐蔽地扩散提供了更有利条

---

① 陈堂发:《治理网络淫秽内容的长效机制探讨》,《中国广播》2014 年第 12 期。

件。每次大规模的专项整治行动都要清除掉数以百万计的淫秽色情信息,关闭网站数千家,如 2009 年 11 月至 2010 年 5 月开展的专项行动关闭涉黄网站 6 万多个,删除网上淫秽色情信息近 200 万条①,2011 年 9 月再次进行的治理行动又封堵淫秽色情网站 51.6 万余个,清理网上淫秽色情信息 180 余万条②。不雅内容随着新的技术服务平台不断推出及不法人员"反打击、反侦查"能力的累积,仍然变本加厉呈现反弹局面。近 3 年来,常态化的多头并举打击工作却屡治不绝,一定程度地证明如果不雅内容提供的源头无法斩断,仅靠事后追责确实难以奏效。全国"扫黄打非"办公室公布的 2018 年度"扫黄打非"总体情况显示,2018 年全国"扫黄打非"部门共取缔关闭淫秽色情等有害信息网站 2.6 万个,共查办各类"扫黄打非"案件 1.2 万余起,其中刑事案件 1 200 余起,刑事处罚 2 670 余人③。2019 年全国"扫黄打非"各地方部门共处置淫秽色情等各类有害信息 1 113 万条,取缔关闭涉及淫秽色情网站 8.4 万。全国"扫黄打非"各地方部门于 3 月至 11 月集中开展"清源 2019""净网 2019""护苗 2019""秋风2019""固边 2019"五大专项行动,强力净化网络环境④。2020 年度全国共处置淫秽色情等各类有害信息 1 200 万余条,各地有关部门共查处"扫黄打非"相关案件 1.1 万余起,其中网络案件 5 800 余起,全国"扫黄打非"办公室挂牌督办重点案件 331 起,创历年来督办案件数量新高。公安部破获制作贩卖传播淫秽物品刑事案件 1 002 起⑤。

传统媒体时代,针对不雅内容的地下印刷品、光盘等的多部门联合执法形式已经存在,但在部门联手的力度及规模上远不及针对网络治理的专项执法的执行力,这是网络空间不雅内容滋生与扩散的特点所决定的。较长一段时间以来,互联网空间的不雅内容治理主要依赖两个方面的力量,一是政府有关部门联手、主动出击的专项治理行动,包括行政处罚与刑事惩治;二是来自社会力量

① 刘宏敏:《打击整治网络淫秽色情专项行动成效显著》,《网络信息安全》2010 年第 6 期。
② 《今年"扫黄打非"封堵淫秽色情网站 51.6 万余个》,https://tech.qq.com/a/20111229/000060.htm。
③ 《2018 年"扫黄打非"十大案件》,http://www.shdf.gov.cn/shdf/contents/767/392220.html;《2018 年"扫黄打非"十大数据》,http://www.shdf.gov.cn/shdf/contents/767/392216.html。
④ 《2019 年我国"扫黄打非"工作十件大事》,http://www.shdf.gov.cn/shdf/contents/767/410207.html;《2019 年我国"扫黄打非"工作十件大事》,http://www.shdf.gov.cn/shdf/contents/767/410207.html。
⑤ 《2020 年"扫黄打非"十大数据》,http://www.shdf.gov.cn/shdf/contents/767/426187.html;《2020 年"扫黄打非"工作综述》,http://www.shdf.gov.cn/shdf/contents/767/426101.html。

的举报,提供有效线索,便于有关部门及时查处。网络治理的社会力量、基层力量与政府的专项治理工作效能密切相关,所以,必须适应网络淫秽色情内容无处不在、无时不有的状态,强化"扫黄打非"基层化的建设工作。2018年9月,"扫黄打非"进基层已经被写入党中央、国务院印发的《乡村振兴战略规范(2018—2022年)》。

至2018年12月,全国共建立"扫黄打非"基层站点51万余个,并先后创建全国进基层示范点两批次400个,以更好地发挥基层站点的作用①。2019年的"扫黄打非"基层站点建设有了一定的增加,至2019年12月,全国共建立"扫黄打非"基层站点66.2万余个,创建基层示范点三批次500个②。而2020年12月全国已建成71.9万个"扫黄打非"基层站点,这些站点在发现线索、协查案件方面发挥了不可替代的作用③。这一连串的数字,既可以理解为"扫黄打非"工作的显著成绩,也可以理解为工作的困境,清理网络空间不雅内容的工作不可能结束,只能在与不法犯罪行为的不断较量途中。

二、价值观扭曲:用户的生产与消费

价值观方面,互联网社会环境同传统社会环境存在较大的差异,突出表现在个人价值观同社会价值观的关系上,传统社会环境中社会价值观完全覆盖并左右着个人价值观点,个人价值观如果不依托传统媒体的倡导是很难对社会价值观产生显著影响的。互联网社会环境则彻底改变了这种关系,传统社会中形成的社会价值观自身具有的稳定性与影响力逐渐被侵蚀,不少负面类型乃至完全错误的个人价值观借助失去监管把关的、不断更新的各类互联网平台得以近似夸张地释放,有些非理性或错误的个人价值观因为与"名"或"利"的光环勾连而获得了社会的追捧,堂而皇之地遮盖了社会价值观。性观念构成社会价值观、个人价值观的重要内容。传统的社会环境对性话题有着基本一致的掩饰、隐匿的共同心理,性器官、性行为、性感受的呈现方式、场所或环境、目的或意图

---

① 《2018年我国"扫黄打非"工作十件大事》,http://www.shdf.gov.cn/shdf/contents/767/391054.html。

② 《2019年我国"扫黄打非"工作十件大事》,http://www.shdf.gov.cn/shdf/contents/767/410207.html。

③ 《2020年"扫黄打非"十大数据》,http://www.shdf.gov.cn/shdf/contents/767/426187.html。

被羞耻感严格地约束,自觉的公序良俗意识使得有关性的事项的处理有着公、私领域之分。互联网传播环境则使得个体对性的掩饰、隐匿行为变得完全失效,性事项或话题被前所未有地得以放大,公开或贩卖性事项似乎可以达到任何想要达到的目的,通过互联网的"性"成为无所不能的手段,可以维权揭丑,可以成名暴红,可以报复泄私愤,可以轻松赚快钱。有了扭曲的或偏差的个人价值观,就有了充斥网络空间的、难以枯竭的淫秽色情资源输送。从这一角度来看,不雅内容屡治不绝的关键不是法律不完善,也不是政府治理不力,是难计其数的用户价值观的从恶倾向。

无任何底线地追逐财富、赚快钱,是一切不法与犯罪行为的根本动因,也同样是网络不雅内容泛滥的关键原因。从近些年来被查处的大量违法、犯罪案件看,为了快速获利,一些不法人员丢弃了作为人的基本"羞耻"感,将"性"与基本的人格尊严完全分离,"性"成为单纯的赚钱手段[①]。在近两年来开展的"净网"专项行动中,各地公安机关重点打击的数十起利用直播平台传播淫秽物品牟利罪的典型案件,无论犯罪的形式与手段有何差异,都存在一个共同现象,即这些平台运营人员中的重要成员"家族长"都掌控着数十人到数百人不等的"直播女资源","家族长"负责介绍这些直播女到若干有业务联系的淫秽色情直播平台上进行表演。对非法获得的利润分成一般是直播女提取 50% 左右,其余的在

---

① 淮安清江浦警方 2020 年 10 月查获的"小棉袄"淫秽直播案件中,涉案女主播人数达 2 856 名,提取现金高达 2 640 万元。2020 年 10 月广安警方查获的"X 彩"淫秽色情直播案,抓获 63 名女主播,涉案超 3 亿元。而在 2018 年 9 月泰州警方破获的利用网络直播平台组织淫秽表演、传播淫秽物品牟利的大案中,查获的在平台认证的女主播多达 2 041 人,涉案资金高达 1 000 万元。侦查发现,一些人气高的女主播拥有大量的粉丝,有些粉丝不惜砸钱跟女主播一对一视频裸聊,或者让女主播"打飞的"到粉丝所在地进行卖淫嫖娼交易,一次能赚到数千甚至上万元。有的主播月收入最高能达到几十万。2018 年"12·15"跨境特大网络传播淫秽物品牟利案中,济宁市警方破获了包括"九月直播""蜜汁直播""浅深直播""猫咪""允美人""公羊"等涉秽表演平台多达 12 个,涉案金额超亿元,仅"九月直播"平台拥有注册会员就达 200 余万人。"主播女的收入非常可观,普通'主播'每天收入少则千余元,知名'主播'每天收入达 2 万余元,如果同时在多个平台直播,收入更高。"一个主播的淫秽表演少则几百人、数千人在线观看,最高时竟有 24 万余人同时观看,"更严重的问题是,观众中青少年数量众多,并有向低龄化发展的趋势。"《警方捣毁"小棉袄"淫秽直播平台 2856 名女主播提现 2640 万》,https://www.sohu.com/a/424300725_99963641;《四川警方打掉一色情直播团伙:抓获 63 名女主播 涉案超 3 亿》,https://society.huanqiu.com/article/40OBGIb3AnV;《泰州打掉一涉黄直播平台 操控两千女主播淫秽表演牟利上千万》,《现代快报》2018 年 9 月 29 日;《直播女淫秽表演最高吸引 24 万人同时观看 济宁破获"12·15"跨境特大网络传播淫秽物品牟利案》,《法制日报》2018 年 12 月 21 日。

平台方、组织人员、结算方或第三方支付平台及其他介入主体之间分成①。在平台方、组织者、管理者及直播女构成的淫秽色情传播犯罪链条中,很难说直播女是受害者角色,恰恰相反,如果没有这些直播女的主动参与,淫秽色情的源头就会减少。当然,充当平台搭建方、组织者、管理者、结算方或第三方支付平台的所有角色,都是犯罪行为实施的必要构成要件。

　　一旦丧失了社会性的羞耻感,个体的性器官、性行为就沦为论价计算的钱财,罔顾人之所以为人的尊严,为牟取非法利益玩出各种噱头。被舆论高度关注的一些极端的网络涉黄炒作事件,一再将"唯利是图"演绎到了极致②。2020年9月,文山州警方接群众举报,称男主播直播强奸一名未成年的初一女性。警方立案侦查发现,被直播强奸的女性并非未成年学生,淫秽视频系以犯罪嫌疑人代某、李某为首的网络淫秽直播犯罪团伙在四川、广西等地组织的淫秽直播表演,视频中的"初一女生"实为代某的前女友张某,已年满20周岁。这是一起典型的为吸引眼球的恶劣炒作行为③。在某些个体身上,道德的败坏是没有下限的。在2018年1月丽水警方查获的一起网络贩卖淫秽视频案中,被判处有期徒刑11年的罪犯王某系上海一家外企金融机构的高层管理人士,警方查明,从2015年下半年到2018年初,王某先后与一百多名女子发生了性关系,并

---

① 《2018年"扫黄打非"十大案件》,http://www.shdf.gov.cn/shdf/contents/767/392220.html;《2019年"扫黄打非"十大案件》,http://www.shdf.gov.cn/shdf/contents/767/411312.html;《2020年"扫黄打非"十大案件》,http://www.shdf.gov.cn/shdf/contents/767/426187.html。

② 2017年3月的"黄鳝门"事件中,一直播女为了获得打赏礼物,在"老虎直播"平台进行淫秽表演,竟然将黄鳝塞入自己下体。为吸引更多观众以牟取暴利,2018年1月女主播"东北二嫂"吴某和其男友谢某自导自演,分别扮演乘客和滴滴车司机,吴某故意挑逗、色诱谢某玩"车震",在户外直播淫秽表演长达30多分钟。另有假冒"滴滴司机"迷奸"女乘客"传播淫秽物品牟利案,2020年6月郑州市公安局11日,根据相关举报对网传"滴滴司机性侵直播"事件进行调查,实际情况是,犯罪嫌疑人车某涛、郗某琦二人系夫妻关系,6月10日凌晨在自家车内以网约车司机迷奸女乘客为噱头,进行淫秽色情表演以求打赏。又如2020年10月,开封市公安局查获洛阳一对90后夫妻进行淫秽直播,刚开始直播时还戴着口罩,但由于戴着口罩遮掩面部获取的礼物相对较少,为了吸引更多的礼物,夫妻俩最终露脸直播,尺度之大,不堪入目,但他们已经有了一个1岁多的孩子。《"黄鳝门""老虎直播""桃花岛宝盒"聚合平台传播淫秽物品牟利案》,《北京晨报》2018年11月1日;《"东北二嫂"吴某涉黄直播被抓》,https://baijiahao.baidu.com/s?id=15901709711977769399&wfr=spider&for=pc;《河南郑州假冒"滴滴司机"传播淫秽物品牟利案》,http://www.shdf.gov.cn/shdf/contents/767/426186.html;《洛阳90后小夫妻网络淫秽直播　大尺度不堪入目!》,https://v.youku.com/v_show/id_XNDkwODMzMDY4MA。

③ 《网传男主播直播强奸未成年女性案告破》,https://www.thepaper.cn/newsDetail_forward_9516012。

无一例外用手机或运动相机对整个性过程进行偷拍。王某注册"夯先生"账号，将"自拍"性视频上传分享。王某出于炫耀还专设交流群"分享"其心得体会，其通过持有美国绿卡的杨某向多个国家和地区兜售"夯先生系列"淫秽视频 100 多部，达上万人次，从中获利近百万元人民币①。在此前后被查处的"兽兽门""北影门""邓丽欣艳照门"等网络空间"性"炒作事件，给非法牟利方带来极其廉价"知名度"的同时，对社会严肃的性道德观的腐蚀与毁坏是难以估量的。

在完全自主性的平台传播环境中，网络空间不雅内容充斥亦受到其他一些不健康的价值观因素影响，如畸形婚恋观或恋爱观。诸如对一段恋情的处理中，不愿放弃恋情的一方多采取报复性手段，将其相处期间大尺度私照或性爱视频公诸网络，作为威胁或羞辱对方的筹码。近年来网络舆论曾高度关注的"阎德利事件""海运女事件""广西大二男生网络发布女友淫秽照片""山东女教师被前男友公开不雅照"等，一方面，这些事件中的一方当事人的公开行为构成对另一方的人格权的严重侵害，或可追究民事责任或刑事责任，另一方面，这些照片或视频的上传违反了《治安管理处罚法》或《刑法》相应条款，亦应被追究行政责任或刑事责任。

基于对性态度的所谓"颠覆性"认识或极度偏颇的性价值观，虚拟空间中的一些个体为彰显所谓"反常"价值观或审美观，也构成网络空间不雅内容滋生与传播的源头因素，都可以归结为对腐朽"名利观"的追逐。2010 年 3 月一篇网文《90 后非主流卖身求荣》自曝当事人对"性"的态度堪称惊世骇俗：就读于湖南某地一所高中的 90 后女生认为年轻人应当崇尚"非主流"，其认为处女或处男都没有资格当"非主流"。为证明自己属于非主流，该女生花钱雇人与其发生关系，并自拍"破处"全过程，这段 16 分钟的性爱视频被其上传优酷，供网友"观赏"。这类极端事件也说明一个不得不面对的社会问题，由于公开的、健康的性知识传播的缺乏，部分青少年对性知识的了解主要依赖网络空间唾手可得的 AV 片或淫秽黄色小说，对性知识的初始接触已经埋下严重扭曲的隐患。

三、技术导致不法行为低成本、隐蔽性

从传播不雅内容的行政处罚、刑事惩治案件类型看，单纯的制作、传播不雅

---

① 《外企高管自拍与近百女性上床视频 网上贩卖赚 64 万 被判 11 年》，https://www.sohu.com/a/330107937_120032。

内容非法行为的案件数量远远少于制作、传播不雅内容牟利的案件数量,说明牟利的违法或犯罪企图更为显著。为非法经济利益违法或犯罪行为人在实施不法行为前需要考虑付出的成本因素,没有不顾成本的牟利性行为。经济犯罪本质上是一种超越市场规范的界限而牟取超额利润的经济行为,是通过预先的利弊权衡与理性计算后付诸实施的,不属于冲动发生的激情犯罪。经济犯罪的行为人具有作为"经济人"的两大基本特点,即自利与理性,理性即以成本最小化获得利益最大化。如果经济犯罪的成本过高,从事经济犯罪的概率就必然降低。这也是互联网传播时代较之传统媒体时代通过媒介载体制作、传播不雅内容违法犯罪显著增多的根本原因之一①。技术手段的隐蔽性直接体现为传统技术监测第三方应用如手机 App、"云存储"存在难度,不法分子将不雅内容存储在网络存储空间,通过密码就可以提取下载。百度云、115 网盘等一些"云存储"服务为了推广品牌、扩大市场占有率,在"私密存储"的基础上进一步强化"分享"和"公开"功能,使得大量不雅内容尤其淫秽视频得以藏匿、中转并在微博、微信、论坛等平台上反复传播,难以根除。一些通过第三方应用上传到微博的淫秽视频,可以在手机客户端播放。执法取证通常所关注的是电脑端,无论是在微博还是在这些应用的自有链接上,却"找不到该视频",但通过手机终端依然可以查看,这样有利于逃避监管。目前,国内的监测平台大多停留在通过电脑进行关键字或图片识别违规信息的技术手段上,新生的移动互联网第三方应用很难被传统技术监测识别。我国的第三方应用商店已多达数千家,上线的应用软件超过了数百万款。而目前的相关审核工作都交由各应用商店自己完成,除非被举报,其在内容上就不再受任何约束和监管。

制作、传播不雅内容的违法和犯罪成本包括即时支出和可能支出费用,主要包括劳动费用和智力开支的交易成本和法律制裁风险的受罚成本,而互联网技术与传播环境能够使得这两种核心成本得以最大限度地降低。近几年来被查处的典型案件出现一种新动向,即犯罪团伙只需要搭建一个直播聚合平台,不需要该团伙自己掌握淫秽色情表演人员或资源,而是借助聚合技术、盗链他人平台的淫秽色情表演资源,这样可以最大化地降低运营的直接成本。从被查处的情况看,搭建一个直播聚合平台的经济成本只需要 1 千至 2 千元,淫秽色

---

① 伍幗瑾:《经济犯罪的成本分析与预防》,《政治与法律》2013 年第 1 期。

情表演资源全部"偷盗"其他直播平台。盗链他人平台的行为不仅减少了成本，也使得违法犯罪行为的隐蔽性明显加大①。为了增加不法行为的隐蔽性，一些非法平台不直接同用户发生经济联系，通过第三方支付平台购买直播平台的虚拟货币进行结算，从非法收入的资金流渠道查获犯罪行为的路径失灵。如"12·15"跨境特大网络传播淫秽物品牟利案，采取低成本搭建聚合平台聚合多个涉黄平台的方式进行运营，其聚合的平台涉及"九月直播""蜜汁直播""浅深直播""猫咪""允美人""公羊"等涉黄平台12个。这些非法平台搭建成本不超千元，非法操作的具体过程为：第一步出资10元购买平台源代码，然后租赁服务器、架设平台，用购买的源代码搭建直播平台手机端应用程序；第二步申请第三方微信、QQ、新浪微博等登录接口、支付宝等第三方支付接口。"12·15"跨境特大网络传播淫秽物品牟利案的前期投资成本仅为60多万元，而非法牟利高达数千万元。非法的聚合平台通过黑客技术窃取其他直播平台内容，数量上可以最大限度地聚合网上适时直播的涉黄平台资源。此案采取黑客技术手段使得观看高峰期多达260多个直播平台同时直播②。为逃避法律惩治，用于直播的软件开放性能的隐蔽性不断强化，直播平台的直播软件表面看很正常，如首页未显示不良内容，但软件只在搜索主播ID号后方提供裸露内容的"隐播"功能。

云端网盘、微博微信导流、服务器设在境外等，是互联网特有技术带来的违法犯罪行为隐蔽性的主要体现。随着云存储技术的研发与使用推广，网络云盘的应用也被推广到不雅内容的制作、复制、贩卖、传播的不法行为领域。用户个人注册使用云盘并大量贩卖云盘的账户和密码，一时难以发现不雅内容存储的

---

① 2018年3月吉林白山市警方侦破的"帝王宝盒"平台淫秽直播牟利案、2018年济宁警方破获的"12·15"跨境特大网络传播淫秽物品牟利案，都具备这些作案特征。"帝王宝盒"传播淫秽牟利案中，其手机应用软件App的大量直播淫秽内容全部盗自他人淫秽直播平台，幕后组织者林某并没有自己的直播平台，而是盗链了数十个其他犯罪主体搭建的直播平台。而且"帝王宝盒"随时更换马甲、改换名称和平台网址，目的在于逃避调查，一个马甲使用一段时间有可能被警方怀疑，就立即改换。这也导致警方侦破的时间非常有限，侦破的难度增加。如"帝王宝盒"应用App的视频来源之一是"红颜"直播，该平台非常频繁地变换马甲，1至2个月就换一个网址和名称。《这款手机App利用黑客手段"偷窃"色情直播表演视频》，https://news. sina. com. cn/c/2018-06-14/doc-ihcwpcmr0694919.shtml。
② 《直播女淫秽表演最高吸引24万人同时观看 济宁破获"12·15"跨境特大网络传播淫秽物品牟利案》，《法制日报》2018年12月21日。

空间位置。被查处案件中有不少犯罪嫌疑人贩卖的单个云盘账号含淫秽视频可达上万部,个别案件涉及云盘账号达数万个。由于某些提供云存储服务的企业未能履行主体责任,相关部门关停和查办了一批情节严重、影响恶劣的云盘服务企业,新浪、百度、迅雷等 6 家企业因网盘传播不雅内容而遭到行政处罚。2016 年 5 月中旬,全国"扫黄打非"办公室集中公布了 6 起贩卖云盘账号传播淫秽物品牟利的典型案件,包括绵阳"12·21"云盘传播淫秽物品案、宿州"10·20"云盘传播淫秽物品案、衡水王某某等人云盘传播淫秽物品牟利案、嘉兴周某某等人网络传播淫秽物品牟利案、沈阳"3·30"网络传播淫秽物品案、温州叶某某等人网络传播淫秽物品案,这些案件的最大特点是云盘存储的淫秽图片、视频数量非常庞大,存储所用的云盘账号数量众多,显著增加了查处的难度①。网络云盘的最大优势在于存储数据的速度快、容量大,能够满足高清晰度的淫秽色情视频的存储、复制的需要。有些被查处的案件中,单个云盘账号可存储淫秽视频上万部。如在 2018 年衡阳警方侦破的"1·01"网络云盘传播淫秽物品牟利案中,查获涉案的网络云盘淫秽视频总计高达 20TB(即 20000GB)、淫秽图片万余张②。网络云盘是相对封闭的网络空间,其传播的私密性强,没有账号的密码难以进入,该类不法行为的淫秽色情信息兜售一般通过建立小范围的微信群、QQ 群进行账号链接的推销与引流。相比较而言,通过网络云盘传播淫秽色情物品因其"点对点"的下载或浏览、传播渠道的相对密封性,监管与查处的难度更大。

微博、微信导流或引流,是指不法行为人为了隐蔽性地推销、传播不雅内容,通过注册多个账号,将不法内容以广告形式嵌入微博、微信文章、游戏、图片或其他阅读品形式之中,表面地浏览或检查群组空间的内容难以发现所链接内

---

① 《百度新浪等企业因网盘传黄被罚 部分企业网盘被叫停》,http://it.people.com.cn/n1/2016/0518/c1009-28360501.html。

② 2018 年南京市公安局破获的"6·16"特大网络传播淫秽物品牟利案,利用百度云盘传播淫秽视频总计 500 余部,群组内成员分享的隐蔽性非常高。群主蓝某某除了自己发布淫秽色情视频链接,还要求进群的所有成员都必须发布淫秽色情视频链接,否则就会被踢出群,形成聚众效应。办案人员发现该群组三天内新增 4 500 多条链接。固定证据、收集证据是该类犯罪侦破的难点,为固定该按件的证据,搜集取证淫秽视频近 10 万部(约 60TB 的容量),为此案购置了 100 多块硬盘。《网吧厕所里的微信号牵出涉黄大案 10 万人涉案》,《衡阳晚报》2018 年 12 月 6 日;《利用网盘新型犯罪:南京"6·16"特大网络传播淫秽物品牟利案》,http://www.shdf.gov.cn/shdf/contents/767/392220.html。

容的非法性,可以最大限度地满足不法网站或平台高频率地更换其名称、网址并仍然能够适时推销的需要。这比直接地推销不法网站或平台的链接网址增加了一层甚至多层隐身衣,成为近两年来互联网兜售不雅内容的新招数。新浪微博在 2019 年 7 月启动的清理低俗色情信息的"蔚蓝计划"专项行动中,以涉黄内容诱导用户流向其他平台并最终实现交易的信息和账号是蔚蓝计划重点打击的对象,这种导流的最重要特征就是通过数量巨大的账号发布数量更为巨大的含有涉黄内容的微博、评论、图片向站外导流。如 2019 年 6 月被清理的 4 批账号具有典型性:@115 离线会员定制阿冷、@RJ936511902、@115 离线定制会员等 137 个账号向微信号 cccc5***导流,@武汉星动态、@名人动态、@国产口红等 947 个账号向微信号 3371***导流,@马羿洋、@国产鞋、@余磊 2010 等 474 个账号向微信号 KT258***导流,@Sssselene、@渝万、小小、@电竞小推等 2332 个账号向微信号 mym***导流[①]。2020 年"扫黄打非"重点目标之一就是严厉治理利用微博、微信引流色情网站、直播平台或情色小说网站。针对淫秽色情信息网络传播新特征,全国"扫黄打非"办公室及地方部门及时研判不法活动的特点,多地执法机构针对利用微信、抖音、微博等平台引流推广,售卖传播淫秽物品等不法行为,梳理一批重点案件线索,深挖犯罪利益链条,破获大案要案。其中,浙江丽水侦办一起网络传播淫秽视频大案,涉案资金 2 亿元,抓获犯罪嫌疑人 58 名。安徽宣城查获徐某某传播淫秽物品案,芜湖查获姜某某传播淫秽物品牟利案,犯罪嫌疑人均通过在微博上注册多个账号发布色情内容引流,进而在微博聊天群或色情网站大肆传播淫秽视频。浙江宁波鄞州警方成功捣毁一条网络黑产链条,犯罪团伙通过在微博评论中刷帖推广,引流用户至色情网站进行付费观看淫秽视频。[②] 统计 2018 年至 2020 年全国"扫黄打非"挂牌督办的 76 起利用互联网传播淫秽物品牟利罪的重大案件,有 49 起案件的罪犯或犯罪嫌疑人都采取微平台导流方式作为获得大量用户的主要手段。这也意味着提供微平台服务的互联网企业更需要强化责任主体的日常监管责任,借助技术、人工结合的手段对微平台所设立的有明显可疑迹象的群组空间内容

---

① 《新浪微博"蔚蓝计划"重点打击低俗色情内容》,"传媒茶话会"微信公众号 2019 年 7 月 11 日。

② 《2020 年"扫黄打非"工作综述》,http://www.shdf.gov.cn/shdf/contents/767/426101.html;《"净网 2020":行动上半年共查办网络"扫黄打非"案件 1800 余起》,http://www.shdf.gov.cn/shdf/contents/767/418340.html。

尽到更审慎的查核义务,及时发现并报告该类导流现象,中止不法行为。

服务器设在境外或租用境外服务器的目的在于,最大限度地隐匿不法信息的来源,传播来源的隐匿性显著增加了追查的成本,也增加了直接追究犯罪主体法律责任的难度,或者即使查明了消息来源地及犯罪主体,由于国际协作的障碍而可以轻松地逃脱法律责任。在许多国家,利用服务器从事色情信息的兜售行为是不被法律禁止的,甚至有些国家对非极端性淫秽内容传播也网开一面,这正是为何近些年来非法牟利数额极大的淫秽物品传播犯罪案件的主犯绝大多数都将服务器设置在国(境)外的主要原因。不完全统计,从 2010 年至 2020 年公安部门破获的利用互联网传播淫秽物品牟利案的重大刑事案件共计 603 件,案值最小的数千万元,最大的达 2 亿多元。这些案件中罪犯将服务器设置在国(境)外的 442 起,其中设立或租借服务器在美国的有 106 起,如 2011 年公安部与美国警方联合摧毁的全球最大中文淫秽色情联盟网站"阳光娱乐联盟"、2013 年中美警方联合多个国家与地区打击的"拯救天使"儿童色情网站①。设立或租借太平洋一些岛国的有 122 起,设立在加拿大、韩国、澳大利亚等国家的有数十起。除了技术隐蔽性带来的追查难度,更主要的是罪犯利用了各国法律对于淫秽色情内容追查所存在的司法壁垒,即世界各国法律均对儿童淫秽色情信息采取严格禁止的措施,但对成人色情信息或淫秽信息有不同的规定。如草榴社区是 2006 年建立的华语圈中文成人色情网站,服务器设立在美国,国内网民"翻墙"可以浏览。草榴采用不定期邀请注册制,成为会员后可在境外聊天软件群里分享和发布淫秽色情信息。截至 2019 年,论坛会员数近百万,日均浏览量超千万。在国内的 4 名主要管理员已于 2018 年 10 月被警方抓捕②。但控制者美籍华人吴某一直逍遥法外,因为尚未达成常态化的国际协作机制,我国执法部门无法对其实施惩罚,仅能采取屏蔽的形式防止这些内容的国内传播。就目前国际间合作实践看,只有当传播的内容属于儿童色情范畴时,中美或中国与其他国家之间的协作才满足达成的条件,截至目前,中国与美国及多国之

---

① 《一个互联网色情帝国的覆灭 主犯最高获刑 70 年》,《人民日报》2011 年 8 月 26 日;《中美警方联合多国多地区打击系列儿童淫秽网站行动纪实》,http://news.cpd.com.cn/n18151/c19951825/content.html。

② 《色情网站草榴社区四名骨干落网 发不雅图片数万张》,http://news.cjn.cn/gnxw/201907/t3429223.htm。

间在打击淫秽色情内容方面开展的合作一共只有 3 次，分别是 2011 年、2013 年及 2016 年，这 3 次中外警方联手打击的内容均涉及大量的儿童色情。

四、网站平台履责消极被动

用户价值观、技术因素固然导致了有效治理的难度，但根本问题还在于各种互联网平台的主体责任落实的被动消极。无论知名的、不知名的互联网企业，每当行政执法、刑事惩治的力度强化一些，平台的主体责任落实就相对改观一些，集中治理行动收手之后一段时间，责任承担又返回不作为状态，如此反复。各类平台并未按照相应的部门法规要求在人工主导监管、技术协助监管结合上及时杜绝危害网络安全的内容，有些信息具有明显的淫秽或色情可识别特征，完全可以借助已经普遍使用的阻隔或过滤技术，但平台的逐利目标使得应有的监督治理责任轻易放弃。如 2016 年 12 月"LOLO 直播"平台被查处前，该手机直播平台很难看到"正常直播"，基本属于主播出卖色相的"肉体秀"，打赏的礼物越丰厚，播主就越暴露，不少直播间甚至出现裸露下体的淫秽表演。尽管如此，直播画面的显要位置还依然出现一行系统提示语："我们提倡绿色直播间，头像或直播内容含吸烟、低俗、引诱、暴露等都会被封停账号，网警 24 小时在线巡查。"①

从近年来行政查处、刑事惩治的不雅内容传播牟利案件看，通过直播平台实施违法或犯罪行为最为突出。以全国"扫黄打非"工作小组办公室在 2018 年、2019 年、2020 年分别列举的十大案件为例，30 起案件中涉及传播不雅内容的 21 件，其中涉及直播平台传播不雅内容的 12 件，占全部查处案件的 57%，足以说明诸多直播服务平台缺乏监督的普遍性、严重性。如在 2017 年底公安部、文化部、全国"扫黄打非"办公布的 5 起手机直播、直播平台传播淫秽内容犯罪案件，即绍兴王某某等人利用"泛果直播"等手机 App 直播平台组织淫秽表演案、嘉兴"星云直播"平台传播淫秽物品牟利案、武汉"Partylive"直播平台传播淫秽色情信息案、广东韶关"小牛直播"传播淫秽物品牟利案及无锡赖某等人

---

① 《LOLO 直播平台女主播大尺度视频直播裸露》，《齐鲁晚报》2016 年 12 月 21 日。

利用"铂金""喜力""夜魅""一本道""蝶秀"等手机直播平台传播淫秽物品牟利案[1],这些案件中直播内容非常露骨,淫秽表演渠道亦无多少隐蔽性,只能证明提供服务的平台主体基本处在失去监管的放任状态。类似案例俯拾皆是,一起案件往往涉及数个乃至数十个非法直播平台。如 2020 年 4 月邯郸警方侦破的利用网络直播传播淫秽物品牟利案,共有"星恋、蝴蝶""鲸鱼""小棉袄"等 9 家非法直播平台,多名女性直播进行全裸直播表演长达数月时间,查实涉案资金8 000 余万[2]。对于这种同时存在如此多的非法直播平台上的不堪入目的内容,无论借助人工审查还是技术检测,都是很容易发现问题的,但痕迹明显的犯罪行为可以在平台上风生水起,不仅企业所谓的技术防御机制失灵,互联网企业签署的职业伦理约束条款沦为自我标榜的作秀文字,平台企业自我标榜的监管制度更是形同虚设,最终只能依靠资源非常紧缺的"扫黄打非"机构开展专项治理行动。某些知名互联网企业通常宣称其负有高度社会责任,但在构建清朗洁净的网络生态环境的实际行动上却言不由衷,因守责懈怠而被有关监管部门频繁约谈,施以行政处罚[3]。

目前不法行为主体通过 QQ、微信兜售、扩散不雅内容等有害内容,一是将QQ、微信群组等社交平台作为引流通道,二是将这些群组的成员直接作为传播

---

① 《多个直播平台涉黄被查 近百女主播 40 天获利超千万》,https://www.sohu.com/a/224568185_255783。

② 《邯郸警方侦破一特大网络传播淫秽物品牟利案 直播圈财八千万》,https://www.thepaper.cn/newsDetail_forward_11033807。

③ "今日头条"网站因传播"一夜情男竟成我新领导"等 16 部情色作品,予以最高限额罚款,并停止频道更新 1 个月。2018 年 10 月,根据全国"扫黄打非"办公室交办案件线索,北京市文化执法总队对"今日头条"网站提供含有色情内容网络出版物案进行立案调查。在该网站"故事"频道载有《一夜荒唐之后,那个男人竟然是她新来的领导》《为赚钱给母亲治病,我去会所打工,没想到第一个顾客会是自己老师》等 16 部含宣扬色情内容的网络出版物。北京文化执法总队责令其删除违规内容,对其作出停止"故事"频道更新 1 个月及高限行政处罚。此次处罚不是今日头条网站因传播色情内容的首次被罚,北京市网信办 2017 年 1 月曾就今日头条网站在其"头条问答"版块多次登载《为什么很多贪官情妇都长得不好看?》《什么是闷骚型女孩》等低俗讨论话题而被约谈。2017 年 4 月央视曾就今日头条网站推送"艳俗"直播予以曝光,今日头条所属火山直播涉及不雅内容,穿着暴露的女主播通过低俗不堪的表演吸引用户。与今日头条同一个公司的抖音平台推送的短视频也存在不雅的用户自拍内容,还被用户曝光存在恋童癖视频,且视频下面充斥着各种不堪入目的恋童癖评论。而且这些视频还被抖音作为热门推送。今日头条系的产品因低俗、色情等问题屡遭监管处罚,不仅挑战了监管的权威,也无视了用户的身心健康。《今日头条传播"一夜情男竟成我新领导"等 16 部情色作品 受高限处罚 频道停更 1 个月》,《北京晚报》2018 年 11 月 9 日;《"惯犯"今日头条传播 16部色情作品受到高限处》,《现代快报》2018 年 11 月 17 日。

的对象,发布淫秽色情视频、图片与文字信息。如2018年10月国家网信办举报中心微信公众平台发布公告称,一些账号违反《微信公众平台运营规范》等规定,发布色情、低俗等违规内容,严重影响用户的阅读体验。近半年来,被封禁及处理发送色情暴力类内容的微信账号25 841个,删除相关微信文章43 511篇;封禁及处理发送低俗类内容的微信账号82 562个,删除相关文章124 898篇①。2018年11月26日,全国"扫黄打非"办公室、国家新闻出版署就微信公众号传播淫秽色情和低俗网络小说问题约谈腾讯公司,责令其清理传播淫秽色情等有害内容的微信公众号。在较长一段时期内,由于平台方未尽职尽责,通过微信公众号传播淫秽色情和低俗网络小说的问题比较突出,以低俗内容为噱头吸引读者通过点击"阅读原文"、识别二维码等方式引流至淫秽色情网站或平台的现象较为严重,用户反映强烈。两部门责令腾讯公司即日起立即全面开展自查自纠,对公众号进行认真审核、审看,坚决清理传播淫秽色情和低俗等有害内容的微信公众号,下架低俗网络文学作品,关停问题严重的公众号,整顿低俗内容引流现象。相关负责人强调,腾讯公司必须遵照国家法律法规要求,加强内容及资质审核、完善举报受理机制,切实担负起主体责任,加强微信公众号的内容管理。应将打击淫秽色情和低俗信息放到更重要的位置,加强日常监管,切实落实编辑责任制度,充实审核团队,完善审核机制,建立内容质量评估体系和管控机制②。全国"扫黄打非"办公室2020年7月发布"净网2020"专项行动阶段性工作通报,2020年多地"扫黄打非"部门针对微平台出现大量情色营销账号、诱导性文字和图片内容,进一步强化执法力度,追查了一批刑事案件,如安徽宣城查办徐某某传播淫秽物品案、安徽芜湖警方侦破姜某某等人传播淫秽物品牟利案、浙江宁波海曙警方先后破获胡某某等人传播淫秽物品牟利案、程某某等人传播淫秽物品牟利案、浙江宁波鄞州警方破获通过网络贩卖淫秽物品的黑产链条、甘肃酒泉查获陈某某等人传播淫秽物品牟利案,犯罪嫌疑人均为通过在微博注册账号发布色情低俗内容、评论刷帖、向微博聊天群散播淫秽视频等方式引流。对微博平台方落实主体责任不到位的事实,"扫黄打非"部门曾

---

① 《国家网信办:微信将严厉打击这些不良内容,号召网民举报》,https://m.voc.com.cn/wxhn/article/201810/201810261559381727.html。

② 《两部门约谈腾讯:清理传播淫秽色情内容公号》,http://www.xinhuanet.com/2018-10/26/c_1123620434.htm。

多次约谈微博公司并责令整改,给予行政处罚。2021 年 1 月初,全国"扫黄打非"办公室部署北京市"扫黄打非"部门对微博中存在传播淫秽色情信息且处置不力的情况进行查处。2018 年 12 月至 2020 年 12 月,多名微博注册用户发布网络出版物和长图小说,内含有明显淫秽色情内容。北京市文化市场综合执法总队对运营微博的北京微梦创科网络技术有限公司做出行政处罚[①]。针对一些网络平台突出存在的借 ASMR("自发性知觉经络反应",主要产品为用于放松、助眠的声音内容)名义传播低俗、色情内容问题,2018 年 6 月,全国"扫黄打非"办公室约谈网易云音乐、百度网盘、B 站、猫耳 FM、蜻蜓 FM 等多家网站负责人,这些平台审核松懈,使得相当数量的具有强烈性暗示的音视频、图片打着 ASMR 幌子得以传播低俗甚至淫秽色情内容。各平台务必大力清理涉色情低俗问题的 ASMR 内容,加强对相关内容的监管和审核的主体责任。鉴于 ASMR 的受众群体很大一部分是青少年,全国"扫黄打非"办公室将 ASMR 内容存在的问题纳入"净网 2018"专项行动予以严厉整治[②]。根据全国"扫黄打非"工作小组办公室官网公布的案件查处信息,近 3 年来因各类微平台显性或隐性地传播淫秽色情内容、未尽法定的主体责任,每年诸多平台方的运营主体被行政处罚的案件数量均有数十起,每年通过微平台传播淫秽物品牟利被判处的刑事案件都有百起左右,涉案的人员少则十多人,多则百十人,传播的淫秽物品少则几百部/条/张或篇,多的达上万部/条/张或篇。

第二节 法律文本对不雅内容规制不统一

一、法律文本界定淫秽、色情的伸缩性

在依法治理淫秽色情内容方面,我国同英美国家采取了完全不同的格局,这是基于不同的法律体系决定的。英美国家属于判例法体系,司法执法的依据并不是具体系统的法律文件,而是由法院的判决中所含有的法律原则或规则,

---

① 《2020 年一批利用微博色情引流犯罪分子被严惩　微博公司履行主体责任不力近日受处罚》,http://www.shdf.gov.cn/shdf/contents/767/426195.html。
② 《全国"扫黄打非"办公室约谈多家网站 要求大力清理涉色情低俗问题 ASMR 内容》,http://www.xinhuanet.com/2018-06/08/c_1122957824.htm。

而该法律原则或规则对其他法院以后的审判具有作为先例的约束力或说服力，判例法的核心原则是"遵循先例"。但判例法的规制内涵缺乏确定性、内部和谐一致性，在明确具体、便于实施方面存在不足，行为结果的预见作用方面比较弱。同时亦在法官造恶法的风险，恶法所形成的判例被反复运用，可能损害法的理性。所以，无论英国还是美国，惩治淫秽内容的司法标准从最早英国的"希克林标准"到美国的"罗斯标准"，再到"米勒标准"，司法执法对淫秽认定标准的适用一直都存在质疑，即便对于已成共识的儿童色情或对未成年人传播淫秽色情的禁止，也经常存在着是否过度禁止的不必要性、不确定性争议，虽然在各历史阶段法院适用的标准内涵是相对确定的，但对淫秽色情表达所涉价值权衡的案件事实而言，不同案件之间的差异显而易见，而且，法官的政治见解、价值偏向也影响到对判例精神的理解与吸纳。就此而言，判例法体系的国家对于淫秽色情内容的司法治理不可避免地存在认定标准伸缩性或执法弹性特征。因为淫秽、色情都基于性行为的内容，西方学者解释色情时，以性唤起为目的，黄色笑话不属于色情，因为其目的只是引人发笑。色情内容没有其他产出，即使某个作品确实有性唤起的功能，但若同时承载了艺术和文学贡献，就可不以色情论。色情具有激发性欲的功能，但同时也能满足性欲，色情对于满足性欲的功能体现在形成更生动的性幻想①。

我国属于成文法体系，司法执法的所有法律都是国家机关依立法程序制定的、以规范性文件的形式表现出来。理论上，成文法的特点在于对不法行为规制的系统性、确定性、内部和谐一致，法条表述具有完整、清晰和逻辑严密的特征，便于司法执法的统一理解和运用，行为人对行为后果的法律责任具有明确的预见。尽管相较于英美司法适用的裁定标准的粗疏抽象、高度概括的特点，我国相关法条的字面规定已经非常的具体明确、清晰细致，但基于淫秽色情定义本身非周延性的限制，制定法的条款无论采取适度概括的表达方法，还是采取有限情形罗列的表达方法，或是两者结合的方式，都难以适应不法行为所体现的情况的复杂性需要，无论行政执法还是刑事司法，裁断与惩罚的公正性、公平性偏离制定法本意的不当司法执法问题也就在所难免。就立法技术而言，一般情况下对某种法律关系的规制采用适度概括的方法，而不用罗列的方法，虽

---

① ［波］理查德·A.波斯纳：《性与理性》，苏力译，中国政法大学出版社2002年，第475页。

然罗列的方法所阐述的内涵或外延无须过多解释,但很难罗列齐全,也无法预见到将来可能发生的新情况,且条文冗长等。但概括的方法又要求使用的术语概念应细密精确,没有相对自由的诠释余地。但淫秽色情内容的呈现形式千差万别,无论语言的、声音的还是图像等的符号形式,无论绘画的、拍摄的还是电子合成等的制作方式,不同接受者因为性态度与道德观念、阅听经验与性知识多寡、性生活经历、所处人文环境等诸多因素的显著差异,对同一类符号形式的同一种制作方式的材料的情色性质的判断必然会存在不同的感受,这是性行为本身走出私密状态的社会性决定的。

我国法律文本对于"淫秽"界定始于 1985 年 4 月国务院颁布的《关于严禁淫秽物品的规定》,该《规定》将"淫秽"定义为"具体描写性行为或露骨宣扬色情淫荡形象",为避免法律追惩范围的不适当扩大,同时规定"夹杂淫秽内容的有艺术价值的文艺作品""表现人体美的美术作品""有关人体的生理、医学知识和其他自然科学作品"不属于淫秽物品范畴。这是最早的关于淫秽的完整定义。同年 8 月,文化部出台的《关于贯彻国务院〈关于严禁淫秽物品的规定〉的通知》延用"淫秽"定义,除重申淫秽出版物禁止出版,增加了艺术出版物、科学出版物的"限制出版":"有价值出版的文艺作品,其中夹杂淫秽内容,可能对青少年产生不良影响的",应在印数和发行范围上加以必要限制;"在非供美术专业人员使用的群众性出版物上,不宜集中刊登裸体图画,出版有关人体的生理、医学知识和其他自然科学作品,一律不得有渲染性技巧之类的内容。"这类既非概括又非罗列的表述方式,表面看起来指令具有足够的清晰性,但具体执行中的自由理解的伸缩性非常突出,这也导致了行政执法行为一定程度上的主观随意性,因为艺术价值、科学价值的有无或大小不仅在专业人士与一般民众之间存在认识分歧,即便在各自专业领域的不同专业人士之间也会存在不同的判断。因受文化对外开放的大环境影响,这一阶段是社会道德意识、审美意识、文化观念、精神风貌等显著改变时期,国外境外的大众文化出版物如潮水涌入,为强化治理淫秽出版物的执法工作,1988 年 7 月新闻出版署发文《关于重申严禁淫秽出版物的规定》,延续 1985 年 4 月国务院在《关于严禁淫秽物品的规定》中确立的执法精神,"淫秽出版物应一律查禁"。此外,该文件将"虽不属淫秽出版物,但是色情内容突出,毒害青少年身心健康的"出版物亦列入禁止出版范围。值得注意的是,该《重申规定》首次使用"色情"概念,但未予以定义。

为了具体落实《关于严禁淫秽物品的规定》(1985)和《关于重申严禁淫秽出版物的规定》(1988 年),克服实际查处工作中遇到的复杂情况,便于有效指导行政执法工作,新闻出版署先后发布《关于认定淫秽及色情出版物的暂行规定》(1988 年 12 月)、《关于部分应取缔出版物认定标准的暂行规定》(1989 年 11月),对淫秽、色情的标准认定作了一些细化罗列,并就出版物的类型予以规定,即淫秽、色情出版物分为三种:淫秽出版物,色情出版物,夹杂淫秽色情内容、低级庸俗、有害于青少年身心健康的出版物。其中《关于认定淫秽及色情出版物的暂行规定》对"淫秽"的判断标准进一步细化列举,即在整体上宣扬淫秽行为,具有下列内容之一,挑动人们的性欲,足以导致普通人腐化堕落,而又没有艺术价值或者科学价值:①淫亵性地具体描写性行为、性交及其心理感受;②公然宣扬色情淫荡形象;③淫亵性地描述或者传授性技巧;④具体描写乱伦、强奸或者其他性犯罪的手段、过程或者细节,足以诱发犯罪的;⑤具体描写少年儿童的性行为;⑥淫亵性地具体描写同性恋的性行为或者其他性变态行为,或者具体描写与性变态有关的暴力、虐待、侮辱行为;⑦其他令普通人不能容忍的对性行为的淫亵性描写。这也是截至目前,法律文本对何为淫秽的最充分的描述。从定义的准确性要求看,解释项与被解释项之间不宜出现循环解释的现象,即解释项、被解释项之间不应该互为解释。而上述定义一定程度存在这种互为解释的特征,用"淫亵性""色情淫荡"词汇解释"淫秽",而"淫亵性""色情淫荡"又依赖"淫秽"得以解释。凡是符合上述内容特点之一的出版物就属于"淫秽出版物"。"色情出版物"是指在整体上不是淫秽的,但其中一部分具有淫秽出版物所含有的内容之一,对普通人特别是未成年人的身心健康有毒害,而缺乏艺术价值或者科学价值的出版物。而《关于部分应取缔出版物认定标准的暂行规定》在划定"夹杂淫秽色情内容、低级庸俗、有害于青少年身心健康的"出版物(简称"夹杂淫秽内容的出版物")时,将"尚不能定性为淫秽、色情出版物",但"低级庸俗,妨害社会公德,缺乏艺术价值或者科学价值,公开展示或阅读会对普通人特别是青少年身心健康产生危害,甚至诱发青少年犯罪"的出版物亦纳入禁止出版范围,"夹杂淫秽内容的出版物"具有以下内容:①描写性行为、性心理,着力表现生殖器官,会使青少年产生不健康意识的;②宣传性开放、性自由观念的;

③具体描写腐化堕落行为,足以导致青少年仿效的;④具体描写诱奸、通奸、淫乱、卖淫的细节的;⑤具体描写与性行为有关的疾病,如梅毒、淋病、艾滋病等,令普通人厌恶的;⑥其他刊载的猥亵情节,令普通人厌恶或难以容忍的。

综合《关于认定淫秽及色情出版物的暂行规定》的七条及《关于部分应取缔出版物认定标准的暂行规定》的六条概括或具体情形罗列条款,被禁止公开传播的涉"性"内容可以分为四类:无节制地刻意描写与呈现乱伦、强奸、聚众淫乱、通奸、卖淫等"颠覆基本道德准则"的性关系中放荡或变态的性变态、性虐待、性侮辱,旨在诱发任何年龄层次的性邪念、性欲望;无节制地刻意细致描写与呈现无"特定标签身份"的性行为或性交易中的放荡或变态的性形象,旨在诱发任何年龄层次的性邪念、性欲望;无节制地刻意细致描写与呈现少年儿童的性行为,令成年人不能容忍或未成年人不能接受的;具体描写性行为、性心理,或刻画性开放、性自由形象,诱发青少年不健康的性意识。这些内容都属于"淫秽"级别,应当而且必须禁止公开传播。但从法律规制本身的严谨性、司法执法的尺度统一性考虑,法律条款无论采取适度概括方式还是具体情形罗列方式,都需要进一步明确标准、影响程度问题,如对于情色信息的消极属性认定标准方面,在主体上有成年人标准、未成年人标准的差异,在社会性损害程度上有导致败坏基本道德、诱发不法性模仿与犯罪之别。而其信息呈现的符号载体存在文字、声音、漫画、图片、影像等不同介质之间影响显著度的不同,文字的描写与声音的、影像的呈现所产生的社会危害性的程度显然存在区别。尤其互联网时代,全民皆可能成为情色内容的接触者,淫秽内容可以采取不同的符号载体,更为精细的违法责任设立有利于执法司法的公正、统一,更能体现法律的惩戒性。

刑事立法上,淫秽内容明确纳入刑事惩治范畴始于 1990 年 12 月颁布的《全国人大常委会关于惩治走私、制作、贩卖、传播淫秽物品的犯罪分子的决定》,基本采用了 1985 年国务院制定的行政法规《关于严禁淫秽物品的规定》对淫秽的定义"具体描绘性行为或者露骨宣扬色情的诲淫性的形象"。1997 年修订的《刑法》第 367 条对淫秽物品的界定则沿用了上述全国人大常委会《规定》的相关条款:本法所称淫秽物品,是指具体描绘性行为或者露骨宣扬色情的诲淫性的书刊、影片、录像带、录音带、图片及其他淫秽物品。有关人体生理、医学知识的科学著作不是淫秽物品。包含有色情内容的有艺术价值的文学、艺术作品不视为淫秽物品。

我国刑法没有规制色情内容,色情物品的制作、兜售或传播仅属于一般性违法行为,互联网治理的基础性法律《网络安全法》将不得传播淫秽、色情信息纳入网络信息安全范畴,该法对何为色情并没有界定。而作为行政处罚法的主要法律之一《治安管理处罚法》,却未设置禁止色情内容的条款,只是将淫秽内容作为惩治对象。一方面,色情禁止的法律地位没有得到内部协调性的处理,另一方面,同"淫秽"内涵的界定相比,"色情"定义更为模糊,存在明显的不确定性、伸缩性。目前法律关于色情内容的界定仅见于《关于认定淫秽及色情出版物的暂行规定》(新闻出版署 1988)、《关于部分应取缔出版物认定标准的暂行规定》(新闻出版署 1989),《关于认定淫秽及色情出版物的暂行规定》将"色情"认定为部分地具有淫秽内容的特征但整体上不是淫秽的,对普通人特别是未成年人的身心健康有毒害,并缺乏艺术价值或者科学价值。《关于部分应取缔出版物认定标准的暂行规定》所列举的性描写的六种情形(描写性行为、性心理,着力表现生殖器官,会使青少年产生不健康意识的;宣传性开放、性自由观念的;具体描写腐化堕落行为,足以导致青少年仿效的;具体描写诱奸、通奸、淫乱、卖淫的细节的;具体描写与性行为有关的疾病,如梅毒、淋病、艾滋病等,令普通人厌恶的;其他刊载的猥亵情节,令普通人厌恶或难以容忍的)同时兼具了淫秽、色情的属性,并非对色情的专门界定。而同样是新闻出版署颁布的规范性文件,《关于认定淫秽及色情出版物的暂行规定》与《关于部分应取缔出版物认定标准的暂行规定》在处理"夹杂色情内容"的措施上存在不一致的规定:《关于认定淫秽及色情出版物的暂行规定》认定不属于淫秽出版物、色情出版物范围的,包括夹杂淫秽、色情内容而具有艺术价值的文艺作品,表现人体美的美术作品,有关人体的解剖生理知识、生育知识、疾病防治和其他有关性知识、性道德、性社会学等自然科学和社会科学作品,这些作品均不在法律治理的范围。但《关于部分应取缔出版物认定标准的暂行规定》则将"夹杂淫秽内容的出版物"明确规定为取缔的对象,即色情内容亦在管制的范畴。因此,不同法律之间调控事项的不协调问题在"色情"信息治理方面体现得尤为突出。

二、法的技术:文本之间规制条款欠协调

宪法具有最高的法律地位,因此,治理淫秽色情内容必须有宪法依据。虽

然《宪法》没有明确禁止淫秽色情内容的条款,但有间接的宪法依据,即宪法第二十四条的规定"国家加强社会主义精神文明的建设"。淫秽色情内容显然背离社会主义精神文明,所以,从《宪法》条款可以推演制售、传播淫秽色情内容不具有合宪性,应在不同层次法律监管之列。而淫秽、色情内容的传播具有不同程度的社会危害性,不同位阶的法律对"淫秽""色情"的规制程度应有区别。鉴于淫秽信息所产生的危害后果的严重性,不同时期刑法及配套的司法解释均将淫秽信息作为严厉惩治的对象。所以,刑法及司法解释对淫秽内容的规制一直具有连续性、统一性,就法条字面规定而言,法律之间基本不存在不协调的问题,仅是 1979 年《刑法》使用的是"淫书淫画罪",《刑法》并没有对"淫书淫画"加以解释。值得注意的是,这一时期,制作、贩卖淫书淫画行为亦可能构成扰乱国家金融和市场管理、破坏社会主义经济秩序的投机倒把罪,存在责任竞合问题。1987 年 7 月最高人民法院、最高人民检察院颁布的《关于依法严惩非法出版犯罪活动的通知》规定:"以营利为目的,从事淫书淫画、淫秽音像的出版、印刷、发行、销售活动的,以刑法第一百七十条制作、贩卖淫书淫画罪论处;其中非法经营或者非法获利的数额巨大或情节严重的,不仅触犯了制作、贩卖淫书淫画罪,也触犯了投机倒把罪,应以投机倒把罪论处。"1988 年 1 月全国人大常委会通过的《关于惩治走私罪的补充规定》首次使用"淫秽"一词,并将走私淫秽的影片、录像带、录音带、图片、书刊或者其他淫秽物品的犯罪行为纳入"走私罪"。因此,在 1997 年《刑法》实施之前,涉及淫秽内容的牟利行为可能受到三种罪名的惩治,即"制作、贩卖淫书淫画罪""投机倒把罪""走私罪"。如"陈某连非法进行复制、倒卖淫秽录像案",被告人陈某连(浙江省乐清县北白象镇人),与丈夫陈某东于 1989 年 5 月购置复制录像机复制、倒卖录像带以牟取非法利益,被查获时复制的录像带仅少量售出,公安机关在住所查获 605 盒,并查获录像机 10台、电视机 1 台及空白录像带 90 盒。经公安部门鉴定,其中 370 盒为法律禁止的淫秽录像带。乐清县人民检察院以被告人陈某连复制、倒卖淫秽录像带犯投机倒把罪,向乐清县人民法院提起公诉。1989 年 10 月,乐清县人民法院判决被告人陈某连的行为已构成《刑法》规定的投机倒把罪,判处有期徒刑十五年,附加剥夺政治权利五年。一审宣判后,被告人陈某连以原判定罪不当,量刑过重为由,向温州市中级人民法院提出上诉。二审法院审理认为,上诉人陈某连以营利为目的,大量进行制作和倒卖淫秽录像带的非法活动,应以《刑法》规定的"制作、贩卖淫书淫画罪"论处,陈某连制作、倒卖淫秽录像带,情节严重,不仅触犯了制作、贩卖淫书淫画罪,也触犯了投机倒把罪,应以投机倒把罪论处。原审对上诉人陈某连以投机倒把定罪正确,量刑适当,其上诉理由不能成立。裁定驳回上诉,维持原判①。

《刑法》(1997)有关淫秽的罪名涉及制作、出版、复制、贩卖、传播淫秽物品牟利罪,为他人提供书号出版淫秽书刊罪,传播淫秽物品罪,组织播放淫秽音像制品罪以及组织淫秽表演罪。世界绝大多数国家刑法都设立了有关淫秽物品的罪名,如日本刑法的"猥亵文书之散布罪",泰国刑法的"制作、生产、持有淫秽之文书、图画、出版物、影片、象形物罪",德国刑法的"猥亵文书散布罪",瑞士刑法的"公示猥亵物件罪""以败俗文书与图画危害青少年罪",法国刑法的"以图书、刊物妨害善良风俗罪""非法制造、贩卖、传播淫秽文字、图书、广告、照片、影片或其他物品罪",美国刑法的"猥亵物罪",加拿大刑法的"破坏道德罪""淫秽表演罪"以及"邮寄猥亵品罪",等等②。这些国家的刑法罪名与我国刑法的规定相比,我国刑法的规定比较全面,适用范围更大,法定刑比较重。从《刑法》(1979)到《关于依法严惩非法出版犯罪活动的通知》(1987)、《关于办理淫秽物品刑事案件具体应用法律的规定》(1990)、《关于惩治走私、制作、贩卖、传播淫秽物品的犯罪分子的决定》(1990)、《关于审理非法出版物刑事案件具体应用法律若干问题的解释》(1998),再到专门针对电子淫秽信息形式犯罪的《关于办理利用互联网、移动通讯终端、声讯台制作、复制、出版、贩卖、传播淫秽电子信息刑事案件具体应用法律若干问题的解释》(2004)、《关于办理利用互联网、移动通讯终端、声讯台制作、复制、出版、贩卖、传播淫秽电子信息刑事案件具体应用法律若干问题的解释》(二)(2010)以及《关于利用网络云盘制作、复制、贩卖、传播淫秽电子信息牟利行为定罪量刑问题的批复》(2017),分别对不同时期的淫秽出版物的犯罪构成要件及相应刑罚制裁予以明确规定,保障了刑事司法的相对统一性。由于刑罚制裁的严厉性,要求刑法的规制须遵循明确性和谦抑性原

---

① 《陈爱连投机倒把案——非法进行复制、倒卖淫秽录像带的活动情节严重的应认定为制作、贩卖淫书淫画罪还是投机倒把罪?》,《最高人民法院公报》1989 年第 4 期。

② 周其华:《中国刑法罪名释考》,中国方正出版社 2001 年,第 803 页。

则、罪刑法定原则,强调适用刑罚的构成要件的具体化、明确化,保障刑罚适用的正当、合理性。只有如此要求,才可能确保刑罚仅留作"最后手段",只有当其他部门法不能充分保护某种社会秩序时才不得已让位刑法予以调整。从这种意义上说,刑法有关淫秽内容禁止的惩治措施是其他部门法有关淫秽色情内容调整的保障手段。

除刑法外,我国其他部门法亦有对淫秽内容或信息的规制,但这些部门法的条款之间存在较为明显的不一致,表现为相同位阶的法律之间,有的禁止"淫秽"的条款,有的却没有禁止"淫秽"的条款。此外,下位法中有的法律仅列"色情"却没有列"淫秽"为治理对象,这是不符合法治基本原则的,淫秽较色情内容更具有治理的迫切性、必要性。部门法在对待淫秽、色情禁止问题方面立法之间的不一致,一定程度地影响到社会民众对于这些内容不法性的认知水准、守法意识与能力的培育,也影响到行政执法的尺度标准。如同为行政法系列的《网络安全法》《治安管理处罚法》,《网络安全法》将淫秽、色情两类信息纳入禁止传播范围,而《治安管理处罚法》仅将淫秽内容作为惩治事项。根据《网络安全法》责任设置,通过互联网扩散色情信息属于违法行为,应当追究行政责任。但《治安管理处罚法》并没有规定扩散色情内容应承担治安处罚的行政责任,而且,对于扩散淫秽内容的,如果没有达到刑法规定的刑罚标准,也只宜追究相关主体的行政责任,包括治安拘留、罚款。《治安管理处罚法》对淫秽内容的法律规定涉及两个情况,一是对特定的人多次发送淫秽信息,干扰了他人正常生活,二是制作、运输、复制、出售、出租淫秽的书刊、图片、影片、音像制品等淫秽物品或者利用计算机信息网络、电话以及其他通信工具传播淫秽信息的,或者组织播放淫秽音像的、组织或者进行淫秽表演的、参与聚众淫乱活动的。

仅将"淫秽"物品或信息作为惩治目标的除《治安管理处罚法》,还包括《海关法》(2013)、《邮政法》(2015)、《未成年人保护法》(2012)、《妇女权益保障法》(2018修订)、《关于维护互联网安全的决定》(2000)、《电影产业促进法》(2016年)等。而处于相同位阶的法律如《预防未成年人犯罪法》(2012修订)、《广告法》(1995修订)、《全国人大常委会关于批准〈儿童权利公约〉关于买卖儿童、儿童卖淫和儿童色情制品问题的任择议定书的决定》(2002)等则将"淫秽""色情"作为执法对象。尤其是针对未成年人立法保护的《未成年人保护法》与《预防未成年人犯罪法》,前者只禁止"淫秽",而后者却禁止"淫秽""色情"。《公务员法》却又只涉及"色情"而未有"淫秽"规制,难以解释。在"淫秽""色情"禁止方面法律惩治对象描述的明显不统一,无论是否存在立法技术上的瑕疵,都影响法律的执行效果。

在行政法规、部门规章层面,法律文件之间同样存在上述不协调问题。改革开放之后,行政法规或部门规章中仅将"淫秽"作为禁止事项的有 15 项,即《关于加强出版工作的决定》(1983)、《关于严禁淫秽物品的规定》(1985)、《关于严格查禁淫秽物品进出口的实施办法》(1985)、《广告管理条例》(1987)、《印刷行业管理暂行办法》(1988)、《关于印发〈依法查处非法出版犯罪活动工作座谈会纪要〉的通知》(1988)、《有线电视管理暂行办法》(2018 修订)、《广播电视管理条例》(2017 修订)、《出版管理条例》(2016 修订)、《音像制品管理条例》(2016 修订)、《印刷业管理条例》(2017 修订)、《互联网等信息网络传播视听节目管理办法》(2004)、《互联网上网服务营业场所管理条例》(2016 修订)、《专网及定向传播视听节目服务管理规定》(2016)、《关于加强信息网络国际联网信息安全管理的通知》(公安部 1996)。而将"淫秽""色情"同时列为管制事项的行政法规或部门规章的有 30 项,具体包括《关于我国个人进口自用印刷品管理的暂行规定》(1979)、《关于制止滥编滥印书刊和加强出版管理工作的报告》(1980)、《关于严禁进口淫秽色情书刊的通知》(1981)、《关于整顿内容不健康报刊的通知》(1985)、《关于加强报刊出版发行管理工作的通知》(1985)、《关于严厉打击非法出版活动的通知》(1987)、《关于重申严禁淫秽出版物的规定》(1988)、《关于认定淫秽及色情出版物的暂行规定》(1988)、《关于部分应取缔出版物认定标准的暂行规定》(1989)、《关于整顿、清理书报刊和音像市场严厉打击犯罪活动的通知》(1989)、《关于压缩整顿报刊和出版社的通知》(1989)、《关于鉴定淫秽、色情出版物权限的通知》(1989)、《关于认定、查禁非法出版物的若干问题的规定》(1991)、《计算机信息网络国际联网安全保护管理办法》(1997)、《报纸出版管理规定》(2005 修订)、《期刊出版管理规定》(2005 修订)、《互联网信息服务管理办法》(2000)、《互联网电子公告服务管理规定》(2000)、《电信条例》(2016 修订)、《营业性演出管理条例》(2016 修订)、《互联网新闻信息服务管理规定》(2017 修订)、《移动智能终端应用软件预置和分发管理暂行规定》(2016)、《互联网直播服务管理规定》(2016)、《网络游戏管理暂行办法》(2017 修订)、《互联网域名管理办法》(2017)、《关于促进移动互联网健康有序发展的意见》(2017)、《关于进一步加强网络视听节目创作播出管理的通知》(2017)、《网络信息内容生态治理规定》(2019)、《网络音视频信息服务管理规定》(2019)、《关于严厉打击利用计算机技术制作、贩卖、传播淫秽物品违法犯罪活动的通知》(公安部 1995)等。

已有的相关法律法规条款,除了使用"淫秽""色情"词汇,还有使用"危害社会公德""低俗内容"等抽象或模糊概念对"淫秽""色情"意涵予以补充解释。如使用"淫秽"+"危害社会公德"词汇的行政法律文件有 6 项,即《电影管理条例》(2001)、《互联网文化管理暂行规定》(2011)、《网络表演经营活动管理办法》(2016)、《网络出版服务管理规定》(2016)、《娱乐场所管理条例》(2016 修订)以及《互联网上网服务营业场所管理条例》(2019 修订)。而使用"色情"+"低俗内容"词汇的法律文件是 4 项,即《互联网视听节目服务管理规定》(2007)、《互联网新闻信息标题规范管理规定(暂行)》(2017)、《关于进一步加强网络剧、微电影等网络视听节目管理的通知》(2012)和《关于加强网络表演管理工作的通知》(2017)。与之相比,改革开放之初的法律术语使用更不规范,以"诲淫""黄色下流"指称的法律规章有《关于我国个人进口自用印刷品管理的暂行规定》(1979)、《查禁淫书淫画和其他诲淫性物品的通知》(1981)、《关于严禁进口、复制、销售、播放反动黄色下流录音录像制品的规定》(1982)、《录音录像制品管理暂行规定》(1982)。

近年来,专门针对网络服务平台类型立法监管的行政规章则没有专门列出淫秽、色情内容作为治理事项,只是笼统地概括为"法律法规禁止内容",采取此种表述的法律文件有 14 项,包括《即时通讯工具公众信息服务发展管理暂行规定》(2014)、《互联网论坛社区服务管理规定》(2017)、《互联网用户公众账号信息服务管理规定》(2017)、《互联网群组信息服务管理规定》(2017)、《微博客信息服务管理规定》(2017)、《互联网新闻信息服务单位内容管理从业人员管理办法》(2017)、《移动互联网应用程序信息服务管理规定》(2016)、《互联网跟帖评论服务管理规定》(2017)、《互联网信息搜索服务管理规定》(2016)、《互联网广告管理暂行办法》(2016)、《关于加强网络直播服务管理工作的通知》(2018)、《关于加强网络视听节目直播服务管理有关问题的通知》(2016)、《区块链信息服务管理规定》(2019)以及公安部的《公安机关互联网安全监督检查规定》(2018)，这些部门规章都是基于《网络安全法》的相关条款予以细化立法的产物，因为《网络安全法》已经载明淫秽、色情为禁止事项。

还存在一种个别情况，即同一份文件中的前后条款使用不同概念术语，如全国"扫黄打非"工作小组办公室、财政部、国家新闻出版署、国家版权局等联合出台的《"扫黄打非"工作举报奖励办法》(2018)，该《办法》在划定何种举报行为属于本办法奖励范围的表述上，出现不一致的情况：第三条第 2 款表述为"出版、制作、印刷、复制、发行、传播、寄递、储运淫秽出版物(含网络出版物)、印刷品及相关信息的行为"，使用了"淫秽"一词；第三条第 9 款文字表述为"淫秽色情网站、客户端和其他网上淫秽色情信息；利用网络社交平台、即时通讯工具、网络存储及存储介质等方式制作、复制、出版、贩卖、传播淫秽色情信息"，既使用了"淫秽"，也有"色情"一词。与此类似的情况，如公安部 1995 年制订的《关于严厉打击利用计算机技术制作、贩卖、传播淫秽物品违法犯罪活动的通知》，在文本的前后不同条款中同时使用了"淫秽""色情淫秽"两个概念。不严谨的条款表达背后，可能产生执法的过度解释或理解不足的问题。

第三节 对不雅内容及治理的认知分歧

一、不雅内容：言论自由抑或道德沦丧

在传统的中国社会，虽然性的表达欲望一直暗流涌动，但性的公开表达始终是被道德、法律双重禁止的。社会对性认识的相对开放心态是 19 世纪末、20 世纪初"放眼看西方"的社会思想改良思潮兴起后逐渐酝酿的。但整个社会的一般民众能够接受性话题的自由谈论却是改革开放的结果，公开讨论涉性的话题不再被简单地贴上"道德沦丧"的标签，社会对性行为的认识与态度已迥异于改革开放之前的状况，无论官方还是民众社会，对性的公开表达都持一定程度的宽容心态。正是在这样的社会环境下，一部分舆论对不雅内容表达所持有的认识难免走向另一个极端，即不加区别地将所有性行为的公开表达视为言论表达自由的内涵。国内学者在讨论淫秽色情内容限制程度应当最小化方面，基本照搬了美国的典型司法判例理念与一些学者的理论主张，即淫秽色情内容应当

属于言论自由的组成部分,如果它不被美国宪法第一修正案保护,意味着有比它更为重要的利益要维护。即便为了保护儿童免受淫秽色情内容的损害,对限制淫秽色情言论也应当是谨慎而且必要的。

鉴于正常生理需要的精神满足的方式,性表达自由是人的生物本能特性,虽然冠以"淫秽""色情"予以禁止,但改变不了人的本能生理需求,社会才形成了性表达自由的普遍存在。而相较于传统媒体所承载的色情信息,互联网渠道为受众提供了更为多样化的选择,涵盖了不同的色情类别与呈现形态,足以满足更多人群对色情需求的不同偏好①。性表达的自由是"表达自由"与"性权利"的结合。表达自由比言论自由更能体现以表现个人观点和态度为目的的个人自由,因为除了言论,表达还包括通过行为、暗示和其他行动形式来表达他自己的意志与愿望。性表达自由则是"个人有权通过交流、接触、情感表达与爱恋表达其性欲。"②1999年8月在香港召开的第14次世界性学会议通过的《性权宣言》明确提出性权利是基本、共通的人权。作为表达自由内容之一的性表达自由主要强调性表达自由等应该受到最低限度的制约,除非对社会公共利益构成显著的危害,否则,个人应当享有自主决定其性行为与性事项言论自由的性私权。认可性言论自由的价值在于确认实现自我、完成自我,因为任何个体的存在不应该完全是成全他人的某种纯粹工具,肯定个人正当的性需求与表达性言论同样是个体存在的社会价值所在,性表达自由其实也是性权利实现的主要形式。"在我们所应享有的一切权利和自由里,能否自由地选择是否与他人进行性行为或者何时与他人进行性行为显得尤为重要。然而,在法律看来,这种性表达自由并不存在,或者说公民并没有拥有法律所应该保护的性表达自由。"③正是基于来自西方国家学者的这些认识,国内学界在对待严法惩治网络不雅内容的态度上体现出同主流法律价值观不一致的意见,更多地以"对话"的态度力倡从性表达自由的层面重新审视过度禁止不雅内容的合宪性问题,理性给予不雅内容应有的保护,不宜简单片面地视性内容的表达为道德堕落,以实

---

① Chun, W. H. K (2006). Control and Freedom: Power and Paranoia in the Age of Fiber Optics. Cambridge, MA: MIT Press,2006.p.117.

② 赵合俊:《性权与人权——从〈性权宣言〉说起》,《环球法律评论》2002年第1期。

③ Stephen J. Schulhofer. Unwanted Sex: The Culture of Intimidation and the Failure of Law. Harvard University Press,1998,p.274.

现色情表达独有的积极社会功能。

这方面的意见认为,在严惩不雅内容方面,政府的权力不是无限的,除了世界范围内公认的儿童色情、专向未成年人提供淫秽内容应受法律惩罚,因为未成年人经常或过多暴露于色情尤其淫秽内容容易受到心理、生理上的潜在侵害风险是可以充分解释的,一些未成年人性犯罪案件的诱因分析也可能证明两者之间的关联性。对于成年人而言,情况明显不同,色情而非淫秽内容应当获得附加条件的法律地位。色情表达的结果固然能唤起或激发性意识、性欲望或性冲动,但同样具有心理、生理层面的满足性欲的替代性功能[①],这也意味着色情的相对自由表达并不必然导致有明确损害对象的社会危害。而现代法治理念的一个基本假定就是无论政府还是社会都没有理由轻易代替个人对表达自由的真伪或利弊做出判断。同样,有关性内容的表达如果仅仅以抽象的"有害"予以严格禁止,虽然可能给社会带来一些利益,如公序良俗、纯洁性道德等,但却忽略了个体的存在价值。因为对于成年人用户而言,不雅内容的社会危害究竟是否存在或在多大程度、范围存在,心灵腐蚀、风气败坏以及私生活淫乱和性暴力等是否为接触淫秽色情物品所致? 长期以来治理不雅内容的效果如何,为什么存在反复不绝的反弹现象? 诸如此类的问题的"当然性"回答无法得到足够的理由支撑。比如,就家庭范围而言,接触色情内容对相当数量的妻子而言可能兴趣索然,甚至表示反感,这是两性的生物本性决定的,两性的性刺激反应的程度、方式存在不同,但妻子对于男人接触色情却通常不会强烈反对[②]。有研究表明,女性对于色情持模棱两可的态度,一方面虽担心另一方因过多接触色情而可能削弱对自己的性要求,另一方面,女性也可以从中获得安慰,因为色情同时也会让另一方更加安分或自我满足,即在虚拟的色情描写里获得替代性满足[③]。这些观点旨在说明,家庭场所的色情内容接触并不会带来可以预见的家庭利益或关系的侵害。

主张对色情内容弱化限制的自由表达观认为,色情而非淫秽的内容信息即使具有邪恶的属性,将之界定为公法范畴的危害属性,不比视之为私法范畴的

---

① ［波］理查德·A.波斯纳:《性与理性》,苏力译,中国政法大学出版社 2002 年,第 475 页。

② ［美］罗伯特·赖特:《道德动物》,周晓林译,中信出版社 2013 年,第 47 页。

③ Jennifer C. Jones and David H. Barlow. Self-Reported Frequency of Sexual Urges, 19 Archives of Sexual Behavior, 269, 1990.

扰民行为更为适当。对扰民行为和危害行为施加相同的严厉惩罚显然不合理，除非此类扰民行为符合约定俗成理解的严重后果要件。在考虑色情规制问题上，如何理性区分有特定损害结果及损害对象与无特定损害对象的仅属扰民行为两者之间的法律责任，是必要的。这类西方舶来的观点还是难以适应中国社会整体文化环境与道德崇尚。如持有近似观点的亚利桑那大学法律哲学教授乔尔·芬伯格就主张，如果把色情展览和色情出版物当成是干扰行为并应该被法律严格控制，就必须提出一些供以衡量的考虑条件，即在处理色情内容这种干扰行为时，应该既衡量这一行为给非自愿的观众带来的触犯的严重性，也要衡量被告的行为的合理性。其合理性决定于：①观众对材料所产生的反感程度和持续时间，非当事人对展示和描述的材料产生的可预期的反感程度（仅对异常敏感的人造成冒犯的行为不能视为非常讨厌的行为）；②非自愿的人群可避免观看展示的容易程度；③观众是否出于好奇或者享乐的目的而自愿承担了被冒犯的危险。按照顺序可以把这些规则称做"干扰行为标准的延伸""合理的可避免性原则"和"甘愿者原则"。适用这些原则来衡量色情作品发行人的行为合理性，则取决于①对展示者个人的重要性和社会价值；②被质疑的行为是否有时间和地点的选择以减少对其他人的冒犯；③冒犯的程度。"自愿者原则"应优先于其他原则，如果色情影片放映者确保观看电影的人都是自愿购票的成年人，并且观众很了解将会看到什么电影是什么内容，那么放映者就不能被指控为违法。同样，禁止私情书籍在道义上也是不合理的，因为人们很容易就可以避免看到这些数字。潜在的读者不是"没有选择权的观众"，所以"合理的可避免性原则"优先于其他原则①。此种语境下，如果私人拥有色情内容，或是向自愿的成年人扩散，不应受法律限制和惩罚。只有当色情内容被强加于不愿接触的成年人或未成年人，扩散色情内容才应受法律限制和惩罚，因为法律对私人事务的强烈干涉是不妥当的，除非有特殊的令人信服的理由。

当然，这些同目前我国法律政策不相融的观点更多地仅限于学者在研究领域的交流或商榷，很难说它能形成主流的社会态度。尽管如此，这类"少数观点"凭借商业资本力量与传播技术仍然可以影响到追求多元价值的社会情绪本

---

① Joel Feinberg. Pornography and the Criminal. University of Pittsburg Law Review, 40 U.PITT.L. REV.1979(56).

身,作为政府执行色情治理政策的客观环境因素而发挥微妙作用。

二、技术:自我向善抑或逃避法律规制

在既有法律规则正常发挥约束功能的法治环境下,新的技术运用之所以具有更大利益空间,可能存在的因素之一就是新的技术性手段所产生的结果与影响在既有法律规则的效力之外,或者即便在既有法律规制效能或范围之内,但受比较苛刻的取证条件限制而难以适用既有的法律规则[①]。这是在技术加速更迭时代法律的稳定性所面临的共性问题,任何领域的法律规制都程度不同地存在规制能力滞后于技术向恶的趋势,大众传播领域的淫秽色情内容法律治理更是凸显这方面的困境。《刑法》"传播淫秽物品牟利罪"的修订与适用就存在"技术先行"的痕迹,不断更替的大众传播技术决定着淫秽物品传播的载体、形态、途径等,刑法的有效规制必须追踪与破解技术壁垒。

依据传播技术发展的路径,"传播淫秽物品牟利罪"的适用问题可分为四个阶段:第一个阶段,1997 年《刑法》设定该罪名至 1998 年颁布《关于审理非法出版物刑事案件具体应用法律若干问题的解释》,淫秽物品主要是传统的传播技术产物如影碟、录像带、照片、扑克、画册、书刊等,电子类型的淫秽信息并未出现。第二个阶段,从 2000 年 9 月商丘市梁园区法院审理的"网络传黄入刑"第一案起(本案中何某黄、杨某利用网络服务提供者的免费主页空间建立多个色情网站,刊载淫秽图片、小说和电影。该网站中的淫秽信息须经过何某黄、杨某的下载、复制、剪贴、编辑等才能予以刊载和传播,以此吸引用户访问。2000 年 9 月,商丘市梁园区法院以制作、复制、出版、贩卖、传播淫秽物品牟利罪判处何某黄、杨某有期徒刑各 3 年,并处罚金各 1 万元),互联网媒体逐渐成为传播淫秽色情物品的主要载体,至 2004 年颁布《关于办理利用互联网、移动通讯中端、声讯台制作、复制、出版、贩卖、传播淫秽电子信息刑事案件具体应用法律若干问题的解释》,网吧成为接受淫秽色情内容的场所,淫秽物品以电子信息的形式在网络空间广泛传播。针对新的情况,《解释》规定"明知他人实施制作、复制、出版、贩卖、传播淫秽电子信息犯罪,为其提供互联网接入、服务器托管、网络存储空间、通讯传输通道、费用结算等帮助的,对直接负责的主管人员和其他直接

[①]　王迁:《论提供规避技术措施手段的法律性质》,《法学》2017 年第 10 期。

责任人员,以共同犯罪论处"。至此,提供内容或技术服务的网络服务提供者只要明知传播淫秽色情内容并为其提供了服务,既构成传播淫秽物品牟利罪的共同犯罪。第三阶段,2004年《解释》至2015年《刑法修正案(九)》颁布,这一阶段传统网站淫秽色情传播逐渐式微(不包括服务器设在境外的网站),"快播"等P2P技术支撑的涉黄传播形式出现。但该类型的淫秽色情传播方式并未引起法律重视,2010年颁布的《关于办理利用互联网、移动通讯终端、声讯台制作、复制、出版、贩卖、传播淫秽电子信息刑事案件具体应用法律若干问题的解释(二)》仍然将网站作为监管重点,如第四条明确针对以牟利为目的的"网站建立者、直接负责的管理者",第六条虽然对责任主体有所扩充("电信业务经营者、互联网信息服务提供者明知是淫秽网站,为其提供互联网接入、服务器托管、网络存储空间、通讯传输通道、代收费等服务,并收取服务费,具有下列情形之一的,对直接负责的主管人员和其他直接责任人员,依照刑法第三百六十三条第一款的规定,以传播淫秽物品牟利罪定罪处罚"),但"淫秽网站"的表述并不包含运用P2P技术传播淫秽色情的行为主体如快播公司。第四阶段,《刑法修正案(九)》生效之后,该修正案增加了"拒不履行信息网络安全管理义务罪":"网络服务经营者不履行法律、行政法规规定的信息网络安全管理义务,经监管部门责令采取改正措施而拒不改正,导致包括淫秽信息在内的违法信息大量传播的",即构成该罪。该条款具有针对现时技术的更强适用性,技术规避法律的余地被压缩。

"技术从恶"如果处在既有法律规制范围之外,对技术的不法运用予以限制或惩罚可能引发舆论的质疑,尤其在社会部分舆论并不全然支持不加区分淫秽与色情、成年人群体与未成年人群体、技术手段阻隔优先与法律手段优先的情况下,偏离或背离法治的情绪可能更为明显,深圳市快播科技有限公司服务器存储大量淫秽视频被判处传播淫秽物品牟利罪就是典型一例。该公司通过免费提供QSI软件(QVOD资源服务器程序)和QVOD Player软件(快播播放器程序)的方式,为用户提供网络视频服务。任何人(快播公司称之为"站长")均可通过QSI发布自己所拥有的视频资源。快播公司的中心调度服务器在站长与用户、用户与用户之间搭建一个视频文件传输平台。为提高热点视频下载速度,快播公司搭建了以缓存调度服务器为核心的平台,通过自有或与运营商合作的方式,在全国各地不同运营商处设置缓存服务器1 000余台。在视频文件点播次数达到一定标准后,缓存调度服务器即指令处于适当位置的缓存服务器抓取、存储该视频文件。当用户再次点播该视频时,若下载速度慢,缓存调度服务器就会提供最佳路径,供用户建立链接,向缓存服务器调取该视频,提高用户下载速度。部分淫秽视频因用户的点播、下载次数较高而被缓存服务器自动存储。缓存服务器方便、加速了淫秽视频的下载、传播。自2012年至2013年,因该公司多次被当地监管、执法部门督查发现服务存储器存在淫秽色情内容,被责令整改,但均未落到实处。2013年4月北京网联光通技术有限公司与快播公司开展合作,光通公司提供4台服务器,快播公司提供内容数据源并提升用户体验的数据传输技术解决方案,负责远程对软件系统及系统内容的维护。2013年11月北京海淀区文化委员会在行政执法检查时发现服务器存储有淫秽视频,予以扣留。随后,公安机关从4台服务器里提取29 841个视频,经鉴定其中的21 251个为淫秽视频。2014年4月北京市公安局海淀分局决定对王某等人涉嫌传播淫秽物品牟利罪立案。2016年9月,海淀区法院对被告单位深圳市快播科技有限公司和被告人王某、吴某、张某东、牛某举传播淫秽物品牟利案做出一审判决:被告单位深圳市快播科技有限公司犯传播淫秽物品牟利罪,判处罚金人民币1 000万元;被告人王某犯传播淫秽物品牟利罪,判处有期徒刑3年6个月,罚金人民币100万元;被告人张某东犯传播淫秽物品牟利罪,判处有期徒刑3年3个月,罚金人民币50万元;被告人吴某犯传播淫秽物品牟利罪,判处有期徒刑3年3个月,罚金人民币30万元;被告人牛某举犯传播淫秽物品牟利罪,判处有期徒刑3年,罚金人民币20万元[①]。2016年12月,北京市一中院二审宣判驳回上诉,王某等4名被告人分别获刑[②]。

在该案一审的两次开庭过程中,对于公诉机关指控快播公司涉嫌传播淫秽物品牟利罪,社会舆论表现出一定程度的否定态度与质疑,网民情绪呈现"一边倒"的倾向,庭审期间,网络空间广为扩散的一个口号就是"快播挺住!今夜,我们都是快播人!"法庭上被告人"技术本身不可耻"的似是而非的自辩,被网民舆

① 《海淀法院就快播公司传播淫秽物品牟利案作出一审判决》,http://china.cnr.cn/gdgg/20160913/t20160913_523132997.shtml。
② 《快播案二审宣判四高管分获徒刑》,《北京晨报》2016年12月21日。

论当作"法律卫士"的金科玉律而津津乐道,公诉方基于法律慢半拍以及对于技术认知与专业性表达欠缺的指控行为,反而被简单地视作"执法阻碍了技术"的反派角色,或者说,公诉方在技术方面的技术知识壁垒或专业性表达不到位,被网民舆论调侃为"欲加之罪"。快播的"技术无辜"舆论声浪在一段时间内明显盖过了依法当受惩治的声音,非理性网络舆论一定程度上为被告人凭借几个专业性术语的"表达秀"所牵引,罪与非罪的界限因技术知识壁垒而模糊。梳理这些舆情的特点,对执法司法行为表示质疑的主体除了快播用户,还包括非用户身份的规模庞大的网民,也涉及法学领域部分理论学者及实务工作者。不倾向于追究快播公司刑事责任的舆论主要概括为"快播使用的技术是中立的"以及"适度色情有助于推动技术发展"。

虽有一些理论学者从不同侧面对一审法院就案件不法性质认定及法律适用给予肯定与认可[1],但不乏一些理论学者观点并不支持法院的审理意见及法律适用,核心理由之一即技术中立说、中立的帮助说。这些观点认可被指控方辩护意见,即快播仅为播放工具,并非淫秽物品提供者,也非发布工具,快播不提供上传下载服务,"技术本身并不可耻"。快播公司仅仅为用户提供播放技术及加速播放的缓存技术,缓存服务只是使播放更为流畅的一种网络技术,属于技术提供者角色。正如相对于使用录像机非法复制他人作品的人而言,录像机的制售者仅为技术的提供者,而不是技术的使用者。对于技术的提供者而言,任何技术本身的性质都是中立的、无害的,属于法律责任豁免的技术中立行为。该提供技术的行为即使被认定为帮助行为,也应该属于不可罚的中立帮助行为[2]。但正如公诉方所言,"技术本身当然无罪,但是如果使用技术的人用以危害社会,那就是违法犯罪。"[3]法院审理查明,如为了规避淫秽视频的法律风险,在公司负责人王某的授意下,2013 年张某东负责的技术部门开始对快播缓存服务器的存储方式进行调整,将原有的完整视频文件存储变为多台服务器的碎

---

① 车浩:《谁应为互联网时代的中立行为买单》,《中国法律评论》2015 年第 1 期;陈兴良:《在技术与法律之间:评快播案一审判决》,《人民法院报》2016 年 9 月 14 日;张明楷:《快播案定罪量刑的简要分析》,《人民法院报》2016 年 9 月 14 日。

② 陈洪兵:《网络服务商的刑事责任边界——以"快播案"判决为切入点》,《武汉大学学报(哲学社会科学版)》2019 年第 2 期。

③ 《淫秽视频伤害了青少年》 快播公司王欣等人涉嫌非法传播淫秽物品牟利罪》,https://news.qq.com/a/20160910/020038.htm? qqcom_pgv_from=aio。

片化存储,将一部视频改由多台服务器共同下载,每台服务器保存的均是 32M 大小的视频文件片段,用户点播时需通过多台服务器调取链接,集合为可完整播放的视频节目。另一代表性理由即允许适度色情内容有助于互联网技术的运用。此种观点认为,如果高度净化网络空间,会降低减少技术创新的动力。"人类历史上无数次信息传播技术的革命中,色情产业都稳固地扮演了导航者的角色。互联网促进了色情产业结构的升级,与此同时,色情产业也以其巨大的市场潜力、丰厚的利润以及对新技术和新商业模式的强烈需求为整个互联网产业带来了勃勃生机。"色情具有难以替代的技术引擎的功能[①]。几乎所有传播技术和网络技术在出现之后都是首先在色情产业获利。如果脸书和推特不借助色情从早期的公告栏系统和新闻组聊天室发展而来,微信和微博可能会推延到来。我们之所以能在网络上观看优酷、土豆等清晰视频,离不开色情经销商在开发媒体播放器技术上的投入。几乎所有的网络技术使用都走过了"先从色情产业盈利、再向主流行业扩展"的步骤。同普通网民相比,色情消费者有更强烈的兴趣和动机去学习并运用搜索、下载、解码、储存、支付以及翻墙等各种技术,他们是网络新技术的学习者和拥护者,也是网络新技术达到盈利点最大贡献者[②]。

三、不雅内容法治的社会认知度待提高

与对待其他类型的违法犯罪行为的态度相比,社会舆论对扩散不雅内容的态度并非天然地排斥,因为在任何时代或社会对性约束问题都难以达成共识,尽管法律对"性"事项的合法与非法的划分比较明确。对于"淫秽""色情"的文字界定与区别是比较容易的,但这样的区分更多的只具有象征意义,即在语言上显得是有所差别的。在生活经验、道德认识、审美与科学艺术素养等千差万别的个体看来,与性关联的淫秽或色情内容在个体内心所引起的心理、生理反应是否如概念界定那样整齐划一,往往根本无法辨析。从法律惩罚的标准出发,淫秽与色情之间确实不能等同,但无可否认的是,以一般人的角度去理解,

---

① Patchen Barss. The Erotic Engine: How Pornography has Powered Mass Communication, from Gutenberg to Google, Doubleday Canada, Random House of Canada Limited, 2012, p.88.

② 桑本谦:《网络色情、技术中立与国家竞争力——快播案背后的政治经济学》,《法学》2017 年第 1 期。

它们之间非此即彼的界限是模糊的,极易混淆,有些情境中甚至可以视为等同。政府治理淫秽色情内容的决心并不完全代表可以实现预期效果,公众对待淫秽色情的认知态度以及对于国家颁布的相关法律规章熟悉了解程度与对相关政策的接受程度,都直接或间接影响到治理的实际效能。

为了解民众对互联网不雅内容的认知与接触情况以及对法律手段治理传播淫秽色情行为的态度,"互联网与表达权的法律边界研究"课题组于2019年9—10月先后在长春、兰州、成都、福州、南宁、合肥六个省会城市实地进行了问卷调查。问卷发放点均选择在城市人口密集的地铁站。考虑到性别的敏感问题以及年龄分布相对均衡因素,调查对象的抽样选取了立意与随机结合的方式。从有效问卷回收率考虑,问卷填写者均为男性,未选取女性,未成年人未被邀请。每个城市发放40份调查问卷,共发放240份问卷,有效问卷167份,回收有效率69.58%。回收的有效问卷中年龄、文化程度、职业身份的统计情况如下:年龄方面,20~30岁的69份,占总样本的41.31%;30~40岁的52份,占31.14%;40~50岁的29份,占17.37%;50岁以上的17份,占10.17%。文化程度方面,初中及以下的32份,占19.19%;高中及高职的49份,占29.34%;本科及以上的86份,占51.47%;职业身份方面,在读大学生填写的问卷33份,占19.76%;务工农民填写的16份,占9.58%;城市固定职业者的101份,占60.48%;其他职业身份的17份,占10.18%。问卷测量的问题涉及5个方面内容,即网民接触淫秽色情渠道情况、对于搜索引擎法律责任的态度、对淫秽色情内涵及危害性认知情况、对于治理淫秽色情必要性及方式的认知、对监管淫秽色情的法律了解程度。

为便于被访者对问题的理解与回答,问卷对不雅内容所指的"淫秽""色情"分别给予定义:淫秽,总体上是为了描写或展现性而呈现性行为,没有任何科学价值或艺术价值,过度、无节制地刻画具体的性过程、性心理,效果体现在强烈引发性邪念或欲望;色情,总体上不是为了描写或展现性而呈现性行为,较少部分内容具有淫秽的特征,有一定的科学价值或艺术价值,效果体现在可能一定程度地引发性冲动或欲望。该定义是在参考了刑法及相关行政规章的基础上提出的,"淫秽""色情"两者之间的差异可归纳为三点,一是对性的描写或呈现的程度不同,二是附着于性描写或呈现上的目的或动机、表达价值不同,三是对性的描写或呈现所产生的性冲动或性欲望的强烈程度、性道德属性不同。

相关多项研究成果表明,网上浏览和观看色情信息在大学生中比较普遍。本课题组执行的问卷调查结果显示,超过98.8%(167份有效问卷中,仅有2份问卷未认可通过所列举的途径或渠道接触网络淫秽色情信息)的被访者通过一种或多种途径或渠道接触过网络淫秽色情内容,包括PC端应用软件下载插件、手机游戏链接、性保健品广告、论坛或群组推送、PC端赌博、网游、会所服务弹窗或页面广告、搜索引擎、移动应用商店预安装、移动智能终端预置应用软件、特定群组的网络音视频或直播推荐、群组内特定内容图文链接等。而在回答"您在使用个人电脑时,是否遇到过并点开有关性保健品的弹窗广告"时,选择"经常遇到,但很少点开"或"经常遇到,经常点开"的共占83.8%,选择"很少遇到"的仅占16.2%。在回答与此相似的另一个问题"您在阅读微信群时,是否遇到过文章里嵌有大尺度图片或视频截图链接到不雅内容网页的情况? 您是否经常点开这些链接"方面,回答结果存在近似情况,仅12.6%的被访者选择"很少遇到"。长期处于网络淫秽色情信息的易接触或易得的社会环境下,对这些信息产生"钝化效应"就在所难免。不同国家、地区的多项研究表明,接触含有露骨性爱场面的内容会使受众对色情信息产生"钝化效果",即对色情内容的不良影响敏感度变低。接触频率越高的人,对色情信息的态度就越倾向于正面支持,越倾向于认为对自己产生的负面影响比较小,进而对管制色情的政策与法律行为持比较反对态度[①]。"互联网与表达权的法律边界研究"课题组的问卷调查也得出类似的结论,在回答"您认为放任网络淫秽色情内容是否对社会有害"的几个选择项上,46.1%被访者选择了"感觉不到是否有害",67.1%的选择"避免未成年人接触淫秽色情即可",选择"淫秽色情具有社会危害,应当严格监管"的仅占24.6%。举报是民众参与法律治理淫秽色情内容的重要途径,但调查结果表明,民众的参与度并不乐观,被访者在回答"您是否通过网页或官方提供的举报电话或邮箱举报过不雅内容"问题时,仅有0.6%选择"举报过",1.2%回答"想过举报,但获取举报信息渠道比较费事"。而在进一步测量举报的敏感度情况时,结果同样比较悲观,问题"您如果接触到下列哪一项或几项内

---

① 罗文辉:《网络色情对上海、香港人学生性态度和性行为的影响研究》,香港中文大学,《2016第七届全球传播论坛论文集》。

容,会考虑向网站或扫黄打非机构举报"所给出的回答结果如下:对于选择项
"具体描写或展示性行为的呻吟、叫床等声音、特效等内容""带有性暗示或性联
想的标题""较长时间或较多呈现具有感官刺激的床上镜头、接吻、爱抚、淋浴及
类似的性暗示""具体描写或展示男女的性器官""具体描写或展示衣着过分暴
露的身体或仅以肢体或遮盖物掩盖性器官部位""以隐晦、低俗字汇表达容易产
生性行为、性器官联想的内容",被访者均无一人选择向扫黄打非机构举报,选
择"具体描写或展示非正常性关系如乱伦、通奸、性侵犯中的性挑逗、性心理"的
13 人,只占 7.8%,选择"具体描写或展示性变态、性虐待、性暴力"的为 10 人,
仅占 5.9%。与此认知态度相关的另两个测量问题,一个是"您是否觉得网络空
间不雅内容或信息到了非治不可的地步",回答"否"或"没有关注这方面问题"
的一共 66 人,占了 39.5%,选择"不一定,看法因人而异"的 33.5%,回答"是"的
45 人,仅为 27%。另一个问题"您认为目前我国对网络淫秽内容的刑事惩治力
度如何",提供了 4 个选择项"惩治比较适度""惩治力度不够""惩治过于严厉"
"没关注过,说不好",被访者中选择"惩治过于严厉"的有 63 人,占了 37.7%,选
择"惩治力度不够"的仅 39 人(23.4%)。而值得注意的是,被访者群体总体上
对我国监管互联网淫秽色情内容的法律规定并不了解,"惩治过于严厉"的判断
更多地基于一种情绪化的主观感受。如在回答"您是否对有关制作、传播不雅
内容构成违法或犯罪的法律规定有所了解"时,选择"完全不了解"的为 119 人
(71.3%),选择"略有了解"的 46 人(27.5%),选择"比较了解"的仅有 2 人。

　　一方面,被访者群体承认他们身处的网络传播环境里淫秽色情内容无处不
在、无时不有,但另一方面又缺乏强烈的或迫切的治理需要。这从一个侧面说
明民众对政府不断加大依法惩治网络不雅内容的力度并没有抱以普遍支持的
态度。就支持政府执法的态度而言,综合上述 5 个问题的回答情况,从文化程
度变量看,文化程度高的(本科及以上)被访者比文化程度低的(高中及高职、初
中及以下)更倾向于不支持治理网络不雅内容,初中及以下的文化程度最支持
网络治理,初中及以上文化程度的被访群体比本科及以上的高程度文化的被访
者高出近 20%;而年龄变量上,20～30 岁的被访群体较 50 岁以上的更倾向于
不支持网络治理行为,这可能与该年龄段存在更明显的"钝化效应"有关,其他
年龄段之间没有明显的差异;从职业身份的变量看,支持网络治理的积极性程

度从高到低依次为：其他职业身份的平均支持率为 35.3％；务工农民为 31.3％；城市固定职业者为 26.7％；在读大学生的平均支持率最低 21.2％。

2016 年香港中文大学一项针对网络色情之于上海、香港大学生性态度和性行为的影响的实证研究表明，大学生群体接触网络色情内容的比例超过了 50％，较多接触网络色情所产生的钝化效果已经存在：接触网络色情越频繁的人，越不支持管制网络色情。该调查采用多集群抽样分别随机抽取上海的 5 所、香港的 6 所高校，共收集问卷 2 440 份（其中上海 867 份，占 35.5％；香港 1 573 份，占 64.5％），975（39.6％）名受访者为男性，1 461（60.4％）名受访者为女性，受访者平均年龄为 20.67 岁。测量结果显示，约 57％的受访者曾经接触过网络色情信息，其中上海高校受访者接触网络色情的比例为 66.3％，高于香港高校受访者（52.5％）。性开放态度的测量问题为"您是否同意未婚男女可以和偶然认识的人牵手、接吻、爱抚、发生性关系"，选项为"非常不赞同""不太赞同""比较赞同""非常赞同"；性开放行为的测量问题为"您和偶然认识的人牵手、接吻、爱抚、发生性关系的频率"，选项为"从未""很少""有时""经常"；管制网络色情的支持度测量问题为"如果社会各界正在讨论网络色情内容对社会的影响，您是否采取下列行动：A.签署管制色情网站的请愿书；B.要求网络服务提供商封锁色情网站；C.写信给相关法律制定者要求制定法律禁止色情网站；D.抵制色情网站"。调查结果表明，两地高校大学生越常接触网络色情，对婚前随意性行为的接受度越高，性行为越开放。研究结果亦显示，香港高校受访者比上海高校更倾向于支持管制网络色情，且接触网络色情频率与支持管制网络色情之间的相关程度在香港高校比在上海高校更强[①]。

虽然我国法律法规对淫秽、色情的区分已经较为明确，本问卷也给出了相应的界定，但被测量者对于淫秽、色情的理解与差异并不很清晰，只是处在比较模糊的认知状态。比如在填写"根据您个人感受和理解，请对下面所描述的不雅内容的社会危害性程度从高到低排序"的选择项时，排序的统一程度非常低，将特别淫秽的内容与一般性的色情内容的危害性程度相提并论，没有明确的梯度意识。出现这种情况，也可能与被测者的填写问卷状态有关，也与选择项描

---

① 罗文辉：《网络色情对上海、香港大学生性态度和性行为的影响研究》，香港中文大学，《2016 第七届全球传播论坛论文集》。

述得过于繁琐有关。本问题给定的选择项如下：A.无节制地刻意细致描写与呈现少年儿童的性行为，令成年人不能容忍或未成年人不能接受的；B.为刻画人物性格的需要，具体描写或展示性变态、性虐待的内容；C.过分细致地刻画乱伦、强奸、聚众淫乱、通奸、卖淫等的放荡或变态的性过程、性虐待、性侮辱，足以诱发任何年龄层次的性邪念、性欲望；D.为推动情节发展，刻意展示某个角色的女性衣着过分暴露的身体、仅以肢体或遮盖物掩盖性器官部位；E.无节制地刻意细致描写与呈现乱伦、强奸、聚众淫乱、通奸、卖淫之外的性行为或性交易中的放荡或变态的性形象，旨在诱发任何年龄层次的性邪念、性欲望；F.具体描写性行为、性心理，或刻画性开放、性自由形象，诱发青少年不健康的性意识；G.为塑造特定的人物关系，较长时间呈现感官刺激性的床上镜头如接吻、爱抚、叫床的画面。这些选择项实际上是对淫秽、色情内涵的具体分解，从法律角度理解，淫秽类的（A、C、E）较色情类的（B、D、F、G）社会危害性更明显、更严重。受访者群体对淫秽、色情认知的总体不辨还体现在"您认为法律应该禁止下列哪种描述的内容"的回答上，只有 68 人（40.7％）选择了"视频或文字作品的整体内容旨在诱发性的邪念与欲望的性变态、性虐待的刻画"，该选择项属于典型的淫秽内容。同时选择"视频或文字作品的整体内容旨在诱发性的邪念与欲望的性变态、性虐待的刻画""视频有一定篇幅具体呈现通奸、乱伦中的性挑逗、性形象""文字作品有一定篇幅具体刻画通奸、乱伦中的性挑逗、性形象"三个选项的仅有 23 人（13.8％），法律对上述三个选项描述的内容都是明确禁止传播的，只有选择项"视频或文字作品的少数内容旨在引起性冲动的隐晦的性行为或性器官的描述"不被法律禁止。

正因为对淫秽色情内容的内涵及其社会危害性缺少比较清晰的认知，所以，被访群体在治理手段上的选择或依赖方面，更倾向于自律前提下的技术手段治理以及行业的伦理自律治理，司法手段、政府行政执法手段并不被十分推崇，这在以下两个问题的回答中有比较明显的体现：在回答"您认为目前治理网络淫秽色情内容的哪种手段更迫切有效（按重要性程度排序）"时，尽管不同回答者给出的排序总体上没有形成一致的认识，但将"互联网企业自愿的技术手段""互联网企业的自律意识强化""互联网行业协会团体的自律意识强化"排进前五位的共有 107 人，占了 64.1％，将"强化、加重刑事责任追究""多部门联手、定期开展的集中整治专项行动""立法强制的技术手段"排进前五位的只有 44 人,占 26.3%。政府依法治理互联网淫秽色情内容近 15 年来(2006 年公安部等十部委联合开展第一次"打击网络淫秽色情专项行动")的实践经验证明,依靠互联网企业或平台自律的自我约束手段基本失效,相关行政执法部门联手兼施刑事司法,才是相对有效的治理手段。尽管技术带来的问题仍然需要技术手段解决,但完全依赖互联网企业自愿的技术手段显然没有通过立法强制的技术手段更为有效,而针对团伙规模大、分工严密、犯罪手段隐蔽、非法交易额巨大的传播淫秽物品牟利的不法行为,以及针对未成年人的淫秽色情的犯罪,应当强化、加重刑事责任追究,而多部门联手、定期开展的集中整治专项行动以及政府的网络监管机构强化行政监管与执法力度,都是近些年来治理网络维持长效的有益探索。

第三章

运营过程治理:施加相对严格责任

　　不雅内容治理既涉及源头治理,也涉及渠道治理。传统媒体时代,源头治理任务更为艰巨,也更为根本。互联网时代由于技术与平台的多样化、智能化运用,源头问题、渠道问题不再各自独立地存在,不雅内容制作的源头问题已渐渐与渠道治理化为一体,源头治理、渠道治理变成互为条件的关系,渠道治理不佳,源头治理就无效果可言。近几年来,为降低执法成本,提高执法效果,相关部门在治理网络淫秽色情的执法策略上有所改变,重心从"源头治理"逐渐向"渠道治理"转移,这是适应互联网技术与服务平台不断出新的必然选择,不雅内容传播高度依赖搜索、存储、下载、播放等技术平台支持。渠道治理确立了向平台企业施加相对严格责任的归责原则,改变了当前责任施加畸轻的立法与司法状况,敦促依赖技术的平台企业权衡法律责任与技术从恶的代价。互联网技术的智能化程度决定了平台治理的难度,但技术代码本身可以在特定的区块链环境中形成规则的力量,形成更为有效的、内在的治理路径,即技术之治、代码之治,实现法律之治与技术之治的融合,或称之为法律之治技术化。"技术可以直接执行法律的或者非法律的规则,将法律规则嵌入代码。""区块链技术的出现有望使法律代码化,实现代码之治。"①法律之治与技术之治融合的治理路径既指目前已经启用的智能识别技术,法律之治依托技术之治,更指将来进一步演进的法律规则代码化,法律之治通过法律规则代码化融入技术之治,实现对源头、渠道的并行治理。

---

① [美]劳伦斯・莱斯格:《代码:塑造网络空间的法律》,李旭译,中信出版社2004年,第116页。

第一节　不雅内容治理的法律责任框架

一、刑罚为主导的责任体系

我国互联网内容监管的立法始自 2000 年之后，标志性事件有两项，一是 2000 年全国人大常委会通过《关于维护互联网安全的决定》，将传统媒体禁载内容应承担的刑事责任、行政责任、民事责任的条款与网络媒体衔接，《决定》第三条明确，为了维护市场经济秩序和社会管理秩序，有下列行为之一构成犯罪的，依照刑法有关规定追究刑事责任：在互联网上建立淫秽网站、网页，提供淫秽站点链接服务，或者传播淫秽书刊、影片、音像、图片。二是为强化对互联网法治化监管，监管工作的领导机制及监管主体得到调整，2001 年国务院"国家信息化领导小组"提升为中央"国家信息化领导小组"，同时在国务院成立"国务院信息化工作办公室"。2001 年 7 月，国家提出互联网管理的 16 字方针："积极发展，加强管理，趋利避害，为我所用。"2003 年，在中央"国家信息化领导小组"之下成立"国家网络与信息安全协调小组"。以信息产业部、公安部及内容主管部门为代表的监管主体地位确立，中宣部对新闻、文化、出版、广电等专项内容部门的监管职责予以明确。针对互联网内容管理的立法步入快车道，尤以部门规章、行政法规层次的法律规章制定为主导。这其中涉及互联网不雅内容直接或间接治理的法律法规出台数量可达数十项，为其他领域治理专项法律的规模所少见。从刑法修订条款及配套的司法解释到治安管理处罚法，再到一系列行政法规及部门规章，已经构成了相对稠密的治理不雅内容的法律体系。

强调刑罚手段治理淫秽内容，是改革开放、法制重建之后一贯的政策倡导，亦是多种治理措施并举中的主导性手段。淫秽内容监管与治理的刑事立法已经相对成熟、完善，刑事政策以刑法规定的 6 种罪名为基本框架，即"制作、复制、出版、贩卖、传播淫秽物品牟利罪""传播淫秽物品罪""组织播放淫秽音像制品罪""为他人提供书号出版淫秽书刊罪""帮助信息网络犯罪活动罪"以及"拒不履行信息网络安全管理义务罪"，特定情况下，可能涉及与"强制猥亵儿童罪""组织淫秽表演罪""组织卖淫罪""强迫卖淫罪""协助组织卖淫罪""引诱、容留、介绍卖淫罪""引诱幼女卖淫罪"等犯罪的责任竞合问题。以刑法设立的相关罪名为框架,5项刑事司法解释《关于审理非法出版物刑事案件具体应用法律若干问题的解释》(1998)、《关于办理利用互联网、移动通讯终端、声讯台制作、复制、出版、贩卖、传播淫秽电子信息刑事案件具体应用法律若干问题的解释》(2004)、《关于办理利用互联网、移动通讯终端、声讯台制作、复制、出版、贩卖、传播淫秽电子信息刑事案件具体应用法律若干问题的解释(二)》(2010)、《关于利用网络云盘制作、复制、贩卖、传播淫秽电子信息牟利行为定罪量刑问题的批复》(2017)、《关于办理非法利用信息网络、帮助信息网络犯罪活动等刑事案件适用法律若干问题的解释》(2019)为刑法设立的这些罪名的法律适用提供详细指导。

依据《关于审理非法出版物刑事案件具体应用法律若干问题的解释》规定,传统出版物或出版形式构成"制作、复制、出版、贩卖、传播淫秽物品牟利罪"的处罚标准如下:制作、复制、出版淫秽影碟、软件、录像带 50~100 张(盒)以上,淫秽音碟、录音带 100~200 张(盒)以上,淫秽扑克、书刊、画册 100~200 副(册)以上,淫秽照片、画片 500~1 000 张以上的;或贩卖淫秽影碟、软件、录像带 100~200 张(盒)以上,淫秽音碟、录音带 200~400 张(盒)以上,淫秽扑克、书刊、画册 200~400 副(册)以上,淫秽照片、画片 1 000~2 000 张以上的;或向他人传播淫秽物品达 200~500 人次以上,或者组织播放淫秽影、像达 10~20 场次以上的;或制作、复制、出版、贩卖、传播淫秽物品,获利 5 000~10 000 元以上的。该罪"情节严重"的标准为:制作、复制、出版淫秽影碟、软件、录像带 250~500 张(盒)以上,淫秽音碟、录音带 500~1 000 张(盒)以上,淫秽扑克、书刊、画册 500~1 000 副(册)以上,淫秽照片、画片 2 500~5 000 张以上的;或贩卖淫秽影碟、软件、录像带 500~1 000 张(盒)以上,淫秽音碟、录音带 1 000~2 000张(盒)以上,淫秽扑克、书刊、画册 1 000~2 000 副(册)以上,淫秽照片、画片 5 000~10 000 张以上的;或向他人传播淫秽物品达 1 000~2 000 次以上,或者组织播放淫秽影、像达 50~100 场次以上的;或制作、复制、出版、贩卖、传播淫秽物品,获利 30 000~50 000 元以上的。各项相应数量(数额)达到"情节严重"标准的数量(数额)五倍以上的,认定为"情节特别严重"。"为他人提供书号出版淫秽书刊罪""出版淫秽音像制品罪"处罚的数量标准同"制作、复制、出版、贩卖、传播淫秽物品牟利罪"。如果明知他人用于出版淫秽书刊而提供书号、刊号的，则以"出版淫秽物品牟利罪"定罪处罚。而向他人传播淫秽的书刊、影片、音像、图片等出版物达 300～600 人次以上或者造成恶劣社会影响的，视为"情节严重"，以"传播淫秽物品罪"定罪处罚。组织播放淫秽的电影、录像等音像制品达 15～30 次以上或者造成恶劣社会影响的，以"组织播放淫秽音像制品罪"定罪处罚。

随着新类型的电子媒介逐渐支配人们获取信息的方式，淫秽内容的传统出版方式不再成为文化市场治理的重点对象，取而代之的是互联网、移动通信媒体与平台，其传播淫秽内容的覆盖范围、社会危害性、非法行为的便捷性与牟利所得等均非传统的出版方式所能同日而语，治理情况更为复杂，惩治成本显著增加。与新类型的电子媒介形态发展过程相对应，被重点治理的媒介形态从互联网站、移动通信终端、声讯台，到各类信息群组、平台以及云存储，施加刑事惩治的不法主体从单一主体即制作、复制、出版、贩卖、传播淫秽的行为人到多方主体即介入不法环节的主要行为人，基于互联网技术特征的诸多淫秽物品的新形态纳入惩治范围。根据 2004 年颁布的《关于办理利用互联网 移动通信终端 声讯台制作 复制 出版 贩卖 传播淫秽电子信息刑事案件具体应用法律若干问题的解释》规定，以牟利为目的，利用互联网、移动通信终端制作、复制、出版、贩卖、传播淫秽电子信息，通过声讯台传播淫秽语音信息，或利用聊天室、论坛、即时通信软件、电子邮件等方式传播淫秽物品的，具备下列情形之一的，以"传播淫秽物品牟利罪"定罪处罚：淫秽电影、表演、动画等视频文件 20 个以上，或音频文件 100 个以上的，或电子刊物、图片、文章、短信息等 200 件以上的；或者上述淫秽电子信息实际被点击数达到 10 000 次以上的；或者以会员制方式出版、贩卖、传播淫秽电子信息，注册会员达 200 人以上的；或者利用淫秽电子信息收取广告费、会员注册费或者其他费用，违法所得 10 000 元以上的。"情节严重"的数量或者数额被界定为达到上述各项规定标准 5 倍以上的，达到上述各项规定标准 25 倍以上的，认定为"情节特别严重"。不以牟利为目的，利用上述方式传播淫秽物品的，数量或数额达到上述"传播淫秽物品牟利罪"定罪的各项标准 2 倍以上的，以"传播淫秽物品罪"定罪处罚。

鉴于互联网传播淫秽内容犯罪行为越来越多环节、多主体分工协作的特征,惩治利益链上的多个不法主体是必然的选择,该司法解释规定,明知是淫秽电子信息而在自己所有、管理或者使用的网站或者网页上提供直接链接的,或明知他人实施制作、复制、出版、贩卖、传播淫秽电子信息犯罪,为其提供互联网接入、服务器托管、网络存储空间、通信传输通道、费用结算等帮助的,对直接负责的主管人员和其他直接责任人员,以共同犯罪论处。2010年出台的《关于办理利用互联网、移动通信终端、声讯台制作、复制、出版、贩卖、传播淫秽电子信息刑事案件具体应用法律若干问题的解释(二)》则对不同主体构成犯罪行为的定罪标准予以明确:利用互联网建立主要用于传播淫秽电子信息的群组,成员达30人以上或者造成严重后果的,对建立者、管理者和主要传播者以"传播淫秽物品罪"定罪处罚。如果以牟利为目的,网站建立者、直接负责的管理者明知他人制作、复制、出版、贩卖、传播的是淫秽电子信息,允许或者放任他人在自己所有、管理的网站或者网页上发布,以"传播淫秽物品牟利罪"定罪处罚;网站建立者、直接负责的管理者明知他人制作、复制、出版、贩卖、传播的是淫秽电子信息,允许或者放任他人在自己所有、管理的网站或者网页上发布,以"传播淫秽物品罪"定罪处罚;电信业务经营者、互联网信息服务提供者明知是淫秽网站,为其提供互联网接入、服务器托管、网络存储空间、通信传输通道、代收费等服务,并收取服务费,对直接负责的主管人员和其他直接责任人员以"传播淫秽物品牟利罪"定罪处罚;明知是淫秽网站,以牟利为目的,通过投放广告等方式向其直接或者间接提供资金,或者提供费用结算服务,对直接负责的主管人员和其他直接责任人员以"传播淫秽物品牟利罪"的共同犯罪处罚,具体标准包括:向10个以上淫秽网站投放广告或者以其他方式提供资金的,或向淫秽网站投放广告20条以上的,或向10个以上淫秽网站提供费用结算服务的,或以投放广告或者其他方式向淫秽网站提供资金数额在5万元以上的,或为淫秽网站提供费用结算服务,收取服务费数额在2万元以上的。而认定行为人"明知"的依据包括行政主管机关书面告知后仍然实施上述行为,或接到举报后不履行法定管理职责,或为淫秽网站提供互联网接入、服务器托管、网络存储空间、通讯传输通道、代收费、费用结算等服务的收取服务费明显高于市场价格,或向淫秽网站投放广告、广告点击率明显异常,其他能够认定行为人明知的情形。《关于利用网络云盘制作、复制、贩卖、传播淫秽电子信息牟利行为定罪量刑问题的批复》(2017)则将定罪数量的标准延至利用网络云盘制作、复制、贩卖、传播淫秽电子信息牟利的犯罪行为。

除此之外,淫秽内容作为非法信息类型,传播行为亦同时受到《关于办理非法利用信息网络、帮助信息网络犯罪活动等刑事案件适用法律若干问题的解释》(2019)的调整,该司法解释依据《刑法》(九)修正案新增加的罪名"拒不履行信息网络安全管理义务罪""帮助信息网络犯罪活动罪",就非法利用互联网信息网络传播淫秽信息构成该罪名予以具体规定,即从事网络接入、域名注册解析等信息网络接入、计算、存储、传输服务的网络服务提供者,或从事信息发布、搜索引擎、即时通讯、网络支付、网络预约、网络购物、网络游戏、网络直播、网站建设、安全防护、广告推广、应用商店等信息网络应用服务的网络服务提供者,或利用信息网络提供的电子政务、通信、能源、交通、水利、金融、教育、医疗等公共服务的网络服务提供者,其行为具备下列情形之一的,以"拒不履行信息网络安全管理义务罪"定罪处罚:致使传播违法视频文件 200 个以上的,或致使传播违法视频文件以外的其他违法信息 2 000 个以上的,或致使向 2 000 个以上用户账号传播违法信息的,或致使利用群组成员账号数累计 3 000 个以上的通讯群组或者关注人员账号数累计 30 000 个以上的社交网络传播违法信息的,或致使违法信息实际被点击数达到 50 000 次以上的。上述各类网络服务提供者实施的行为符合下列情形之一的,则构成"帮助信息网络犯罪活动罪":经监管部门告知后仍然实施有关行为,或接到举报后不履行法定管理职责,或交易价格或者方式明显异常,或提供专门用于违法犯罪的程序、工具或者其他技术支持、帮助,或频繁采用隐蔽上网、加密通信、销毁数据等措施或者使用虚假身份以逃避监管或者规避调查,或为他人逃避监管或者规避调查提供技术支持、帮助。司法解释对明知他人利用信息网络实施犯罪仍为其犯罪提供帮助的网络服务提供者的犯罪"情节严重"标准给予明确列举:为三个以上对象提供帮助,或支付结算金额 20 000 元以上,或以投放广告等方式提供资金 50 000 元以上,或违法所得 10 000 元以上,或二年内曾因非法利用信息网络、帮助信息网络犯罪活动、危害计算机信息系统安全受过行政处罚却又帮助信息网络犯罪活动,或被帮助对象实施的犯罪造成严重后果。

就淫秽内容刑事惩治的立法技术及特征而言,采取了两种立法模式,一是因素主义立法模式,法律条款对被治理的对象不列举具体情形,仅对之做出抽象规定,侧重设定属于惩治范围的若干要素,凡是满足要素的行为即认定为犯罪行为,为执法司法提供原则性依据。二是规则主义立法模式,对属于"明知"的作为或不作为情形采用穷尽列举方式。两种立法模式的结合可以使得法律条款的适用更具有针对性、严谨性。

二、一般违法行为的责任亟待强化

与淫秽内容的刑事政策制定相比,色情内容治理的法律条款就比较简单,无论在专为治理色情内容的法律及法条总数还是认定不法行为的具体标准或是违法责任的设定方面,远不及淫秽内容立法规制的具体与周延。一方面,高位阶的专门规制色情内容的法律缺乏,兼及治理的法律仅有针对特定人群的《预防未成年人犯罪法》《未成年人保护法》《公务员法》及网络监管的基础性法律《网络安全法律》,禁止性条款粗疏,属劝诫性的原则性条款,无细化责任的规范。《预防未成年人犯罪法》(2012)规定未成年人的父母或者其他监护人和学校应当教育未成年人"不得观看、收听色情、淫秽的音像制品、读物等""以未成年人为对象的出版物,不得含有诱发未成年人违法犯罪的内容,不得含有渲染暴力、色情、赌博、恐怖活动等危害未成年人身心健康的内容""任何单位和个人不得向未成年人出售、出租含有诱发未成年人违法犯罪以及渲染暴力、色情、赌博、恐怖活动等危害未成年人身心健康内容的读物、音像制品或者电子出版物""广播、电影、电视、戏剧节目,不得有渲染暴力、色情、赌博、恐怖活动等危害未成年人身心健康的内容"。《未成年人保护法》(2012)的规定亦相似,禁止任何组织、个人制作或者向未成年人出售、出租或者以其他方式传播淫秽、暴力、凶杀、恐怖、赌博等毒害未成年人的图书、报刊、音像制品、电子出版物以及网络信息等。《公务员法》将公职人员参与、支持色情等活动作为监督、惩戒的标准之一,违反规定的,予以批评教育、责令检查、诫勉、组织调整、处分,属于组织内的责任处分。

特别是作为监管互联网的首部行政法《网络安全法》,有关条款"任何个人和组织使用网络应当遵守宪法法律,遵守公共秩序,尊重社会公德,不得危害网络安全,不得利用网络……传播暴力、淫秽色情信息……等活动"属典型的一般性禁止规定,对违反该项规定发布或者传输淫秽色情信息等的不法行为,"法律责任"章只设立了非常笼统的条款"依照有关法律、行政法规的规定处罚""有关法律法规"除了刑法,只有国务院制定的行政法规以及下属的部、委、办订立的部门规章,而这一层次的法律责任追究难免存在重责轻罚的现象。

作为治理一般违法行为的主要行政法《治安管理处罚法》,并未设立针对制售、传播色情的责任条款,扩散色情内容虽然可能产生社会危害性,但却不在以维护社会利益、社会秩序为治理目标的《治安管理处罚法》的责任范围,这意味着扩散色情内容仅需承担行业内的行政责任,由执法权相当有限的行政监管部门给予以罚款、责令整改为主的处罚,难以达到威慑性的警戒效果。如果不对制作、传播色情内容的一般违法行为应承担的责任进行补强,淫秽或色情内容的不法行为仍然过多依赖现行的刑事惩治政策,固然有其必要性、合理性,但若一直保持一般违法行为的法律责任追究过于弱化或乏力,必然会导致一种结果,即太多的一般违法行为的法律责任不合理地转移至与低位阶的行政法规或部门规章匹配的行政处罚责任,不仅不符合责罚相当的原则,责任追究畸轻合理化,还导致大量不法行为仅仅作为违规行为处理,使得行政执法的压力不堪重负。

强化一般违法行为层次的法律责任,能够与刑法责任相衔接,一是需要对不够刑罚标准的淫秽内容、色情内容所应承担的责任量级予以细化分立。责任设立应呈现梯度,借鉴刑事责任设立的细分思维,罚当其责。在未制定专项法之前,落实路径可以修订《网络安全法》《治安管理处罚法》,增设相关细化责任条款,尤其色情传播的责任设定。二是出台司法解释适用民事责任类型,或在《网络安全法》中增设行政责任的公益诉讼机制。无论是不够刑罚标准的淫秽内容还是色情内容,制售、传播这些内容对社会道德风尚、未成年人身心健康成长、有序的经济竞争环境等都不可避免地产生破坏性影响或冲击,高度关涉社会公共利益、公众利益,应当允许通过公益诉讼方式有效阻止不法内容的扩散,公益诉讼主体应该多元化,以真正推动社会监督与司法监督的结合。

三、专项治理的行政处罚常态化

由于目前我国治理部分淫秽内容、色情内容主要依据行政规章,一般违法行为范畴的行政责任、民事责任的设立欠缺,使得行政规章所承担的惩罚功能过重,而一般法层次的惩治功能缺位,结果是以相关行政部门之间联手的、定期开展的专项治理行为在净化网络色情内容方面发挥着不可替代的重要作用,定期集中开展的行政执法常态化地推动行政责任落实,构成我国监管网络不雅内容的鲜明特色。

自 20 世纪 80 年代末以来,国家有关职能部门每年都要举行"扫黄"工作会议,联合多部门开展集中执法打击活动,至 2023 年已经举行过 30 余次。互联网媒介使用的逐渐社会化更加剧了淫秽色情内容治理需要规模化、集中化、运动化的迫切性。2004 年 7 月公安部等 14 家单位和部门首次联手集中打击网络淫秽色情内容的专项行动,至今已经集中开展过 9 次规模化专项整治行动,包括 2007 年 5 月中宣部、公安部等 10 家部门联合,2008 年 1 月中宣部、公安部、最高人民法院、最高人民检察院等 14 个单位和部门联手,2009 年 12 月全国"扫黄打非"办、工业和信息化部、公安部、新闻出版总署等 9 部门联合,2011年 9 月全国"扫黄打非"办牵头以及分别于 2014 年 4 月、2015 年 11 月、2017 年2 月、2018 年 6 月、2020 年 10 月由全国"扫黄打非"工作小组办公室、国家互联网信息办公室、工业和信息化部、公安部等多部门联手强力执行多个专项行动计划,旨在阶段性地净化网络环境,淫秽色情内容每次都被列为治理对象的重中之重。而每年全国"扫黄打非"办公室联合中央宣传部、公安部、工业和信息化部等部委都要组织多次的例行督查行动,采取普遍督查与重点督查相结合,明查与暗访相结合的方式。无论是日常例行的督查还是集中开展的规模化整治专项行动,执法检查的内容主要围绕如下方面工作展开:一是全面清查网上淫秽色情信息。检查对象包括互联网站、搜索引擎、应用软件商店、互联网群组论坛、直播平台等,含有淫秽色情内容的文字、图片、视频、广告等信息均属于清理范围;二是严惩制作传播淫秽色情信息的企业和人员。近年来,被监督治理的主体范围在扩大,惩治对象从早期的内容服务提供者、淫秽色情内容的直接制作者,扩大到为淫秽色情信息传播提供条件的电信运营服务、网络接入服务、广告服务、代收费服务等主体;三是强调互联网企业主体责任的实际落实。以自查自纠落实信息安全管理制度,通过强化审核把关机制、研发应用防范淫秽色情信息传播的技术措施切实履行企业主体责任。

2004 年以来先后 9 次集中规模化的整治行动中,全国各地每次查获刑事案件少则数千起,多则几万起,所涉案值少则数十万,多则上亿元,而查获涉案的淫秽内容广泛分布于网站、论坛、群组、客户端、直播平台、云端存储设备等。近两年来,各类直播平台势头迅猛,同时也成为传播色情内容的重要渠道。如 2020 年 4 月国家网信办协同相关执法部门对国内 31 家主要网络直播平台的内容生态进行巡查,发现"虎牙直播""斗鱼直播""哔哩哔哩""映客直播""CC直播""疯播直播""欢乐直播""花椒直播""西瓜视频""全民小视频"等 10 家网络直播平台存在传播低俗庸俗不雅内容等问题,突出表现为部分"主播"衣着暴露,通过肢体和语言进行性挑逗、性暗示等违法违规情形。① 国家相关部门为治理网络直播及直播平台存在的乱象,相继密集出台了多项规范性文件。通过专项治理行动,每年处置淫秽色情数百万至数千万条,取缔关闭该类网站数万个。通过定期巡查或接受社会举报为及时发现重大刑事案件提供了线索来源。在课题组通过媒体报道、国家网信办官网以及全国"扫黄打非"工作办公室官网三个渠道所统计的 2004 年以来的 667 起淫秽刑事案件中,来自专项治理行动所破获案件线索 401 起,占案件总数的 59.9%,来自社会各方的舆论监督或举报的 235 起。

专项治理行动更是依法治理色情内容的主要手段,课题组从媒体报道、国家网信办官网以及全国"扫黄打非"工作办公室官网共收集到 2004 年以来的色情内容违法违规行政查处案件 2 312 起。这些被查处案件中,个案涉及色情信息少则数千条,多则数十万条,其中色情文字"作品"尤为触目惊心,纯粹为了描写性而露骨刻画,每年被查处的色情小说数百部,而这类大同小异的性描写文字如同信息病毒,在互联网所延伸的任何空间滋生蔓延。就责任承担情况看,采取罚款、整改、关闭非法网站的处罚责任的占主导,约谈负责人、关闭频道、吊销许可证、移交司法机关的只占案件数量的 30% 左右。一些知名的互联网企业先后都被查处过,多的被查处十多次,屡次整顿仍然屡次再犯,根本原因在于行政责任处罚过轻,违法违规所得远超过象征性处罚的损失。

对因涉及传播色情内容行政处罚的 248 份文书进行简单统计表明,作为执

---

① 《网信办对 31 家直播平台进行内容生态巡查 10 家存传播低俗等问题》,http://sina.com.cn/article_5061229888_12dac3d4000100spcm.html。

法依据的、出现频率较高的行政规范性法律文件主要有 24 件,除了《网络安全法》,其中最频繁援引的法律文件超过 80 次被援引的有 7 件,按频次出现从高到低的排序依次为《网络出版服务管理规定》(169/248)、《互联网文化管理暂行规定》(101/248)、《网络游戏管理暂行办法》(100/248)、《网络表演经营活动管理办法》(94/248)、《互联网视听节目服务管理规定》(87/248)、《互联网直播服务管理规定》(85/248)、《互联网新闻信息服务管理规定》(80/248),尤其是针对某些知名互联网企业违法违规查处所依据的行政规章文件多的达到 6 件,意味着这些被查处的企业多方面同时存在违法违规行为,色情内容传播仅是不法行为表现之一。如 2017 年 5 月国家新闻出版广电总局责令腾讯网视听节目整改,存在多方面违规行为就是典型一例①。

四、厚利法则:社会性监督与举报法治化

尽管行政执法常态化治理发挥了不可替代的作用,但不雅内容事关社会公共利益,与利益相关的主体都应该被鼓励并参与这场持久的社会运动,而互联网媒介使用的彻底社会化更应当充分发挥社会力量监督的作用。就社会监督功能法治化的角度看,需要完善两个方面的立法。一是确立媒体舆论对不雅内容随时监督的结果具有司法证据功能,即媒体通过调查所提供的违法违规事实可以作为相应主体存在"明知"的不作为而被追究法律责任的证据,只有如此,媒体舆论监督才能真正发挥作用。二是通过提升现有部门规章的法律位阶,真正强化与推动社会举报的积极功能,并确立举报行为的厚利法则。

鉴于近年来网络"扫黄"任务艰巨性、紧迫性,有关部门逐渐重视发动社会力量参与"扫黄"工作,各种渠道的举报构成扫黄案件线索的重要来源。全国"扫黄打非"办公室全面加强举报受理工作,拓展举报渠道,优化受理程序,每年接受的举报线索信息数量在明显增加②。2019 年全国"扫黄打非"办公室举报中心受理网络、电话、信函、群众来访四种渠道的举报信息 20.9 万多条,举报数

---

① 《广电总局责令腾讯视听节目深入整改》,https://www.sohu.com/a/143845987_351788。

② 2017 年 1 月至 12 月份,每月被举报涉及淫秽色情类信息约在 2 400~2 800 条,全年共计约 3.8 万条,占被举报的网络违法信息 41%左右,在网络违法类信息中占比最高。2018 年 1 月至 12 月 淫秽色情类有效举报 5.9 万余条,占被举报的网络违法信息 33.6%。《2018 年"扫黄打非"十大数据》,http://www.shdf.gov.cn/shdf/contents/767/392216.html。

量较 2018 年上涨 61%。其中举报淫秽色情信息问题 19.8 万余条。对举报信息初核后,全国"扫黄打非"办公室向各省区市"扫黄打非"办公室及行业主管部门及时转办线索,协调工信部、国家网信办解析淫秽色情类等网站域名 29 775 个。经深入查办,上述线索形成了一批重大案件成果①。2020 年上半年,全国"扫黄打非"办公室举报中心受理举报信息 14 万多件,举报数量较 2019 年同期上涨约 11%。其中举报淫秽色情信息问题 12.8 万余条。对举报信息初核后,全国"扫黄打非"办公室及时向各省区市"扫黄打非"办公室及行业主管部门转办线索。1 至 6 月,累计转办重要线索 153 条,协调工信部、国家网信办解析淫秽色情类等网站域名 2 万余个②。

虽然群防群治的社会性举报在治理不雅内容的力度、广度方面确实产生了重要作用,但从保障这种手段的稳定性、持久性及强化有效性考虑,应当将其纳入法治范畴,以立法形式保障社会举报功能的真正落实。群防群治的法治化思路可涵盖三个方面内容。

一是以大力度的奖励措施激活"群防群治"信念。鉴于网络传播参与者的分散性、内容信息的海量性、技术手段的隐蔽性、惊人的网站数量、没有国界的服务器,净化网络必须发动民众参与,数亿的网民就是潜在的监督力量。公共资源极易被过度开垦或掠夺性使用,民众一般不愿意为守护公共资源作出无偿的牺牲,因为公共资源的再多损失对个体的直接影响都不太显著,唯有将公共资源所产生的利益与个体利益直接挂钩,且这种勾连是强劲的,即对有效举报行为的物质奖励实施厚利法则,民众才愿意付出更多的时间、精力与技能督查网络空间。"净化网络,人人有责"因激励机制仍然不足而导致社会力量总体参与、协助治理的积极性不突出。在个体利益至上的社会大环境下,抽象的"人人有责"应该代之以具体的"人人有利"法则,这样才能真正调动网民检举揭发的积极性、主动性,形成"群防群治"局面。"人人有利"体现为"谁举报,谁得利"。目前,全国"扫黄打非"办公室已经出台并实施了举报奖励制度,并取得了一定的激励效果。但根据《"扫黄打非"工作举报奖励办法》(2018)有关条款规定,举

---

① 《2019 年"扫黄打非"群众举报工作开展有力》,http://www.shdf.gov.cn/shdf/contents/767/409708.html。

② 《2020 年上半年全国"扫黄打非"小受理举报 14 万件》,http://www.shdf.gov.cn/shdf/contents/767/419454.html。

报淫秽色情内容线索被相关部门采纳的,一般奖励幅度为 1 000～5 000 元,最高为 5 万元。虽然该《办法》设定了单笔最高奖励额度可达 60 万元,但主要针对盗版行为犯罪所得数额特别巨大的刑事案件,且截至目前支付最高的一笔举报盗版出版物案件的奖励为 24 万元,系 2019 年对辽宁某销售侵权盗版图书案的举报人的奖励。奖励淫秽色情内容举报的最高奖励仅 5 万元,同盗版举报的奖励力度差距比较明显。2020 年全国"扫黄打非"办公室一共向 45 名举报人发放"扫黄打非"举报奖金 156 万元①,其中最大一笔奖励为举报广州、佛山、中山等地制作、仓储、销售非法出版物案的有功举报人获得单笔高额奖励 20 万元。广东"3·18"制售盗版图书系列案、广州"5·30"仓储侵权教辅案、北京通州"8·21"非法仓储出版物案、陕西西安"8·23"销售盗版出版物案等案件的有功举报人也分别获得奖励 16 万元、14 万元、12 万元、12 万元②。2019 年全国"扫黄打非"办公室总共发放"扫黄打非"举报奖金 121 万元,单笔最高 24 万元③,其中举报淫秽色情内容的最高奖励只有 5 万元,系分别对浙江某公司传播淫秽物品牟利刑事案件、辽宁某网络传播淫秽物品牟利刑事案件的 2 名举报人分别奖励 5 万元④。

　　2000 年全国"扫黄"工作小组办公室、新闻出版署、财政部、公安部、国家版权局曾出台《对举报"制黄""贩黄"、侵权盗版和其他非法出版活动有关人员奖励办法》,对举报事项及奖励标准规定如下:对于一般举报有功人员,举报非法出版活动按每案所涉及出版物经营额 2% 以内的奖励金予以奖励;举报非法出版活动的生产、经营和运输等设备的,按每案罚没款总额 10% 以内的奖励金予以奖励;举报非法从境外引进光盘生产线非法复制光盘的,按每条(含一条双头)15 万～30 万元的奖励金予以奖励;举报采用相关设备组装非法光盘生产线非法复制光盘的,按每条 3 万～10 万元的奖励金予以奖励;有特殊重大贡献或所举报的有关非法出版活动案件被列为全国大案要案的,经批准可不受上述奖

---

① 《2020 年"扫黄打非"十大数据》,http://www.shdf.gov.cn/shdf/contents/767/426187.html。

② 《2020 年上半年全国"扫黄打非"办受理举报 14 万件、发放举报奖金 103 万元》,http://www.shdf.gov.cn/shdf/contents/767/419454.html。

③ 《2019 年"扫黄打非"十大数据》,http://www.shdf.gov.cn/shdf/contents/767/411312.html。

④ 《2019 年首批"扫黄打非"举报奖金发放 10 名举报人获奖 50 余万元》,www.shdf.gov.cn/shdf/contents/767/396031.html。

励金限额的限制。2018 年 11 月全国"扫黄打非"工作小组办公室、财政部、国家新闻出版署、国家版权局联合颁布新的《"扫黄打非"工作举报奖励办法》，细化、完善了"扫黄打非"举报奖励范围、奖励标准、奖励程序与监督等内容，具体奖励标准如下：（一）对于一般举报有功人员，举报非法出版活动（含网上网下）按照每案所涉及出版物（包括内部资料性出版物）经营额的 2% 以内的奖励金予以奖励（个案奖励金不超过 60 万元）；不能核实经营额（违法所得）或经营额（违法所得）低于 5 万元的，视案件情况给予 1 000 元至 5 000 元的奖励；（二）举报非法出版活动的生产、经营和运输等设备的，按每案罚没款 10% 以内予以奖励；如未能形成罚没款，可按没收设备依法拍卖所得的 5% 以内予以奖励（不超过 60 万元）；（三）举报非法光盘生产线非法复制光盘的，按照每条生产线 10 万元至 20 万元予以奖励；举报正规光盘生产企业未经授权擅自复制光盘，按照 1 万元至 10 万元的奖励金予以奖励；（四）举报制作、复制、出版、贩卖、传播淫秽色情、凶杀暴力等违禁内容，给予举报人 1 000 元奖励；对形成行政处罚案件的，给予举报人 1 000 元至 5 000 元奖励；对形成刑事案件的，给予举报人 5 000 元至 1 万元奖励；对提供重大违法案件线索、为打击网上违法犯罪行为做出重要贡献的，每条给予 2 万元至 5 万元奖励；（五）举报利用网络平台和相关渠道，针对境内推销、传播有违禁内容的境外出版物及有关信息的，给予举报人 1 000 元的奖励，形成行政处罚及刑事案件的，每案给予举报人 1 000 元至 1 万元的奖励；（六）举报的有关非法活动被列为全国"扫黄打非"工作小组办公室挂牌督办案件，或有其他特殊重大贡献者，最高不超过本办法规定的奖励金额上限。相对于每年查获的传播淫秽色情的刑事案件非法所得数额以及行政处罚的罚没款总额，每年至多数十万的奖励额度实属微不足道。相对于举报非法与盗版出版物的奖励力度，举报传播淫秽色情不法行为的奖励幅度也明显不太合理。相对于比较猖獗的网络淫秽色情内容扩散的严峻局面，每年十多万起的举报以及数十万元的奖励远远不能体现政府重视社会监督的态度。举报的积极性不高同奖励力度不够存在一定关联，举报存在风险，风险必然与风险相当的回报关联。为激活全社会"人人有责"的意识，应将奖励标准简单化，根据被查处案值的百分比予以奖励，并对目前所规定的百分比予以较高幅度的提升。执法机关根据举报人的线索，对查处并没收的非法或犯罪所得数额，根据一定不少于

20%比例提取作为举报人奖励。对案件查处后暂无非法所得的,查处机关应申请从政府专门设立的奖励基金中提取适当数额奖励举报人,额度参照类似案件确定比例。而 2009 年多家部门出台的《举报互联网和手机媒体淫秽色情及低俗信息奖励办法》所规定的奖励数额更小,仅为 1 000～2 000 元,且仅针对长期坚持举报的网民,偶尔的举报行为只作为义举对待。这种"微利法则"既不符合"责利相当"原则,也不能形成"人人揽责"的激励机制。如果根据查处非法所得的较高比例直接奖励举报人,则可形成一种新的职业举报人群体,淫秽色情在互联网空间站势必难以扎根,即生即被举报查处。

二是规定所有的网站、网页、客户端应用等应当明显标识便捷的举报方式。目前一些网站、网页虽然标示了接受举报的信息,但普遍存在的问题是标识位置不明显,难以发现。以搜狐网为例,接受网民举报的信息被设置在网站首页的最下端,分别列出了 7 家可接受举报的单位或团体机构,即中国互联网举报中心、北京互联网举报中心、北京网络行业协会、网络 110 报警服务、中国互联网协会、北京文化市场举报热线、首都互联网协会。这种标注看起来满足了政策的要求,但实际上网民一般不会将页面下拉到这个隐蔽位置,除非刻意举报必须查找。从阅读习惯考虑,该信息应设置在首页最上端的页眉显眼位置,进入首页就可以发现,不需要刻意寻找。这样处理不仅便于网民在发现问题后很便捷地投诉举报,更重要的是主动提示网民"可以举报",引发网民的投诉意识。三是对上述两方面的事项建立可诉讼制度。为了促进各类型网站、平台、客户端等真正落实举报信息的醒目标识,对于符合规定的举报行为确实能够获得应得份额的奖励,对于互相网企业不能按照要求标识的,举报人线索提供符合奖励政策而未能获得奖励或人为克扣的,当事人有权提起公益或维权诉讼。

第二节　适合技术特征的归责:推定责任

一、规制行为避免责任法定不一致

就目前我国惩处不雅内容的法律责任总体情况看,对淫秽内容的处罚责任规定相对一致,所传播的淫秽内容数量达到刑法、司法解释规定的刑罚标准的,构成犯罪，处以刑事责任。执法司法机构在淫秽物品传播及牟利案件的刑事追惩方面，因为有刑法及相关四个司法解释的具体犯罪情节及量刑的规定，同案不同判的情况较少产生。《刑法》第三百六十三条"制作、复制、出版、贩卖、传播淫秽物品牟利罪""为他人提供书号出版淫秽书刊罪"，第三百六十四条"传播淫秽物品罪""组织播放淫秽音像制品罪"以及第三百六十五条"组织淫秽表演罪"对相应罪名的量刑标准规定明确。最高人民法院、最高人民检察院先后颁布的4项刑事司法解释《关于审理非法出版物刑事案件具体应用法律若干问题的解释》（最高人民法院，1998）、《关于办理利用互联网、移动通讯终端、声讯台制作、复制、出版、贩卖、传播淫秽电子信息刑事案件具体应用法律若干问题的解释》（最高人民法院 最高人民检察院，2004）、《关于办理利用互联网、移动通讯终端、声讯台制作、复制、出版、贩卖、传播淫秽电子信息刑事案件具体应用法律若干问题的解释（二）》（最高人民法院 最高人民检察院根据刑法，2010）、《关于利用网络云盘制作、复制、贩卖、传播淫秽电子信息牟利行为定罪量刑问题的批复》（最高人民法院 最高人民检察院，2017）以及《关于办理非法利用信息网络、帮助信息网络犯罪活动等刑事案件适用法律若干问题的解释》（最高人民法院 最高人民检察院，2019）就传统媒体及互联网传播的相应责任主体及多类型的犯罪情形、认定犯罪构成的情节及入罪标准、对应的刑罚予以细致规定，指导上述刑法条款的具体施行。因此，无论采取传统媒体还是互联网媒体传播淫秽物品，也无论是牟利还是非牟利，惩罚的尺度基本能够保持相对一致性。如在"刘某某（网民'狗娃子天一'）制作、贩卖淫秽物品牟利罪案"（安徽，2018）、"深圳快播公司、王某等人传播淫秽物品牟利罪案"（深圳，2016）、"丁某（网名'长着翅膀的大灰狼'）制作、贩卖淫秽物品牟利罪案"（江苏，2015）、"朱某某等复制、出版、贩卖淫秽物品牟利罪案"（四川，1996）、"张某某等贩卖淫秽物品牟利罪案"（上海，2018）中，被告人均被判刑期并处罚金，区别就在于贩卖淫秽物品的数量和非法获利金额不等，影响案件严重程度判定和最终刑罚轻重。

　　根据《治安管理处罚法》对于一般违法行为的规定，传播淫秽物品的数量、违法情节未达到刑法、司法解释规定的刑罚标准，构成一般性违法行为，或处以治安拘留，或依据《网络安全法》及网络监管的行政法规、部门规章处以其他行政责任。目前这方面存在的法律责任相对统一的问题亟待解决。从接近但不够刑事立案的标准到一般性违法行为,存在比较大的法律责任伸缩性区间,此外,传播淫秽内容的牟利与非牟利行为亦存在责任承担的区别,这类叠加因素所产生的责任细化问题还缺少相关的法律规范,执法畸轻或处罚畸重都无法避免。

对色情内容的处罚责任规定亦比较模糊,既体现在相关法律条款规定之间的不一致,也表现为执法宽严尺度的不一致。虽然法规对色情物品的字面界定已经比较清楚,但一方面是由于色情内容的认定带入了文学价值、艺术价值、科学价值的主观性因素,可能导致色情内容在执法实践中的认定存在分歧,势必影响是否该追究法律责任、责任追究轻重的差异。另一方面,对于同是色情的内容,不同法律的规定也存在不一致。特别是在相同位阶的主要法律中,色情内容是否被法律禁止有不同的规定。《治安管理处罚法》规定,制作、运输、复制、出售、出租、组织播放淫秽的书刊、图片、影片、音像制品等淫秽物品或者利用计算机信息网络、电话以及其他通讯工具传播淫秽信息的,处 10 日以上 15 日以下拘留,可以并处 3 000 元以下罚款;情节较轻的,处 5 日以下拘留或者 500 元以下罚款。该法仅禁止淫秽内容的制售与传播,色情内容不在该法调控之列,《治安管理处罚法》未将制售与传播色情内容作为一般性违法行为。就法律属性而言,《治安管理处罚法》是为维护社会治安秩序,保障公共安全,保护公民、法人和其他组织的合法权益而制定的基础性行政法,其调整的行为是一般违法行为,即不法的情节尚达不到刑事犯罪的程度。设置的处罚责任包括行政拘留 15 日以下、罚款、查封扣押、没收非法所得物等。实施治安处罚的过程强调平等地对待各方当事人,不以当事人的身份为实施处罚轻重的标准,所给予的治安管理处罚与违反治安管理行为的社会危害程度相适应。达到公正的实施治安管理处罚,就要正确行使自由裁量权。处罚注重教育与惩罚相结合,坚持处罚不是目的,而是一种教育手段,通过处罚和教育,使其不再危害社会,预防和减少违法犯罪的发生。显然,色情内容的制售、传播通过网络渠道对某些特定人群(又是少年儿童)所具有社会危害性是难以避免的,符合《治安管理处罚法》的宗旨,应该将色情内容附带条件地纳入该法监管范围。同属于行政法范畴的《网络安全法》则将淫秽、色情同时纳入监管范围:任何个人和组织使用网络应当遵守宪法法律,遵守公共秩序,尊重社会公德,不得危害网络安全,不得利用网络……传播暴力、淫秽色情信息。网络环境、秩序的安全管理同社会环境、秩序的安全管理具有相同的利益属性，作为治理社会环境、秩序的基础性法律《治安管理处罚法》，其精神应该延伸至网络环境、秩序管理领域，两项法律在禁止不雅内容的内涵方面应该保持一致。

不同部门法之间的抵牾，也同时体现在同一部门法不同位阶法律的规定方面。《网络安全法》作为我国第一部针对网络安全的专项立法，其监管对象的范围应该同下位阶的行政法规、部门规章保持一致，如果网络监管的行政法规、部门规章在《网络安全法律》（2016）颁布之前已经实施的，《网络安全法》执行之后，应当及时修订，以保持与《网络安全法》精神一致。但实际情况并非如此，目前有多项网络监管的行政法规、部门规章条款仅仅将"淫秽"列为禁止的内容，并不包括"色情"，这些规范性文件有《有线电视管理暂行办法》（2018 修订）、《广播电视管理条例》（2017 修订）、《出版管理条例》（2016 修订）、《音像制品管理条例》（2016 修订）、《印刷业管理条例》（2017 修订）、《互联网等信息网络传播视听节目管理办法》（2004）、《互联网上网服务营业场所管理条例》（2016 修订）、《专网及定向传播视听节目服务管理规定》（2016）等。作为网络监管重要执法部门的公安机关，规范指导其执法的部分法律文件之间也存在明显不一致的条款，如《关于加强信息网络国际联网信息安全管理的通知》（1996）仅使用"淫秽"概念，《关于严厉打击利用计算机技术制作、贩卖、传播淫秽物品违法犯罪活动的通知》（1995）则使用了"淫秽""色情淫秽""色情"是否可以被公安部门适用《治安管理处罚法》予以规制，既有法律依据，又无法律依据。

无论源头治理还是渠道治理，作为被治理对象的淫秽、色情内容，在哪些法律中只应仅仅限定为"淫秽"，哪些法律中应当同时规定为"淫秽""色情"，不仅是技术性问题，更关系到执法的力度、尺度问题，即便制定的法律数量再多，如果法律文件之间存在明显的抵牾，就必然产生选择性执法行为。法律责任追究应该总体上必须是刚性的，对于同一性质的不法行为，只允许存在法律责任承担的轻重之别，而不应该存在有无之异。规范性法律文件应该讲究法律术语的严谨性、明确性，在法律语境中"淫秽""色情"是两个截然不同的范畴，不可以相互替代。

二、刑事责任的归责原则优化

我国对于不雅内容的法律治理采取了不同于英美的制度,英美国家对于色情的惩罚仅限于儿童色情,未成年人对于成年人色情内容的接触并不能追究制售、传播者的法律责任,只有淫秽内容是法律所禁止的。而对于淫秽内容的界定,英美的法律规定并不具体、明了。英国 1959 年《淫秽出版物法》及司法判例对淫秽的定义一直表述为"整体上试图使那些思想容易受到这种不道德影响的人堕落与腐化"。美国则通过联邦最高法院一系列判例确定淫秽物品的判断标准,如具有典型性的 1973 年"米勒诉加利福尼亚州案"将淫秽认定标准表述为:"运用当代社区标准,普通人是否发现该作品整体上能够引发淫欲;该作品是否以明显令人生厌的方式描写性行为,违反了可适用的有关州法的特别规定;该作品是否缺乏严肃的文学、艺术、政治或科学价值。"我国同英美国家不仅在治理色情内容方面存在差异,即便对被认定为淫秽内容,处理亦存在区别。英美司法面临的主要问题是惩罚与否的争议,我国则主要体现为刑事惩罚的归责原则的争议,施加何种归责原则更符合"罪刑法定""罪刑相当"原则。特别提出这样的问题,是因为无论不法行为人是自然人还是企业,也无论不法的服务提供者是内容服务提供者、技术服务提供者还是平台服务提供者,借助技术的隐蔽性试图逃避法律责任的追究,成为目前以及未来治理淫秽色情内容的主要问题。知识壁垒高的、隐蔽性的、原理不透明的技术运用所带来的难以避免的负面结果与主观从恶使用技术、刻意追求不法行为所期待的结果,两者之间的辨识对非专业人士而言无能为力。对于公诉方而言,获取不法或犯罪的证据并不总是能够证明行为结果与主观故意之间存在因果关系,所以,适应技术新特征的责任追究制度有必要重新构造。

值得强调的是,惩治网络淫秽内容强调刑事责任归责原则的过错推定,并非意味着对网络服务提供者刑事责任施加的无原则扩张,如果单纯实施刑事责任的扩张,意味着网络服务提供者的管理义务的无条件加重,并必然导致秩序与自由价值的冲突无法平衡,这不符合论者关于过错责任推定的本意。鉴于技术所产生的不法行为的隐蔽性,《刑法修正案(九)》(2015)新增"帮助信息网络犯罪活动罪""拒不履行信息网络安全管理义务罪",分别从网络服务提供者作为与不作为的角度对责任主体刑事责任进行及时补缺规定。对于新增的两项罪名,尽管《关于办理非法利用信息网络帮助信息网络、犯罪活动等刑事案件适用法律若干问题的解释》(最高人民法院 最高人民检察院,2019)已经对网络服务提供者进行了类型化列举(包括三类:网络接入、域名注册解析等信息网络接入、计算、存储、传输服务;信息发布、搜索引擎、即时通讯、网络支付、网络预约、网络购物、网络游戏、网络直播、网站建设、安全防护、广告推广、应用商店等信息网络应用服务;利用信息网络提供的电子政务、通信、能源、交通、水利、金融、教育、医疗等公共服务),但由于该司法解释仍然未能对我国网络服务提供者的类型化所对应的责任问题做出明显区分,可能导致不同类型网络服务提供者承担了无差别的信息网络安全管理义务,且《刑法修正案(九)》也确实笼统地将网络服务提供者作为责任主体,对两项新罪名的适用难免被误解为刑事责任的扩张的表现。如果难以对网络服务提供者的类型予以合理划分,执法司法实践客观上也确有违背刑法谦抑性原则之嫌。

　　网络服务提供者的类型化是明确其刑事责任的前提和基础,但在目前对网络服务提供者类型化区分尚不够科学、清晰的情况下,可以采取举证责任转移方式证明技术使用者是否存在"明知的过错",以此规范网络服务提供者的责任,遵循"技术必有利益,利益必有责任"的利责相当法则。由于随着技术多样化运用会不断出现新的网络服务提供者类型,法律无法及时准确划定网络服务提供者类型属性,有必要以优化归责原则的策略替代网络服务提供者类型化区分,而采取责任推定的方式可以使得责任追究问题相对简单化。实际上,针对互联网犯罪行为的技术性帮助行为,2019年颁布的《关于办理非法利用信息网络帮助信息网络、犯罪活动等刑事案件适用法律若干问题的解释》已经明确了"主观明知推定规则",并列举如下情形为推定的"明知":①经监管部门告知后仍然实施有关行为的;②接到举报后不履行法定管理职责的;③交易价格或者方式明显异常的;④提供专门用于违法犯罪的程序、工具或者其他技术支持、帮助的;⑤频繁采用隐蔽上网、加密通信、销毁数据等措施或者使用虚假身份,逃避监管或者规避调查的;⑥为他人逃避监管或者规避调查提供技术支持、帮助的;⑦其他足以认定行为人明知的情形。判断网络服务提供者在牟利或非牟利性传播淫秽物品罪中是否存在过错而应被追究相对严格责任方面同样可以执行此标准。《解释》针对"经监管部门告知后仍然实施有关行为的"明确不作为行为，又单独设立"拒不履行信息网络安全管理义务罪"解释条件，即网信、电信、公安等依照法律、行政法规的规定承担信息网络安全监管职责的部门，以责令整改通知书或者其他文书形式责令网络服务提供者采取改正措施。2015 年通过的《刑法修正案（九）》设立的"拒不提供信息网络安全管理义务罪"之条款"致使违法信息大量传播的""非法利用信息网络罪"之条款"发布有关制作或者销售……淫秽物品等违禁物品、管制物品或者其他违法犯罪信息的"，均在该《解释》的适用范围，因为技术知识壁垒使得控方难以就网络服务提供者技术运用隐蔽了主观明知提供证据的，这种表面上的无过错所施加的严格责任并非绝对严格责任，在是否存在主观明知的技术因素的举证转移给被告人时，该类责任属于相对严格责任，被告人具有举证的优势，除非被告人确存在主观故意而举证不能。

法理上，包括了绝对严格责任与相对严格责任的严格责任，是否能够适用于互联网表达行为的刑事惩治，还存在争议，主要理由是笼统地认为严格责任将导致客观归罪，即只要具有犯罪结果产生，就认定有罪。这一理解是对绝对严格责任、相对严格责任未加区分的产物。采用相对严格责任优于绝对严格责任，高度依赖技术运行的环境里，有些不法行为是因为不可预测或不可就控制的技术因素所导致，行为人没有期待可能性，如追究行为人的刑事责任就显失公正。如果采纳相对严格责任的过错推定原则，先假定行为人主观上有罪过，再以程序确保行为人证明自己主观上没有罪过，则可以避免客观定罪。目前监管互联网的技术始终落后于互联网企业经营技术，互联网企业的举证能力更强，更有能力证明自己没有过错。绝对的严格责任即无论公诉方还是被告方都不能证明被告方存在过错而仅仅依据行为的结果被追究责任，该类责任的施加确实过于苛刻，但相对严格责任即允许被告方提出辩护理由，对于技术性主导的犯罪行为而言，就现阶段而言不失为次优的刑事政策。就法益衡量看，如果要求被告人证明"明知"的危害性明显小于不要求被告人证明"明知"而给被告人所带来的损失，公诉方因难以证明被告人"明知"而要求被告人就技术运用不存在过错举证，被告承担举证责任具有公正性。相对严格责任应限制适用于显著关涉公共利益的犯罪。相对严格责任区别于绝对严格责任，绝对责任只要求具备不法行为及危害后果即可承担刑罚责任，不论行为人主观是否有罪过，无须任何抗辩理由。相对严格责任则需要提供证据证明有强迫、无意识行为等理由来证明自己没有主观罪过，方可免于刑罚责任①。

我国的环境犯罪司法领域已经采纳了相对严格责任制度，而互联网环境的犯罪尤其是借助技术手段传播淫秽物品牟利的犯罪行为具有同环境犯罪的归责相似性，所以，可以借鉴相对严格责任制度。面对环境损害的后果，先假定了企业被告方在主观方面存在罪过，如果企业被告方确实有证据证明其生产经营行为没有过错，则不追究其刑事责任。此外，在巨额财产来源不明罪的司法查处方面，亦采用过错推定，由被告人提供证据证明财产来源合法。这些罪名与相对严格责任存在一致性，因此，将相对严格责任引入网络技术支撑的新型犯罪的治理，具有恰当性。随着更智能化的互联网技术与平台的开发，利用网络扩散淫秽内容的局面越来越严峻。基于互联网存储与分享环境的累积性，充斥淫秽信息的网络"公地悲剧"一旦形成，就很难在短期内得到清除净化。采用严格责任可以有效地防止危害结果的发生，促使相关责任人采取有效措施。传播淫秽内容犯罪可能会严重污染未成年人健康成长的社会环境，并造成家长、学校的巨大担忧。所以，该类犯罪应当让行为人承担更严格的责任，以期发挥更有效的预防犯罪的作用②。

三、快播案：责任推定与帮助行为正犯化

深圳快播公司及王某等主管人员使用快播资源服务器、用户播放器、中心调度服务器、缓存调度服务器等技术提供用户播放、下载 21 251 个淫秽视频，案经两审，法院均判决认为，深圳快播公司以牟利为目的，明知自己提供的快播服务被用于传播淫秽视频，有义务并有能力阻止，却拒不履行安全管理义务，放任他人传播淫秽视频，构成传播淫秽物品牟利罪③。针对该案判决结果，不仅社会舆论有不同看法，学界也提出不一致的认识，质疑快播案判决合理性的声

---

① ［美］道格拉斯·N.胡萨克：《刑法哲学》，谢望原等译，中国人民公安大学出版社 1994 年，第 137 页。
② 陶涛：《环境犯罪中相对严格责任的适用》，《法制与社会》2017 年第 6 期。
③ 北京市海淀区人民法院（2015）海刑初字第 512 号刑事判决书；北京市第一中级人民法院（2016）京01 刑终 592 号刑事裁定书。

音一直存在,"无罪的快播与有罪的思维"可以概述理论上质疑的主要观点①。有学者以域外经验为依据,主张如果相关法律对某种犯罪规定的不确定性,使得网络服务商因网络用户的行为而面临承受刑事责任的风险,则可能形成自我审查机制的局面,并可能导致具有科技创新潜力、对 GDP 增长有贡献的互联网企业向法律更加清晰、更少针对网络服务提供者的法律执行的国家迁徙②。亦有学者认为,该判决是司法对《刑法修正案(九)》之"帮助信息网络犯罪活动罪"与"拒不履行信息网络安全管理义务罪"两项罪名扩张性解释的适用,未能充分体现刑法的谦抑性原则。如果对"帮助信息网络犯罪活动罪"不作必要的限缩性解释,可能导致将提供互联网接入、服务器托管、网络存储、广告推广、支付结算等不带有任何危害社会性质的中立帮助行为作为正犯处罚,而原本这些服务主体可能存在理论争议的不可罚的中立帮助行为③。快播公司提供的缓存技术功能的本身性质是导致学者对罪名适用是否恰当的争论的关键因素,网络缓存技术功能在于临时建立数据调取库,提高用户调取数据的效率,既具有存储属性,亦具有传输属性。对此,两审法院判决意见予以认定,即淫秽视频传播过程中缓存服务器介入并不表明其直接提供缓存服务器链接,只有在用户点击淫秽网站的链接后缓存服务器才提供加速服务④。该技术行为不同于自然人所实施的犯罪行为在作为与不作为性质上的明晰性,提供缓存技术服务的行为介于作为与不作为的属性之间,是作为与不作为的结合。"快播公司同时存在作为与不作为,其拉拽、缓存淫秽视频文件,如同展览厅的管理者,属于以陈列方式传播淫秽物品的行为。"⑤被告单位及被告人均以"技术中立"作为无罪辩护的事由之一提出,就本案具体案情而言,抽象的"技术中立"本身当然不能成为报告单位主观不存在罪过的辩护事由,正如判决书所列明的理由:以技术中立

---

① 孙万怀:《慎终如始的民刑推演——网络服务提供行为的传播性质》,《政法论坛》2015 年第 1 期;刘艳红:《无罪的快播与有罪的思维——"快播案"有罪论之反思与批判》,《政治与法律》2016 年第 12 期。

② 陈洪兵:《网络服务商的刑事责任边界——以"快播案"判决为切入点》,《武汉大学学报(哲学社会科学版)》2019 年第 2 期;[美]劳伦斯·G.沃尔特斯:《美国网络服务提供者的刑事责任理论研究——基于网上色情信息的视角》,涂龙科等译,赵秉志主编:《刑法论丛》,法律出版社 2015 年。

③ 车浩:《刑事立法的法教义学反思——基于〈刑法修正案(九)〉的分析》,《法学》2015 年第 10 期。

④ 北京市海淀区人民法院(2015)海刑初字第 512 号刑事判决书;北京市第一中级人民法院(2016)京01 刑终 592 号刑事裁定书。

⑤ 张明楷:《快播案定罪量刑的简要分析》,《人民法院报》2016 年 9 月 14 日。

原则给予法律责任豁免的情形限于技术提供者，快播公司作为实际使用技术的主体应视其具体行为是否符合法律规定进行判断。恶意使用技术危害社会或他人的行为应受法律制裁。快播公司不属于单纯的技术提供者身份，其搭建的P2P网络平台和缓存加速服务使其实际成为技术使用者身份，同时构成网络视频信息服务提供者身份。被告单位及被告人出于牟利目的，在技术使用过程中明显存在恶意[①]。

"中立帮助"是相对于传统的"帮助犯"说（即行为人主观上有帮助的故意、客观上实施了帮助行为，且帮助行为与正犯行为、结果之间存在促进的因果关系）而言的，帮助行为（构成共同犯）的特殊性在于，帮助行为本身不能独立造成法益侵害、威胁，帮助行为对正犯行为产生促推作用、便利了犯罪行为实施，并导致危害结果出现，帮助行为通过正犯行为表现为帮助行为与危害结果之间的关系。中立帮助行为，顾名思义，从表面看属于无害的、与犯罪无关的、不追求非法目的的行为，但客观上却对正犯的犯罪行为起到促推作用，对他人法益造成侵害或者增加了法益被侵害的危险性。行为主体是否存在对正犯行为、结果的可支配性，是追究刑事责任的要件。就此而言，"快播案"不适用"中立的帮助行为"说，快播公司提供的帮助行为不具有"中立性"，其不属于单纯技术提供者，亦具备技术使用者身份，同时具有网络视频信息服务提供者身份，其行为在本质上实施了传播淫秽视频的实际行为。如果认定存储服务、缓存服务、网络接入与信息传输服务行为本身符合"中立性"帮助，不构成犯罪，则应当有证据证明：其一，该帮助行为对犯罪行为的实施不具有支配性；其二，行为人不存在明知的故意，包括直接的或间接的故意。快播公司的技术介入的淫秽内容传播属于可罚的帮助行为。

讨论"快播案"的行为性质系作为还是不作为，不仅是为了说明适用"帮助信息网络犯罪活动罪"或"拒不履行信息网络安全管理义务罪"是否存在罪名解释的扩张或限缩的必要性问题，也关系到归责原则的正确适用问题。对于显著涉及社会公共利益的犯罪行为责任追惩而言，适用过错责任是最常用的归责原则，对应的犯罪行为的属性是不作为，这种情况下一般不会出现争议。而在技术运用语境中讨论严格责任（即无过错责任）的过错推定与犯罪行为的作为或

[①]　北京市第一中级人民法院(2016)京 01 刑终 592 号刑事裁定书。

不作为是否匹配的问题,并无明确的法条依据。本案法院判定被告单位、被告人以不作为的行为方式构成传播淫秽物品牟利罪,不少理论学者亦认同该案犯罪行为的属性,"快播公司以放任形式对他人传播淫秽物品行为提供帮助是不作为的传播淫秽物品牟利罪与传播淫秽物品罪的帮助犯的想象竞合"①。不作为导致损害结果被追究刑罚责任是属于绝对严格责任还是相对严格责任,既要考虑行为所损害的法益类型,亦应考虑举证责任分配的合理性。根据本案的判决思维,法院实际采纳了过错推定的相对严格责任,主要体现在如下事由的认定:①快播公司负有网络视频信息服务提供者应当承担的网络安全管理义务,快播公司作为互联网信息服务的提供者,作为视听节目的提供者,应当对其网络信息服务内容履行网络安全管理义务。②2012年8月深圳网监部门对快播公司就审核和过滤淫秽视频明确提出整改意见,2013年8月南山广电局对快播公司现场执法检查明确提出"涉嫌提供的视听节目含有渲染色情活动的内容",表明快播公司及各被告人均明知快播网络系统内大量存在淫秽视频并介入了淫秽视频传播活动。王某、吴某、张某某、牛某某知道其缓存服务器系统传播淫秽视频并导致淫秽视频在互联网上大量传播的事实,且王某、张某某对于该技术运用原理有深入研究。③快播公司及各被告人放任其网络服务系统大量传播淫秽视频属于间接故意。快播公司放任其缓存服务器存储淫秽视频并使公众可以观看并随时得到加速服务的方式,属于通过互联网陈列等方式提供淫秽物品的传播行为。缓存服务器介入视频传播中,快播公司在主观上并没有对视频内容进行选择,不是快播公司主观意志选择的结果,而是对他人传播行为的放任,对他人利用自己技术服务传播淫秽视频的放任,对自己的缓存服务器介入到淫秽视频传播行为之中的放任。④快播公司具备承担网络安全管理义务的现实可能但拒不履行网络安全管理义务。"站长"的发布、用户的搜索、用户点对点的文件传输、快播缓存与加速服务,这些关键环节离开快播公司的调度服务器无法实现。用户搜索与点播的频次构成快播公司提供缓存服务的条件,调度服务器所记录的信息使快播公司在制定缓存规则时应该可以根据其主观意愿设定条件,在点播、缓存环节采取限制措施应当构成快播公司承担网络安全管理的主要义务,通过专用程序自动审核或是通过专门人员人工审查,

---

① 陈兴良:《快播案一审判决的刑法教义学评判》,《中外法学》2017年第1期。

可以实现安全管理能力。但证据表明,快播公司未落实该行业基本要求和普遍实施关键词屏蔽、截图审查等措施①。这些明显的过错实际上从另一侧面表明被告单位、被告人不能够自证其行为不存在罪过,没有合理的辩护理由可以免于承担责任,法院基于公诉方所提供的初步证据推定被告单位、被告人存在主观故意并施加相对严格责任符合正当性,亦符合"帮助信息网络犯罪活动罪""拒不履行信息网络安全管理义务罪"设立的本意。

刑法理论中,严格责任或绝对责任是由刑法突破传统责任主义所要求的"无罪过即无犯罪"的罪过责任原则所形成的刑事责任追究的类型。严格责任的争议之处在于对某些法律没有规定犯罪心态或允许对缺乏(无须控方证明)犯罪心态的行为追究刑事责任,严格责任施加导致对无罪过的和不应该要求行为人以任何方式改变自己行为的人定罪②。在英美法系国家的刑事政策中,严格责任一般适用于道德领域犯罪,或者犯罪行为对社会公共利益产生了显著危害③。英美刑法理论中的严格责任存在相对严格责任与绝对严格责任、实体上的严格责任与程序推定的严格责任之区分。绝对严格责任(难免存在"苛责严厉、惩之失当"的过度追责)实际上是结果责任,适用该责任时控方无须证明被告人的犯意,被告人亦无法以自己无过错为由进行无罪辩解,也称之为实体上的严格责任。但在英美国家的现代刑法司法中,已不存在绝对严格责任,允许存在辩护理由④。相对的严格责任或程序推定的严格责任在英美的刑事司法实践中的适用呈现扩张的趋势,为避免客观归罪,严格责任的归罪受到一定的限制,有些严格责任的归罪允许被告人如能提出法定的辩护理由可以免责⑤。需要说明的是,严格责任的责任承担条件并非完全不考虑罪过存在与否而纯粹依据行为或结果的客观责任,就相对严格责任而言,行为人的主观罪过存在仍然作为定罪的主要依据,由于危害行为或结果的出现而被推定罪过存在,无须控方证明,被告人如要否定该罪过,则应该承担相应证明责任。这接近责任主

---

① 北京市海淀区人民法院(2015)海刑初字第 512 号刑事判决书。
② [英]J.C.史密斯:《英国刑法》,李贵方等译,法律出版社 2000 年,第 134 页。
③ 储怀植、江溯:《美国刑法》,北京大学出版社 2012 年,第 52 页。
④ 周嫕:《英国刑法严格责任的构造与借鉴》,《政治与法律》2011 年第 2 期。
⑤ 刘亚娜:《论英美刑法中的严格责任犯罪及其对中国刑事诉讼证明制度的价值》,《河北法学》2010 年第 7 期。

义所倡导的"无罪过即无犯罪"原则,是对绝对严格责任所主张的无须考虑行为人主观罪过而可能导致不公正惩罚的一种修正。刑事过错推定的归责原则在我国犯罪成立理论及司法实践理念方面并不被普遍接纳,行为人之所以被追究刑事责任,唯一理由在于其实施的危害行为完全符合犯罪构成全部要件,而"犯罪构成"是刑法所规定的、决定某一行为社会危害性及其程度而为该行为构成犯罪所必需的一切主客观要件,对犯罪构成要件要素的归纳均涉及责任能力、危害行为与结果、故意与过失、因果关系等因素,而未考虑举证责任分配、对辩护事由的举证等程序性要素。英美国家之所以推行过错推定原则或相对严格责任,是同其双层次犯罪构成的定罪模式密切相关。双层次犯罪构成分别是指犯罪本体要件、责任充足要件,犯罪本体要件包括犯罪行为、心态,责任充足要件是指排除法定的免责事由,包括未成年人、精神病人、正当防卫、紧急避险、认识错误、被胁迫、警察设置陷阱等。公诉方只要证明行为人所实施的危害行为与犯罪本体要件吻合,就被推定为具有承担刑事责任的依据,如果行为人不进行抗辩,犯罪即构成。双层次犯罪构成的定罪模式反映的是动态的犯罪认定的过程,控方立足于犯罪本体要件对行为构成犯罪进行指控,辩方基于合法辩护事由对抗被指控。第一层次为实体意义上的犯罪要件,证明责任由控方承担,证明程度应达到排除合理怀疑。第二层次为诉讼意义上的犯罪要件,由辩护方承担举证责任。与英美国家不同,我国刑法理论与实践中对于犯罪成立要件的认定一直被认为是实体问题而非程序问题,犯罪成立与否的认定方面,关于责任能力、故意与过失、犯罪目的、危害行为与结果的因素判断不考虑运用证据证明这些因素的存在与否,因为这些被认为是诉讼程序上需要解决的问题,不具有犯罪性质认定上的实体意义。这同我国职权主义诉讼结构与制度有关,依据刑事诉讼法的相关条款,在侦查、检查、审判等各阶段,司法人员必须根据法定程序,收集被告人或犯罪嫌疑人有罪或无罪、情节轻重的证据,并非仅仅承担追诉的职责。因此,过错推定原则中的有被告人承担否定罪过存在的证明责任,这种对抗式的当事人主义的犯罪认定模式在我国刑事追诉实践中存在的空间相当有限。

四、技术理性与法律责任严格化趋势

就我国互联网传播的信息安全问题而言,虽然有待解决的问题交错复杂,但事关社会道德文明建设与经济社会健康发展的不雅内容传播已成为最突出问题。如何避免互联网沦为淫秽色情信息泛滥的"公地悲剧",是互联网安全内涵的应有之意。禁止传播"淫秽色情信息"属于网络安全的重要范畴,互联网技术赋权彻底性与网络环境特殊性使得不雅内容屡禁不止成为网络治理困局,无论实体法还是程序法方面,惩治互联网淫秽色情信息的法律规定都难以完全适应现实的迫切性。

网络信息技术、数字化生存及传播方式已成为重构社会运行、社会生活方式的结构性功能要素,如果抽离这种结构性要素,社会运行及生活诸多领域所导致并叠加的困境将无法化解。这就需要适度宽容对待互联网和信息技术运用在促进技术创新、经济发展、社会进步同时所带来的社会可以容忍的诸多弊端。但就不法的网络传播行为的危害程度而言,无限性链接、瞬时复制与粘贴、海量收纳储存、临时屏蔽、一对多的加密扩散、网页或网站设立的零成本等技术手段,使得互联网比传统媒介有着更强大的精神或身心侵害力,如果作为生活环境构成要素的网络空间不雅内容得不到净化,传统文化市场长期坚持的治理工作必将收效甚微。相关部门联手的运动式"净网行动"虽能收一时之效,但对已经海量储存淫秽色情信息的网络空间来说,解决"积重难返"问题必须抓住被法律监管所忽略的关键环节,落实严格责任。

没有技术手段的应对,也就没有真正意义上的互联网治理。技术作为工具如果只有简单的指令输入而没有理性的价值指引,技术的功能必然会走向对立面的结果。比如过滤、断开链接技术,通过对一定数量的淫秽或色情视频或图片智能学习,软件会将人体特定部位或具有一定特征的较大面积皮肤设定为淫秽或色情信息识别的特征。如果单纯依靠软件过滤淫秽或色情内容,极有可能将一些较为健康的选秀节目、肚皮舞项目完全屏蔽或断开链接,使得这些内容无法被用户搜索浏览。又如"同性恋"某些行为已经被设定为不雅信息范畴,以"同性恋"为关键字搜索时,不仅"同性恋不是不正常的性关系"网页地址打不开,甚至连有些网页上登载的《网络视听节目内容审核通则》中出现了"性关系、性行为,如乱伦、同性恋、性变态、性侵犯、性虐待及性暴力"字样而无法打开该网页。因此,技术至上主义必须受到技术理性的制约,将价值嵌入技术必须彰显理性的价值取向。正如美国当代技术哲学家兰登·温纳所言,虽然技术设施旨在促进或防止某种行为,但它无法总是确保产生应有效果。技术并非根据设计思路,而是由技术实施者所组成的特殊群体决定了技术所带来的社会影响和政治影响①。在治理互联网空间淫秽色情信息、保障网络安全,从严或从宽确立适度责任问题上,应该有工具理性、价值理性何者优先的考量。工具理性强调根据工具有效性、对可以带来现时利益的目的予以认可,并对可达到目的的手段加以优先考虑。价值理性则以社会终极价值和理想而非现时利益为目的,对当下功利代价与工具效率予以后置考虑的价值追求。目前,在互联网运营所承担的法律责任方面,总体上倾向于认同工具理性优先的倡导,偏重技术运用的效率而忽略社会责任的公平配置。2015 年 11 月,浙江云和县法院判决了一起利用微信群传播淫秽视频的案件,群主因未阻止群成员的违法行为,被认定为构成传播淫秽物品罪,系共同犯罪。针对此案判决,就有学者主张,无论从群主对群成员表达行为的技术控制力来说,还是从群成员利用微信群的犯罪行为与群主建立、管理群的责任之间并无直接关系的角度,群主不宜作为犯罪共犯处理。司法机关既要考虑到群主等管理者在技术上的限制,也要具体区分微信群主要交流内容与非法传播内容的界限。特别是在微信群这类半封闭式的“熟人圈”,过度的司法干预和责任连带可能影响法律的公信力。又如 2016 年《网络安全法》的条款“网络运营者应当加强对其用户发布的信息的管理,发现法律、行政法规禁止发布或者传输的信息的,应当立即停止传输该信息,采取消除等处置措施,防止信息扩散,保存有关记录,并向有关主管部门报告”,有学者对该条款设置责任的不合理性提出质疑,认为互联网服务提供商应该只对自己提供的内容负责,对第三方通过自己的服务生产的内容,负责任的前提条件是,互联网服务提供商是否负有法律上应当负有的义务。单纯提供平台或通道服务并且对通道内容不行使编辑控制权,服务提供商就不对违法内容负责。认为这种归责原则可能为服务商不负责任留下借口,但可以为企业发展创造条件。如果网民都使用外国的互联网企业提供的服务,安全问题就更为突出。

对于互联网因其具有的特殊工具效用与社会经济发展价值是否应该获得法律责任上的特殊豁免,西方国家实际上已经表现出否定的趋势。如 2012 年欧盟委员会公布《关于涉及个人数据处理的个人保护以及此类数据自由流动的

---

① ［美］兰登·温纳:《科学技术的大叙事:危机时代》,安军译,《科学技术哲学研究》2010 年第 2 期。

第 2012/72 号草案》明确提出数据主体应享有"被遗忘权",将其定义为数据主体有权要求数据控制者永久删除有关数据主体的个人数据,有权被互联网所遗忘,除非数据的保留有合法的理由。2014 年 5 月,欧洲联盟法院通过司法裁决确认了"被遗忘权"是一项法定权利,搜索引擎服务商有法定义务从互联网空间删除某些令权利主体尴尬的、已经成为过往的不体面的数据信息,除非数据的保存和使用属于法律规定的维持公共利益的正常运作所必需①。俄罗斯 2016年 1 月生效的《信息、信息技术和信息保护法》也赋予了该国公民互联网空间的"被忘却权",搜索引擎有能力执行屏蔽"不实信息"的义务。这些表明支持互联网技术运用本身不代表以免除公平责任为代价。但法律同时也规定,国家公职人员不能要求在网上屏蔽其不动产或收入信息。公民也无权要求隐匿其曾经入狱等信息②。我国互联网的责任设置当然应该体现"避风港原则",但不是所有互联网信息与内容的传播都适用该原则,"避风港原则"只应适用互联网空间内容违法性难以明确判断的信息,而互联网提供商、运营商或用户责任适度豁免也只应该适用那些网络公共性表达,即涉及公共利益、公共安全、公共秩序、公共权力、公共价值等要素的言论表达,该类言论享有宪法权的优先保护,它应该与商业性表达、娱乐性表达、公益性表达、个体情感性表达等相区分。不雅内容尤其淫秽信息扩散因其社会危害的显著性,理应对违法犯罪行为主体施加严格责任。道德文明与社会精神的污染如同自然环境污染,"先污染,后治理"的中国式环境治理思维已经导致不可逆的严重后果,而这种治理思维隐含了"优先与补偿性地保护一种局部价值以放弃另一种更为重要的全局价值为代价"的"效率优先、公平后置"的非理性主张。在法律责任设置方面,网络淫秽色情内容的治理不能重蹈覆辙,工具效率固然重要,但社会责任的公平更为根本。

　　网络服务主体所承担的法律责任轻重与合理程度,直接影响到技术理性的实现程度。深圳快播公司案的查处实际上从司法层面释放了一个重要信号,即网络服务主体从承担相当有限责任转向承担相对严格责任,这使得"技术中立"不再是绝对命题,亦即依赖技术的帮助行为不再是无条件的不可罚的中立帮助

---

① 蔡雄山:《网络世界里如何被遗忘——欧盟网络环境下个人数据保护最新进展及对网规的启示》,《网络法律评论》2012 年第 2 期。

② 《俄新法赋予公民网上"被忘却权"》,《新华每日电讯》2016 年 1 月 3 日。

行为,网络服务提供者技术使用的从恶而非向善的主观动机可能构成可罚性的帮助行为的主观要件。无论《关于办理利用互联网、移动通讯终端、声讯台制作、复制、出版、贩卖、传播淫秽电子信息刑事案件具体应用法律若干问题的解释(二)》(2010)的相关条款还是深圳快播公司案的查处,都表明加重网络服务提供者追责的思维已经明朗,即技术帮助的共犯行为正犯化意味着施加于帮助行为人的责任加重。原本属于传统意义上的技术帮助行为,在个案上作为正犯而非共犯定罪处罚,在一定程度上可以说明网络服务提供者应承担的责任更为严格,因为帮助行为在我国刑法中属于从犯,对从犯的处罚较主犯或正犯的处罚相对轻一些。

　　一些刑法理论学者亦主张,《关于办理利用互联网、移动通讯终端、声讯台制作、复制、出版、贩卖、传播淫秽电子信息刑事案件具体应用法律若干问题的解释(二)》体现了"共犯行为正犯化"司法理念,该司法解释将四种类型的传播淫秽物品的网络技术支持行为如建立电子群组、网站、提供互联网接入、网络存储空间等传统意义上的帮助行为,不再作为传播淫秽物品罪的共犯论处,而是直接认定为传播淫秽物品罪的实行行为,即共犯行为正犯化[①]。《解释》(二)第四条将"以牟利为目的,网站建立者、直接负责的管理者明知他人制作、复制、出版、贩卖、传播的是淫秽电子信息,允许或者放任他人在自己所有、管理的网站或者网页上发布"的行为认定为"以传播淫秽物品牟利罪定罪",第五条将"网站建立者、直接负责的管理者明知他人制作、复制、出版、贩卖、传播的是淫秽电子信息,允许或者放任他人在自己所有、管理的网站或者网页上发布"的行为认定为"以传播淫秽物品罪",第六条将"电信业务经营者、互联网信息服务提供者明知是淫秽网站,为其提供互联网接入、服务器托管、网络存储空间、通讯传输通道、代收费等服务,并收取服务费"的行为认定为"以传播淫秽物品牟利罪",上述三类借助技术的帮助行为分别作为正犯而非共同犯处置,立法意图非常清晰。第四至六款的帮助行为正犯化也正好与该解释的第七条将帮助行为共犯处置形成对比,第七条规定,明知是淫秽网站,以牟利为目的,通过投放广告等方式向其直接或者间接提供资金,或者提供费用结算服务,以传播淫秽物品

[①]　于志刚:《网络犯罪于中国刑法应对》,《中国社会科学》2010 年第 3 期;阎二鹏:《共犯行为正犯化及其思考》,《国家检察官学院学报》2013 年第 3 期。

牟利罪的共同犯罪处罚。该条意在强调,网络服务提供者之外的第三人所提供的帮助行为,仍然作为共同犯罪中的从犯处置。

五、网络服务主体类型化及责任厘定

网络服务提供者刑事责任、行政责任边界不确定的主要原因之一在于可以达成共识的网络服务提供者类型化划分标准的缺失。明确网络服务商刑事责任、行政责任边界就需要对网络服务商进行合理分类。目前学者关于网络服务商的分类有如下主张。

分类一,网络连接服务商、网络内容提供服务商以及网络平台服务商;分类二,中间服务提供者、互联网信息服务提供者以及第三方交易平台服务提供者,而中间服务提供者包括了网络接入、服务器托管、网络存储、虚拟空间租用、通信传输等;分类三,内容提供者、接入服务提供者、缓存服务提供者、存储服务提供者[1];分类四,网络接入服务提供者、网络平台服务提供者、缓存服务提供者、网络内容服务提供者、访问软件提供者等;分类五,网络接入服务提供者、网络空间提供者、搜索引擎服务提供者、传输通道服务提供者、内容服务提供者;分类六,网络接入服务提供者、网络平台服务提供者、网络内容及产品服务提供者[2]。随着互联网犯罪行为的多样化、复杂化加剧以及网络服务提供者作为技术提供方帮助网络犯罪行为的趋势日渐突出,为合理施加刑事责任,刑事司法审判对网络服务提供者类型化的要求更为迫切。2019 年出台的《关于办理非法利用信息网络、帮助信息网络犯罪活动等刑事案件适用法律若干问题的解释》首次将"网络服务提供者"划分为技术服务、应用服务、公共服务三类,具体包括:网络接入、域名注册解析等信息网络接入、计算、存储、传输服务;信息发布、搜索引擎、即时通信、网络支付、网络预约、网络购物、网络游戏、网络直播、网站建设、安全防护、广告推广、应用商店等信息网络应用服务;利用信息网络

---

[1] 王华伟:《网络服务提供者的刑事责任比较研究》,《环球法律评论》2016 年第 4 期;付玉明:《论刑法中的中立帮助行为》,《法学杂志》2017 年第 10 期;皮勇:《论网络服务提供者的管理义务及刑事责任》,《法商研究》2017 年第 5 期。

[2] 涂龙科:《网络服务提供者的刑事责任模式及其关系辨析》,《政治与法律》2016 年第 4 期;齐文远:《网络平台提供者的刑法规制》,《法律科学》2017 年第 3 期;谢望原:《论拒不履行信息网络安全管理义务罪》,《中国法学》2017 年第 2 期。

提供的电子政务、通信、能源、交通、水利、金融、教育、医疗等公共服务。这一划分类型可能并不很适合网络服务行为中的淫秽色情传播的过错行为主体的责任合理与适度施加。但无论采取何种分类方式，内容服务提供者的法律责任是相对明确的，除了前文已经讨论的一般违法行为的法律责任规定仍有待完善外，内容服务提供者的刑事责任、行政责任的规定已经比较严谨合理，因此，网络内容服务提供者的法律责任因无明显争议，就无必要讨论。

网络平台服务提供者、互联网信息服务提供者、访问软件提供者的概念虽经常被使用，但其内涵或所指并不十分明确、固定，如"访问软件提供者"，可能同传输、接入、缓存、存储、定位等网络服务提供者存在重叠，例如快播软件所提供的功能就是缓存、定位服务，属于缓存、定位服务提供者。该类划分方式不太适合于厘定网络服务主体的法律责任。在讨论民事责任归属方面，网络服务提供者通常被分为信息（互联网）接入/传输服务提供者、信息缓存服务提供者、信息存储服务提供者、信息定位（搜索、链接）服务提供者，这种划分方式只是比较适用于讨论刑事责任厘定问题。

其一，对信息（互联网）接入/传输服务提供者而言，一般情况下，其对所接入/传输的由网络用户生成、上传的信息内容，不负有事先审查、实时监控的义务，如无特殊理由不对所接入/传输的信息内容承担责任。所以，《民法典侵权责任编》以及《网络安全法》只规定了网络服务提供者在知道侵权等信息正在传输而不采取删除、屏蔽、断开连接等措施时才承担有限责任或过错责任。在网络接入/传输服务提供者知道存在侵权等违法信息时，不遵守"避风港"原则下的通知—移除规则，不采取断开连接等措施防止损害继续扩大的，让其承担一定的民事、行政责任，具有合理性。虽然《网络安全法》第63条规定，提供专门用于从事危害网络安全活动的程序、工具，或者为他人从事危害网络安全的活动提供技术支持等帮助，尚不构成犯罪的，承担行政责任。但在第68条关于对法律、行政法规禁止发布或者传输的信息未停止传输、未采取消除等处置措施的行政责任规定中，却无"尚未构成犯罪"的表述。这表明在《刑法修正案（九）》之后颁布的《网络安全法》并未意图追究此种情形的网络接入/传输等服务提供者的刑事责任。所以，信息接入/传输服务提供者对于网络用户生成、上传的淫秽色情违法信息，只有在知道存在这类信息时不采取断开连接、切断传输通道等方式以避免损害扩大的，才仅承担民事（公益诉讼）、行政责任，而不宜追究刑事责任[①]。

其二，信息缓存服务提供者的责任承担取决于服务器实际上是发挥了缓存功能还是服务于传播功能。根据欧共体《关于电子商务内部市场法律问题的指令》的第 13 条规定，信息缓存服务提供者免责的条件为缓存服务提供者没有修改信息，并且在切实知晓传输的初始来源信息已被从网络中删除，访问通道已被禁止，或主管当局已下令清除或禁止时，迅速采取行动删除或者封锁信息的通道。但在实际运营中，有些缓存服务器并不仅仅具有临时存储、信息格式转码的功能，也兼具长时间存储、直接被用户接触利用的传播功能。所以，信息缓存服务提供者如不产生传播功能，其责任与网络接入/传输服务提供者相同。但如果主要发挥了传播功能，则视具体情况应承担民事（公益诉讼）、行政责任或刑事责任。

其三，信息存储服务提供者的责任承担问题不宜笼统地主张其对上网用户所存储的信息进行审查、监管，明显超出其承受能力。欧美国家虽然立法普遍主张包括信息存储服务提供者在内的网络服务提供者不负有审查用户上传信息内容的义务，但如果没有同时满足"知晓内容""技术上有可能阻止""阻止不超过其承受能力"等条件，那么提供纯粹传输、缓存、数据存储服务等所谓中间服务提供者不对用户提供的非法信息承担责任[②]。其责任的合理承担需要考虑是否尽到了足够谨慎的注意义务，一方面，信息存储服务提供者遵循"通知和删除"规则是最低限度义务，否则，对于淫秽内容传播符合刑罚标准的应承担刑事责任，不符合的应承担行政责任。另一方面，公诉机关有证据证明信息存储服务提供者存在明知的不作为，或使得其存储的淫秽内容以作为方式向用户提供，须承担包括拒不履行信息网络安全管理义务罪等罪名在内的刑事责任，不够刑罚标准的，承担行政责任。

其四，信息定位（搜索、链接）服务提供者的责任在满足技术上有可能阻止且阻止不超过其承受能力的条件时，应以相对严格责任承担为主、有限责任承

[①]　陈洪兵：《网络服务商的刑事责任边界》，《武汉大学学报（哲学社会科学版）》2019 年第 2 期。

[②]　［德］乌尔里希·齐白：《网络服务提供者的刑法责任——刑法总论中的核心问题》，王华伟译，载赵秉志编《刑法论丛》，法律出版社 2016 年，第 112 页。

担为辅。该类服务提供者对于淫秽内容的识别基于自身的服务内容更具有便利条件,任何被政府执法机构或媒体舆论所聚焦的淫秽内容应该即刻成为容易被识别的关键目标,并可以主动采取断开推荐路径。从风险与风险共担出发,脱离具体境况地声称要求提供搜索引擎、链接服务的网络服务商对所搜索、链接的信息内容的合法性进行事先审查、实时监控,无论从技术上还是法律判断能力上都是不可能实现的,这一主张属于不作为主义。因此,不仅人为地进行干预链接推荐或者信息定位服务提供者不履行事后"通知—移除"义务需要承担与其行为后果相对应的责任类型,对于应当明知的情况而不作为的,如加框链接或者说嵌入式链接,用户无法判断该内容是从第三方获取,或即使知晓该内容源自第三方网页的标识,但用户无法进入第三方页面,链接服务商应对信息的合法性负责,须承担合理限度的责任。德国联邦最高法院认为,嵌入式链接属于内容提供行为,嵌入式链接服务提供者,可能承担诸如传播淫秽物品罪等罪正犯的责任[①]。

在追究刑事责任方面,为保持刑罚谦抑性,避免刑罚功能的过度或扩张,应考虑刑事惩罚力度的适中性。一方面,目前刑事司法解释尚未规制的情况如服务器设立在境外的,需要通过立法完善强制平台运用技术阻隔,否则,应独立承担拒不履行信息网络安全管理义务罪,而承担责任方式以主刑的刑罚为辅而承担附加刑为主。另一方面,应注意主刑、附加刑的平衡以及非刑罚的责任承担。综合考虑被告方提供无罪过证据的证明力、技术成熟的程度、技术手段运用的承受能力以及基于中人偏上的注意义务可以避免不法行为的可能性等关键因素,权衡主刑、附加刑使用的必要性及社会效果。非刑罚的处理方法包括对犯罪情节轻微不需要判处刑罚的,根据情况予以训诫或者责令其反省悔过、向社会公开赔礼道歉,或者由主管部门给予行政处罚或者行政处分。

六、相关主体的相对严格责任设定

尽管惩治网络不雅内容的法律已经初步形成体系,但长效治理并维系清朗网络空间需要相关主体之间在法律责任承担上协同,才能形成治理合力,否则,责任畸轻同责任畸重的主体之间根本不能协作。除了网络服务提供者类型的

---

① 陈洪兵:《网络服务商的刑事责任边界》,《武汉大学学报(哲学社会科学版)》2019 年第 2 期。

责任合理设立,介入不雅内容治理的其他相关主体的严格责任理性设定同样重要。

其一,强化地方网络监管部门未尽责的行政责任。网站注册所在地的网络监管部门对本区域内的网站负有法定的监管责任,如有被查处的网站属其监管区域,则该网络监管部门应被追究行政责任。省、市一级党委与政府部门都设立了互联网宣传管理机构,该机构除了日常网络舆论把控与引导之外,其应该承担的重要任务就是对不雅内容及其他非法内容进行不间断的监督把关,这也是舆论引导的应有之意,因为严格意义上的舆论引导工作除了遵循政治导向原则,还应该遵从社会责任原则、精神文明原则、以人为本原则及社会效益原则。在文字过滤技术以及图像识别相对容易实施的情况下,网络监管部门应根据其所掌握的最新情况,不间断地向内容服务商、接入服务商、域名注册服务商提供哪些内容属禁止传播之列的目录清单,或通过法定程序获取国内主要搜索服务商的用户相关搜索记录数据,汇总分析点击率与淫秽网站之间关系,初步筛选一批需要重点监督的网站名录;或根据直观判断、已查处案例、举报线索、网站内容查验,确认禁止传播的动态性清单。

其二,严惩利益链上非法得利的主体。仅仅惩治不雅网站及当事人并不公平,淫秽网站、电信运营商、网络运营商、接入服务商、域名注册服务商、广告商以及第三方支付平台形成环环相扣的利益链条。以往的惩治行动打击对象为利益链的末端即不雅内容网站及当事人,实际上这是多违法主体利益驱动与密切配合的结果,淫秽网站、电信运营商、网络运营商、接入服务商、域名注册服务商、广告商以及第三方支付平台形成了环环相扣的利益链条。在利益分成中,淫秽网站得到的比例仅是较少的一部分,淫秽信息通过层层关卡到达用户,用户付费以后,电信运营商、广告商等获得更多的利润,切断利益链是关键。长效治理应严惩利益链上的所有分配主体,对明知他人开办淫秽色情网站或传播淫秽物品,仍为其提供互联网接入、域名注册、主机托管、虚拟空间租赁、费用结算等服务,投放广告,同时获取非法的利益,应以传播淫秽物品牟利罪或共同犯罪追究刑事责任。2010年颁布的《关于办理利用互联网、移动通讯终端、声讯台制作、复制、出版、贩卖、传播淫秽电子信息刑事案件具体应用法律若干问题的解释(二)》已有相互条款予以规定:明知是淫秽网站,以牟利为目的,通过投放广告等方式向其直接或者间接提供资金,或者提供费用结算服务,具有下列情形之一的,对直接负责的主管人员和其他直接责任人员,依照刑法第三百六十三条第一款的规定,以制作、复制、出版、贩卖、传播淫秽物品牟利罪的共同犯罪处罚:(一)向十个以上淫秽网站投放广告或者以其他方式提供资金的;(二)向淫秽网站投放广告二十条以上的;(三)向十个以上淫秽网站提供费用结算服务的;(四)以投放广告或者其他方式向淫秽网站提供资金数额在五万元以上的;(五)为淫秽网站提供费用结算服务,收取服务费数额在二万元以上的。但该条款存在的不足有待弥补,一是刑事责任之外的法律责任处在相对真空状态,二是非法广告商、结算商之外的非法参与主体处在无责任、无约束的特权状态。

其三,注册登记的行业自律团体及各级互联网协会应当被赋予"应当意味着能够"的法定义务,监督网站采用技术详细显示与标注注册相关信息。目前我国网站备案实现了从网下审批到网上审批的转变,已建成覆盖部、省、企业三级分布式网站备案管理、电子政务、行政审批的技术支撑平台。根据登记规定,如果是非商业性的个人网站,需报国家工业和信息化部电信管理局备案,如果是集体或商业网站,还需要到当地公安、工商部门登记。身份的明确性决定了行为人责任意识的强弱,对于网民而言,他们并不熟悉数量如此庞大的网站各自在其网站首页什么位置标出详细注册信息,应通过强制性技术手段将所有合法的网站或网页登记注册信息在醒目位置显示,包括法人或注册人姓名、办公地址、联系电话,并将注册地的地方政府网络监管部门及法律惩处机关接受举报的电话、邮箱信息显示,便于网民迅速举报。信息显示方式可统一设定为用户将光标移至网页"地址"框时,自动跳出该信息窗口。对于非法设立的网站、网页或境外网站,因无该类信息显示,也便于有关监管、执法部门迅速识别与查处。对于该类普遍存在的问题,行业协会作为日常的自律倡导与维持机构,应当履行法定的监督职能,未能履行责任的,承担必要的行政责任。

第三节　搜索引擎:承担推定的过错责任

一、搜索引擎为不雅内容扩散提供条件

在缺乏有效约束的市场体系中,互联网技术及其运用已产生了逐利至上的

巨大惯性，而互联网行业一旦成为信息内容垄断行业，行业如果自律失效，对社会责任、法律责任的自我无限减免或推托成为必然。在互联网生态内容建设比互联网行业发展更为紧迫的环境下，如果仍然以优先发展互联网技术及企业为导向，以互联网企业对社会责任、法律责任不应有的减免为代价，"网络公地悲剧"局面只会加剧。在众多互联网服务提供者或服务平台类型中，搜索引擎的责任承担问题并未得到应有的重视，尤其是互联网不雅内容治理中的搜索引擎实际承担的主体责任畸轻的现实情况，搜索引擎企业懈怠或放任所获取的巨大市场利益与其承担责任力度形成巨大的反差，主要是因为在合理施加搜索引擎法律责任类型的刑事政策、办案程序及法律适用方面缺乏明确的标准与法律依据。

与网络浩如烟海的巨量信息相比，再泛滥的网络不雅内容也仅仅是沧海一粟。即使出于不法牟利或其他目的制造、传播淫秽色情，如果不雅内容缺少隐匿扩散的便捷路径或渠道，它能产生的社会危害范围是极其有限的。搜索引擎作为定向捕捉指定信息的技术，其为用户在海量信息流中精准地提取不雅内容发挥了不可替代的功能。大量淫秽色情网站、网页的存活在极大程度上依赖了搜索工具的导引链接。目前尚缺少相关的统计数据，诸如未成年人因接触淫秽色情信息而导致犯罪的案件中有多大比例属于犯罪主体通过搜索引擎通道接触这些不法内容并诱导其犯罪，受理举报淫秽色情网站的案件中有多大比例是通过搜索引擎发现不法问题的，网络通道隐蔽地兜售贩卖淫秽视频或文字图片有多大比例属于经由搜索引擎手段从第三方网站或网页获取的，行政执法中被处罚的搜索引擎服务企业的收入中占比多少是链接不雅内容网站网页所得的，被查处的淫秽传播刑事犯罪案件中搜索引擎中立的或非中立的帮助行为占据有多大比重，等等。这些数据的获取对于进一步细化并规范搜索引擎服务企业的主体责任、打破有利无责的严重失衡局面具有一定的指导作用。

"互联网与表达权的法律边界研究"课题组在 2019 年 9—10 月执行的六个省会城市的问卷调查中，被访者在回答"你曾经通过下列哪种途径或渠道，经意或不经意接触到网络不雅内容？（请选择其中最主要的 1～3 项）"时，被访者选择结果排前五位的分别是：PC 端赌博、网游、会所服务弹窗或页面广告，72.46%；性保健品广告，62.27%；特定群组的网络音视频、直播推荐，59.28%；

搜索引擎,49.70%;群组内特定内容图文链接,47.90%。在 167 份有效问卷中,虽然单独列"搜索引擎"为唯一获取路径或渠道的仅 11 人(6.58%),这同问题本身的私密性相关,涉及羞耻感。因为该被测问题的 10 个选择项(A.PC 端应用软件下载插件;B.手机游戏链接;C.性保健品广告;D.论坛、群组推送;E. PC 端赌博、网游、会所服务弹窗或页面广告;F.搜索引擎;G.移动应用商店预安装;H.移动智能终端预置应用软件;I.特定群组的网络音视频、直播推荐;J 群组内特定内容图文链接)中,只有"搜索引擎"1 项属于用户主动接触不雅内容的行为,问卷填写者可能有所顾忌。而在 83 份选择了"搜索引擎"的问卷中,年龄 20～30 岁的 47 份,30～40 岁的 28 份,40 岁以上的 8 份。该项调查结果说明,年轻人更倾向于采取搜索引擎手段作为获取不雅内容的途径之一,搜索引擎服务在这些内容得以隐秘流播中客观上充当了"不可或缺"的条件。

　　中国互联网信息中心发布的《2019 中国网民搜索引擎使用情况研究报告》显示,截至 2019 年 6 月 30 日,百度搜索在搜索引擎用户中的综合渗透率达90.9%,位居第一,超过第二位搜狗搜索 46.5 个百分点。《报告》表明,71.5%的用户对搜索结果表示信任①。论者 2014 年 5 月 12 日通过百度搜索输入关键词"都市艳妇""风骚少妇",分别得到 4 410 000(含重复的结果)、6 370 000(含重复的结果)条搜索结果。点击搜索结果网页,或是淫秽色情文字作品或配音作品,或是赤裸的性感照,或为露骨的动漫游戏,或是性用品推销②。2020 年 8 月20 日再次经由百度搜索输入相同关键词"都市艳妇""风骚少妇",仍然获得了相应的 963 000(含重复的结果)、12 100 000(含重复的结果)条搜索结果。又如以"山村神医""全能姐夫"进行百度搜索,分别得到 5 790 000(含重复的结果)、4 490 000(含重复的结果)个结果,整体内容属典型的淫亵性地具体描写性行为、性心理感受,无任何文学艺术价值与社会价值,访问量高达数千万次③。2020 年 8 月 20 日再次以相同的关键词进行百度搜索,"山村神医"的结果为11 500 000(含重复的结果)条,只有"全能姐夫"仅得到了 2 条结果,同前次的

---

① 《2019 中国网民搜索引擎使用情况研究报告》,http://www.cnnic.cn/hlwfzyj/hlwxzbg/ssbg/201910/P020191025506904765613.pdf.
② 陈堂发:《治理网络淫秽内容的长效机制探讨》,《中国广播》2014 年第 12 期。
③ 陈堂发:《互联网安全中的淫秽色情内容治理严格责任问题》,《南京邮电大学学报(社会科学版)》2016 年第 3 期。

搜索结果差距悬殊。而这些被搜索呈现的网页或网站又为更多的淫秽色情网页或网站提供指引与链接功能，形成"滚雪球效应"。

近年来，涉及搜索引擎技术为不雅内容提供通道、沦为助推角色的媒体报道或舆论多有出现。2009 年 1 月、4 月及 6 月，中国互联网违法和不良信息举报中心多次接到举报，"谷歌中国"链接的诸多网站存在大量淫秽色情信息，包括大量极其低级、丑陋的色情图片、视频和文字，境外互联网的淫秽色情信息通过"谷歌中国"传播到中国境内。有关部门对"谷歌中国"进行执法谈话，暂停该网站境外网页搜索业务和联想词搜索业务，责令立即进行整改，清理淫秽色情和低俗内容①。国内搜索引擎服务企业在这方面问题同样突出，"一些大型色情网站甚至与搜索引擎签订合作协议，要求在搜索结果中出现论坛的地址。搜索网站会按照色情网站营业额的 20％～30％不等提成。"②2009 年以来，中国互联网违法与不良信息举报中心连续曝光存在不良信息（包括色情）的网站近百家，新浪、搜狐、网易、腾讯等四大门户网站以及谷歌、百度等搜索巨头均榜上有名，一些门户网站为不良信息开设了"窗口"，用户只要点击这些"窗口"，经多次跳转就出现不雅信息内容。此外，即时通信工具 QQ、MSN 也成为散布不良信息的渠道，甚至有黄色网站的链接地址。手机上网后，在谷歌、宜搜等搜索引擎中输入"成人"或者"美女"等中性词汇，很轻易就能链接到大量的成人色情网站，各种各样淫秽不堪的性爱视频应有尽有，涉及裸聊、全裸艺术、网络卖淫等内容的网页更新和发展最快。2009 年 12 月，全国"扫黄打非"工作领导小组办公室、工业和信息化部、公安部、新闻出版总署等 9 部门在全国范围内联合开展为期半年的深入整治互联网和手机媒体淫秽色情及低俗信息专项行动，自 2009 年 1 月国务院新闻办等 7 部门部署在全国开展"整治互联网低俗之风专项行动"以来的一年中，该中心共核查网站 14 万多个，发出《删除违法和有害信息通知书》603 份，通知删除违法和有害信息 52 万多个，向搜索引擎服务商下

---

① 《"谷歌中国"网站被谴责传播淫秽色情和低俗信息》，《新京报》2009 年 6 月 19 日；《强烈谴责谷歌传播淫秽色情和低俗信息》，http://www.china.com.cn/news/txt/2009-06/18/content_17975317. htm；《谷歌涉黄拷问完全机器弊端 搜索产业面临法律风险》，《北京晨报》2009 年 6 月 26 日。
② 郑东阳：《网络色情黑幕：大陆网上情色利益链》，载《凤凰周刊》2010 年第 25 期。

发《整改通知书》191 份,要求搜索引擎服务商重新屏蔽淫秽色情关键词 914 个①。"百度搜索可以轻易搜索到大量淫秽、色情内容,包括大量色情视频。有专家表示,百度已经成为色情网站流量的最大创造者,成了色情网站盈利链条中的重要一环,成了传播色情信息的得力工具。"②一些媒体报道表明,搜索引擎作为"帮凶"为一些不法分子制造、传播淫秽内容牟取暴利扮演了关键角色,没有搜索引擎工具,就不可能存在大量用户"消费"现象③。虽然应社会舆论的压力,新浪、搜狐、网易、百度、中搜、中国雅虎、奇虎等搜索引擎服务商 2009 年 12 月签署《搜索引擎服务商自律公约》,承诺"不为含有淫秽、色情等违法和不良信息内容的网站、网页提供搜索导航、广告、排名、接入等任何形式的网络服务",中国互联网协会也先后制定《中国互联网行业自律公约》《互联网站禁止传播淫秽色情等不良信息自律规范》,但实际执行效果甚微,"搜索引擎成色情泛滥帮凶"的新闻时有报道。

2016 年 1 月,百度搜索结果"涉黄"引起媒体舆论强烈关注。有报道记者通过 PC 端和移动端的百度搜索页发现大量色情网站链接,在百度首页搜索框中输入暗示性行为的符号和关键词,搜索结果中随即显示了大量包含相关内容的网页链接,随机点开搜索结果首页中一条链接,跳转的页面信息均涉及挑逗、

---

① 《共青团中央:互联网、手机等不良信息的有关治理情况》,http://www.gqt.org.cn/10hlzc/dzz/201004/t20100426_359356.htm.

② 《百度成色情网站"帮凶"? 百度回应称从未推广》,《广州日报》2016 年 1 月 15 日。

③ 2008 年 8 月的一次调查显示,在访问"丁香社区"色情网站的 1000 多万人中,通过搜索引擎登录的高达 893.83 万,接近总访问人数的 90%。2010 年湖北荆州市公安局查获了年浏览量 7.3 亿次的色情网站"丁香成人社区",该局网监执法人士表示,新的用户能找到这些不断更换域名的色情网站,主要依赖搜索引擎"导航"。"浏览过色情网站的网民,98%是通过搜索引擎找到这些网站的。"从 2008 年 8 月到 2009 年 8 月,访问丁香成人社区色情网站的总人数近 1 050 万,而百度就占到793.83 万,其他搜索引擎 100 多万。而这个"丁香成人社区"在 2008 年 10 月份以前一直排在百度搜索的关键词搜索的前五位甚至首位;央视《新闻直播间》2012 年 7 月 17 日播出"网络色情又泛滥,搜索引擎成帮凶",揭露百度、雅虎等搜索引擎对色情链接审查不力、收录淫秽色情网站的较为普遍的行业现状。《新华每日电讯》记者在调查儿童色情网站中发现,只需要在搜索引擎输入"萝莉啵啵",就可以即刻登录该网站,首页轮番播放女童暴露图片,点击进入论坛版,竟然随处可见暴露无遗的女童性器官和全裸照片、成年人与女童发生性关系、猥亵幼童的照片……照片里面的孩子,面目清晰,均是十几岁甚至更年幼的样貌。无法想象,只需要知晓网站名称,这些充斥着淫秽色情信息的内容对于任何用户都能唾手可得。而在该网站首页堂而皇之地标明"我们立足于×国,受×国法律保护"。《国内诸多搜索引擎沦为"色情"帮凶》,《光明日报》2012 年 7 月 28 日;《儿童色情产业调查:网上直播、售卖猥亵视频,线下交易"男童 2 000 元/次"》,https://news.ifeng.com/a/20180205/55769989_0.shtml.

性暗示、私密部位等内容①。另有媒体记者亦予以证实：以"婷婷"为关键词搜索，显示名为"婷婷色网"的网站，点开网站首页，大量淫秽照片和文字充斥页面。再以"婷婷五月"为关键词搜索，搜索结果的第一页均为淫秽色情网站。这些网站基本是不堪入目的裸体女照片以及一些赌博网站、钓鱼网站和色情服务场所的广告②。

二、私法范畴搜索引擎侵权责任畸轻

由于用户对搜索引擎所提供的便利的高度依赖，"利益攸关"的得益心理使得用户在搜索引擎承担法律责任的认知方面明显体现出"宽容以待""网开一面"的态度。上述课题组执行的问卷调查中，被问及"您认为搜索引擎平台是否应该断开如下信息网页链接功能（可选一项、多项）"问题时，被访者选择"境外未成年人不雅内容网站""境外成年人淫秽网站""被查禁的不雅小说""成年人观看的情色元素的动漫网站"的分别有 82 人（49.1%）、77 人（46.2%）、39 人（23.4%）、24 人（14.4%），剩下的选项"被舆论高度关注过的不雅热点事件中照片或视频""引流到第三方淫秽色情网站""隐晦的性暗示文字或走光、露点的图片""一夜情、换妻、SM 等不正当交友信息""性药品、性功能偏方广告"则很少有被访者选择，而根据网络监管的行政规章精神，这些信息都不应该在搜索邀请提供合法服务的范围。被访者在回答另一个类似被测问题"您认为用户通过搜索引擎获取淫秽、色情内容，服务商是否应该承担法律责任（可选一项或多项）"时，亦表现出基本相同的认知态度。被访者有 50.3% 选择了"成年人用户通过搜索引擎获取淫秽或色情内容，服务商均不应承担法律责任"。但大多被访者的未成年人保护意识还是比较明确的，55.7% 的选择了"未成年人用户通过搜索引擎获取淫秽或色情内容，服务商均应承担法律责任"。区分淫秽、色情内容，差别对待搜索引擎的法律责任意识也比较凸显，有 46.1% 选择"成年人用户通过搜索引擎获取淫秽内容的，服务商应承担法律责任；通过搜索引擎获取色情内容的，服务商不应承担法律责任"，另有 54.5% 的选择"未成年人用户通过搜索引擎获取淫秽内容的，服务商应承担法律责任；通过搜索引擎获取色情

---

① 《百度搜索结果直通色情网站 客户端可登涉黄贴吧》，《京华时报》2016 年 1 月 20 日。
② 《百度成色情网站"帮凶"？百度回应称从未推广》，《广州日报》2016 年 1 月 15 日。

内容的,服务商不应承担法律责任"。选择"未成年人用户通过搜索引擎获取淫秽或色情内容,服务商均不应承担法律责任"或"成年人用户通过搜索引擎获取淫秽或色情内容,服务商均应承担法律责任"的均不超过 20%,说明用户在对待搜索引擎承担法律责任的预期方面并未走向一个极端。目前关于网民对于搜索引擎服务所应承担法律责任类型的态度测量,还缺乏学者体系性的实证研究成果,而这方面的立法是侧重用户意愿确立有限责任,还是侧重技术运用的客观结果确立相对严格责任,是完善渠道监管立法的核心问题。

搜索引擎服务企业的免责声明中基本包含类似条款,即搜索引擎以非人工检索方式根据用户输入关键字自动链接到第三方网页,没有人工干预因素,搜索结果系用户键入关键字自动生成,不代表搜索引擎服务企业方的立场或赞成该内容。任何通过使用搜索引擎链接到的第三方网页信息均由第三方制作或提供,您可能从该第三方网页上获得资讯及享用服务,搜索引擎对其内容合法性概不负责,不承担任何法律责任。实际上,这类单方意思表示条款只是对用户规范使用搜索引擎行为起一种善意提示作用,属道德范畴的劝诫,并没有可以免责的法律效力。事实上,私法范畴的著作权、人格权的侵权责任设立,包括搜索引擎在内的网络服务提供者均享有以"通知+移除"为前置条件的免责庇护,或称之为"避风港规则",搜索引擎服务企业可免责的条件是比较明确的,除非"明知""应当知道"的事项具有明显不确定性。如《信息网络传播权保护条例》第十四、十五条规定,对提供信息存储空间或者提供搜索、链接服务的网络服务提供者,权利人认为其服务所涉及的作品侵犯自己的信息网络传播权或者被删除、改变了自己的权利管理电子信息的,可以向该网络服务提供者提交书面通知,要求网络服务提供者删除作品或者断开与该作品的链接。网络服务提供者接到权利人的通知书后,应当立即删除涉嫌侵权的作品,或者断开与涉嫌侵权的作品的链接。《侵权责任法》第三十六条对上述《条例》的适用范围从著作权纠纷扩大到民事侵权行为的法律指引,包括侵害人格权。该条规定:网络用户利用网络服务实施侵权行为的,被侵权人有权通知网络服务提供者采取删除、屏蔽、断开链接等必要措施。网络服务提供者接到通知后未及时采取必要措施的,对损害的扩大部分与该网络用户承担连带责任。网络服务提供者知道网络用户利用其网络服务侵害他人民事权益,未采取必要措施的,与该网络用户承担连带责任。《民法典侵权责任编》第一千一百九十五条直接吸收了《侵权责任法》第三十六条。

《侵权责任法》第三十六条是否属于"避风港规则"，有学者提出不同看法："避风港规则"条款应当具备"不承担侵权责任"的表述或类似表示，《侵权责任法》第 36 条不同于《信息网络传播权保护条例》第 22 条的表述，《条例》则有"不承担侵权赔偿责任"的用词，体现出"避风港规则"。《侵权责任法》第 36 条并不是严格意义上的"避风港规则"，与其说是免责条款不如说是归责条款①。虽然学理诠释方面有些学者不认同"避风港规则"一说，但司法审理实践总体倾向却表明搜索引擎对搜索结果承担侵权责任并非主导性理念，对其过错行为未施加合理谨慎的注意义务，存在免责不当现象。一项关于搜索引擎服务在名誉侵权中的责任问题研究显示，在以百度搜索为名誉侵权纠纷被告的 43 起（2007—2019）案件判决中，有 38 起判决全部驳回原告诉讼请求，占 88.4％，只有 5 起判决部分驳回了原告诉讼请求②。当然，搜索引擎服务引发名誉侵权纠纷的情况比较复杂，目前技术运用所呈现的侵权方式包括提供第三方网页链接、提供网页快照、关联词条推荐等，不同方式中的搜索引擎法律地位所对应的注意义务应该有所不同。但司法判决搜索引擎免责的主要理由在于其所承担的是信息自动搜集与提供行为，没有人为干预因素，搜索过程具有中立性，搜索引擎服务方不存在过错，无需对搜索结果负法律责任。如就关联词条推荐的法律责任而言，司法审理实践倾向于将关联词条视为"反映过去特定期间内网络用户所使用的检索词的内容与频率的客观情况"③"为当前用户的信息检索提供相关度及关注度等特定指标的参考指引"④，在涉及搜索引擎关联词名誉纠纷的案件中，原告诉讼请求均未获支持。

在搜索引擎构成侵权的 5 起判例中，其实司法赋予搜索引擎的注意义务并不苛刻。如"海运女图片"名誉权案，原告殷女士数十张大尺度不雅私照被其在

---

① 唐盾：《在中国法下，存在所谓的"避风港规则"吗？》，http://www.cqlsw.net/lite/legislative/2020080335095.html。

② 孙嘉宇：《搜索引擎服务在名誉侵权中的责任问题研究——以百度搜索为对象》，南京大学硕士论文，2020 年。

③ 河南省郑州高新技术产业开发区人民法院民事判决书（2019）豫 0191 民初 7955 号。

④ 北京市海淀区人民法院民事判决书（2015）海民初字第 17417 号。

某网站工作的前男友朱某泄私愤上传网络。殷女士及时报警,朱某以涉嫌侮辱罪被刑事拘留。这些"艳照"在网上发布后,原告殷女士的这些照片、真实情况、生活照、曾就读学校等信息在百度搜索引擎的搜索结果中广为流传。事发一周后,殷女士委托律师在当地媒体发布公开声明,呼吁网民停止侵害行为,并保留依法追究在此次事件中侵犯其合法权利的相关单位和个人包括刑事责任在内的法律责任的权利。事发近 1 个月后,搜索结果仍在百度搜索引擎上保留。一审法院认为,从所涉"不雅照"看,绝大多数照片可直接辨认出原告容貌,使阅读者将照片内容与原告联系。即使百度搜索引擎已将图片处理为缩略图,仍不影响阅读者对图片中人物的辨认,内容又是对人体隐私部位的曝光,足以令普通阅读者认定原告生活不检点,降低对她的社会评价度。从双方陈述及证据看,"海运女""海运门"皆为本案的重要关键词,且被新闻媒体采用,为公众广泛知晓,将上述关键词纳入过滤范围是必要的,百度并未采取必要措施,导致侵权照片在更大范围内传播,应当承担过错责任。百度公司应立即停止对原告名誉权的侵害,断开搜索引擎中可辨认原告相貌的涉案图片链接,删除网站上保存的原告的个人信息,支付殷小姐经济损失人民币 2 000 元、精神损害抚慰金人民币 2 万元①。该判决体现了搜索引擎应承担合理谨慎的注意义务的司法理念,"合理谨慎的注意义务"虽难以界定,但此案的原告作为受害人,该艳照事件已为媒体舆论高度关注,搜索引擎应对此承担合理范围内的注意义务,断开相关关键词结果的网页链接。

由于搜索引擎所具有的强大的信息匹配功能,才使得信息作为被动状态的精准锁定瞬间完成,为不法行为提供不可缺少的条件。2014 年出台的《关于审理利用信息网络侵害人身权益民事纠纷案件适用法律若干问题的规定》就网络服务提供者是否存在"知道"提出了酌定的判断标准,其中包括"网络服务提供者是否以人工或者自动方式对侵权网络信息以推荐、排名、选择、编辑、整理、修改等方式做出处理",依据这一司法解释精神,"网络服务提供者"主体概念完全涵盖了"搜索引擎服务商",那么,施加"网络服务提供者"的如下谨慎义务同样适用于"搜索引擎服务商",具体包括"该网络信息侵害人身权益的类型及明显程度""该网络信息的社会影响程度或者一定时间内的浏览量""网络服务提供

---

① 　上海市第二中级人民法院民事判决书(2010)沪二中民 (民)终字第 1593 号。

者采取预防侵权措施的技术可能性及其是否采取了相应的合理措施"，搜索引擎服务企业所承担的过轻责任应有所改变。

三、搜索引擎公法范畴的责任

尽管我国在私法领域搜索引擎的责任施加普遍存在利益与责任失衡现象，但客观上私法范畴的被侵害客体在侵权特征上具有一定的隐蔽性，搜索引擎对所链接的内容不法性一般难以辨识，这些内容不同程度地存在"明知""应知"判断的障碍，这是"避风港规则"存在的合理性以及作为不同主体利益调节手段的必要性。淫秽色情内容作为公法治理对象，其在不法性的判断上显然有别于私法范畴的侵害信息特征，尤其淫秽内容无论图片、文字或视频，都具有明显的可辨性。正是因为两类信息的不法属性呈现存在显著差异，加之不法内容所侵害的利益类型与结果不同，私法范畴责任在本质上不同于公法范畴责任，司法责任强调功利性，以补偿为核心目的。公法责任则强调道义性，以惩罚为核心目的[①]。公法责任施加同公共利益维护相关，责任实现方式、责任追究与归责原则都需要区别于私法责任。不雅内容对社会公序良俗的危害性以及对未成年人的消极影响是不言而喻的，禁止其公开扩散或传播是世界任何国家的传播体制都共同禁止的事项，尤其是淫秽内容，被所有国家的刑法所严格禁止。公法责任承担的苛刻程度之所以区别于私法责任，一是因为显著公共秩序或公共利益维护的绝对性，二是公法责任遵循"权力法定"的责任追究不可置否性或不可推卸性，私法责任则遵从"权利推定"的责任施加可商榷性。公法范畴的责任包括行政法律责任及刑事法律责任。无论文字信息还是图片、视频，借助技术识别、人工识别组合的不雅内容高识别度，决定了客观上具有技术帮助角色的搜索引擎应当承担与其过错类型匹配的行政法律责任或刑事法律责任，避免私法范畴的搜索引擎责任承担畸轻责任。

就搜索引擎服务企业而言，其从成本或效益及实际操作的可行性考虑，更多地强调对第三方搜索结果内容负法律责任是不公平的：任何搜索结果均为技术及规则组合的产物，没有主观干预成分掺杂其间；数据触及的信息面宽量大，这些海量信息宿主是开放、不计其数的存储服务器；网站或网页即便存在不法

---

① 张文显：《法理学》，高等教育出版社 2003 年，第 144 页。

内容,出于应对搜索引擎的考虑,网站或网页地址处在相对动态更新状态,使得技术防御失效;理论上技术识别与人工审核的组合把关可以避开链接不法网站或网页,但成本难以承受;过多或过频地不能满足用户搜索请求,会影响用户的体验,弱化用户的黏度。这些理由似乎是合理、有说服力的,但如果放弃"对第三方搜索结果负法律责任",搜索引擎服务商因此而获得的巨大市场利益,是否意味着允许"只享有利益,无须承担责任"特权主体存在,这不符合市场经济是法治经济的基本原则。

事实上,搜索引擎服务企业是否应该对其链接不雅内容承担责任,我国多项互联网行业道德规范文件已经提供了解答。行业伦理或道德规则的本质即行业约束的自我意志,这种约束是出自"应当意味着能够"的行业共同体行为规范的可执行性承诺。换言之,行业道德规范不是象征性的宣誓口号,而是能够且必须付诸行动的社会承诺。因此,搜索引擎服务企业借助智能识别过滤技术、人工辨识等避开不雅内容网页或网站具有一定程度的可操作性。《互联网站禁止传播淫秽、色情等不良信息自律规范》(2004)就"淫秽信息"所指详细列举,凡在整体上宣扬淫秽行为,具有下列内容之一,挑动人们性欲,导致普通人腐化、堕落,而又没有艺术或科学价值的文字、图片、音频、视频等信息内容均属于淫秽信息;淫亵性地具体描写性行为、性交及其心理感受;宣扬色情淫荡形象;淫亵性地描述或者传授性技巧;具体描写乱伦、强奸及其他性犯罪的手段、过程或者细节,可能诱发犯罪的;具体描写少年儿童的性行为;淫亵性地具体描写同性恋的性行为或者其他性变态行为,以及具体描写与性变态有关的暴力、虐待、侮辱行为;其他令普通人不能容忍的对性行为淫亵性描写。"色情信息"是指在整体上不是淫秽的,但其中一部分内容符合上述条款,对普通人特别是未成年人的身心健康有毒害,缺乏艺术价值或者科学价值的文字、图片、音频、视频等信息内容。无论传统媒体还是互联网媒体环境,对于淫秽、色情内容的认定标准保持了一贯性。《搜索引擎服务商抵制违法和不良信息自律规范》(2004)延续上述《规范》对淫秽、色情认定标准,明确规定"搜索引擎服务商不得以任何方式主动传播、收录、链接含有淫秽、色情等违法和不良信息内容的网站、网页"。"搜索引擎服务商不得为含有淫秽、色情等违法和不良信息内容的网站、网页提供搜索导航、广告、排名、接入等任何形式的网络服务。""搜索引擎服务商应当依法采取技术手段阻止违法和不良信息。搜索引擎服务商不得与非法网站建立任何性质的合作关系。"此外，2012 年 11 月，百度、奇虎 360、搜狗、腾讯、网易、新浪等 12 家企业自愿签署了《互联网搜索引擎服务自律公约》，承诺自觉执行《互联网搜索引擎服务商抵制淫秽、色情等违法和不良信息自律规范》，坚决抵制淫秽、色情等违法和不良信息通过搜索引擎传播，积极构建健康、文明、向上的互联网搜索引擎传播秩序。

为避免该类法规仅仅具有宣誓性功能，国家互联网信息办公室于 2016 年亦颁布了《互联网信息搜索服务管理规定》，通过行政监管方式将企业的自我约束意志强化，并转化为公法范畴的责任、义务。该《规定》条款虽然一定程度上划定了搜索引擎的注意义务，要求通过技术手段阻止链接淫秽、色情内容，但注意义务设置比较宽泛，未提出细分的、可操作性的责任承担标准。而道德条款之所以能够作为设定法律责任的依据，是因为道德原则与法律原则具有同一性，法律原则在道德原则之外不再有其他原则。法律原则构成道德原则的底线原则，道德原则的具体化就构成法律原则[①]。而事实上，我国互联网调控的法律法规中，明确将搜索引擎服务作为责任主体独立列出的法律文件并不少，如全国人大常委会《关于维护互联网安全的决定》（2000）、刑事司法解释《关于办理利用互联网、移动通讯终端、声讯台制作、复制、出版、贩卖、传播淫秽电子信息刑事案件具体应用法律若干问题的解释》（2004）、《关于办理利用互联网、移动通讯终端、声讯台制作、复制、出版、贩卖、传播淫秽电子信息刑事案件具体应用法律若干问题的解释》（二）（2010）、《关于办理非法利用信息网络、帮助信息网络犯罪活动等刑事案件适用法律若干问题的解释》（2019）以及行政规章《互联网信息搜索服务管理规定》（2016）、《网络信息内容生态治理规定》（2019），直接或间接规定搜索引擎对其服务的信息内容应承担监管责任。

应当施加搜索引擎服务企业链接不雅内容的公法责任，是由于在有些情况下"链接"具有"传播"或"出版"的属性或功能。"传播"和"链接"并非完全不同的概念，互联网"传播"的实质是通过互联网的方式提供信息。在我国绝大多数关于互联网监管的法律、行政法规或部门规章中，"传播"行为都属于泛指的范畴，除非"传播"与具体列举的传播方式并立。搜索引擎程序的自动采集程序本

---

① ［英］边沁：《道德与立法原理导论》，时殷弘译，商务印书馆 2002 年，第 325 页。

质上仍是人设计、操作的,搜索过程自动与否,都属于传播行为。这也是搜索引擎行业自律条款设立禁止不雅内容的依据。搜索引擎企业将其服务行为视为"发行者",未干预第三方的内容,以此作为另一种免责的依据。判别搜索引擎服务行为是发行者还是出版者,需考虑其具体情形:一是关联词推荐功能部分地具有编辑控制第三方内容的性质,构成"出版者"角色。搜索引擎推荐关联词时对第三方信息进行重组和转换,实质上是通过程序算法对内容实施了编辑控制。用户在完整输入搜索关键词时,搜索引擎主动提供下拉框列示相关词条,引导行为亦具有出版属性。作为特殊类型的出版者,搜索引擎对于具有明显不雅内容诱导性的关联词推荐,应当予以屏蔽;二是搜索引擎的网页快照实质替代了第三方网页,构成出版行为。网页快照(或网页缓存)是指搜索引擎收录网页过程中对第三方网页进行的存储于搜索引擎服务器中的技术性备份。网页快照更新的频率并不与原网页更新频率同步,快照是对原网页的静态复制,只保存原网站的主要文字内容,但缺少了原网页的音频、视频等要素。用户点击快照链接后访问的仍是搜索引擎自身的服务器,搜索引擎构成内容提供行为。对于提供或传播行为,如果属于民事责任范畴,搜索引擎只应承担有限责任,适用"通知——移除/屏蔽"规则,即在知道传播或提供不法内容时,采取必要措施阻止。而淫秽色情内容提供或传播应承担严格责任,搜索引擎应通过技术过滤、人工审核手段主动阻隔,及时避免对公共秩序、公序良俗、未成年人身心健康的损害。

四、网络安全保障义务与推定责任

对于非内容服务的网络服务提供者的法律责任而言,更多的观点不支持该类主体被施加刑事责任,尤其信息定位(如搜索、链接)类型的网络服务提供者,要求提供搜索引擎、链接服务的网络服务商对所搜索、链接的信息内容的合法性进行事先审查、实时监控,无论从技术上还是法律判断能力上,都难以实施。如果不属于人为地进行干预,只要信息定位服务提供者履行了事后通知—移除的义务,就不能要求信息定位服务提供者对用户的违法信息承担法律责任,尤其刑事责任。当然,如果信息定位服务提供者对信息的搜索、链接进行了人为地干预,例如为便于搜索、链接,收取费用后将相关信息置顶,就可能单独承担刑事责任①。尽管理论主张如此，2019 年颁布的《关于办理非法利用信息网络帮助信息网络、犯罪活动等刑事案件适用法律若干问题的解释》却明确了搜索引擎服务应作为"网络服务提供者"的责任主体之一纳入了"拒不履行信息网络安全管理义务罪"的主体范围，搜索引擎服务提供者如果拒不履行法律、行政法规规定的信息网络安全管理义务，经监管部门责令采取改正措施而拒不改正，情节严重的，构成拒不履行信息网络安全管理义务罪。《解释》以"经政府有关部门责令采取改正措施而拒不改正"作为该罪构成的前提条件，而"监管部门责令采取改正措施"指网信、电信、公安等依照法律、行政法规的规定承担信息网络安全监管职责的部门以责令整改通知书或者其他文书形式责令网络服务提供者采取改正措施。

搜索引擎的安全保障义务来源主要有两个方面，一是上述诸项法律及规章所规定的义务，二是基于公序良俗的一般安全保障义务。搜索引擎一般安全保障义务确立可以借鉴德国的类型化方式。《德国民法典》将网络服务提供者作为"妨害人"，设立一般安全保障义务的违法责任依据行为主体对危险的预防和控制能力。该种义务分三类：对自己范围内安全义务；对先行危险行为的义务；特定专业要求的义务②。自己范围内的安全义务是指搜索引擎作为有害信息的传递者、场所拥有者或损害行为的帮助者，需对其所支配的空间或搜索页面中出现的危险负责。先行危险行为义务系搜索引擎对因自己行为导致相关后果而负有合理预见和有效防范的责任，如对明显包含有害信息内容的事先屏蔽和过滤。专业义务与公序良俗、搜索用户对搜索引擎的合理信赖期待有关，即搜索引擎作为网络社会的重要中心节点，避免商业利益过度侵犯公法保护的利益。这里可将搜索引擎的一般安全保障义务分为两类：一是过程性一般安全保障义务，即危险损害结果发生与扩大过程中应注意的一般安全保障义务；二是专属性一般安全保障义务，系用户对搜索引擎方的合理信赖期待而产生的义务，搜索引擎应提供客观中立的搜索结果，该义务在网信办《互联网信息搜索服

---

① 王华伟：《网络服务提供者的刑事责任比较研究》，《环球法律评论》2016 年第 4 期；皮勇：《论网络服务提供者的管理义务及刑事责任》，《法商研究》2017 年第 5 期；涂龙科：《网络服务提供者的刑事责任模式及其关系辨析》，《政治与法律》2016 年第 4 期。

② Markesinis B S, Unberath H, Johnston A. The German Law of Contract: A Comparative Treatise. Social Science, 2006(4).

务管理规定》已有体现。

鉴于搜索引擎技术的特殊功能,搜索引擎服务企业是否善尽过程性安全保障义务,应以"善良管理人"为标准,在技术允许的情况下最大限度地保障公法利益。"善良管理人"标准即"一般人"的勤勉注意义务,即具有一般知识与经验的人诚实地处理事务时所具有的注意意志与作为,遵循善意原则①。技术手段完全能够适用于淫秽色情的监管,而"纯粹'技术主义'的政策倾斜"使搜索引擎怠于承担作为"善良管理人"的一般安全保障义务,并不符合社会成本理论及"风险—收益"一致原则。因此,有必要将判断搜索引擎是否尽到注意义务的依据交由中立机构执行。搜索引擎专属性安全保障义务源于公序良俗的要求、用户对搜索结果的合理信赖期待,较多地考虑公共利益而非市场利益,以较高行业责任标准提供搜索服务。爬虫算法和排序算法是搜索引擎运行的技术基础,也是搜索引擎私权力的来源之一。基于算法的决策通常被用户视为"理性、中立、高效、值得信赖的",《2019 年中国网民搜索引擎使用情况研究报告》表明71.5%的用户对搜索结果表示信任②。但算法并非总是中立的,可能蕴含着设计者的价值判断与利益追求。算法本身的高度专业性与商业不透明性、决策的自动化与价值偏见的隐匿性使得搜索引擎往往会以技术中立性、消极响应性为由逃脱责任。欧盟《一般数据保护条例》(GDPR)有关条款规定了数据控制者有义务对数据主体就自动决策结果的异议进行解释。可参考 GDPR 相应条款要求搜索引擎对算法进行解释,即在算法应用或更新前对算法监管部门的详尽解释,由算法监管部门组织技术骨干、民众代表、机关人员对算法详细内容进行的实质审查和评估,基于真实、客观、相关性等多项指标进行评估,评估通过后才能正式上线,进而保证最大化公共利益,此为强制性解释。这种解释结果的合理性可以作为减轻责任的依据之一。

就刑事责任范畴而言,程序推定的严格责任亦即相对严格责任,强调从公诉方对不法行为人或被告人主观罪过的推定到举证责任向不法行为人转移,再到不法行为人举证不能而承担不利后果,该范畴的责任体现如下规则:其一,不

---

① 黄风:《罗马法词典》,法律出版社 2002 年,第 43 页。

② 《2019 年中国网民搜索引擎使用情况研究报告》,http://www.cnnic.cn/hlwfzyj/hlwxzbg/ssbg/201910/P020191025506904765613。

法行为人只要客观上施加法定的危害行为或结果，即首先被推定在主观上存在罪过，且公诉方无须证明不法行为人主观上存在罪过；其二，如果不法行为人否定罪过的存在，应承担举证责任；其三，不法行为人如果不能举证其否定罪过，公诉方关于罪过存在的推定事实成立，不法行为人应当被追究刑事责任。该类责任认定虽然公诉方不必证明行为罪过存在，公诉方可以直接推定被告人主观"明知"的存在而无须举证，实际上举证责任发生了转移，即被告人如果对其主观"明知"予以否定，则理应承担举证责任，举证不能的，公诉方的"明知"推定即告成立。反之，如果被告人可经由举证证明自己不存在罪过进行辩护，则不构成犯罪。此即过错推定的责任。将程序推定的严格责任施加于搜索引擎平台是基于公平公正的考虑，公诉方不是专业的技术研发者，也不是技术的直接应用者，技术使用是否存在主观上的罪过，由搜索引擎平台举证其不存在主观"明知"的故意，更符合常理或经验法则。免除公诉方对搜索引擎服务企业是否具有主观罪过的证明责任，从降低司法成本、提升诉讼效率、保护社会公众利益考虑不无裨益。"推定的责任体现为证明责任转移，行为人提出反证是证明责任转移的必然结果"①。根据我国刑法条款及相关刑事司法解释精神，明知为淫秽内容，提供传播服务的，出于牟利目的的，构成传播淫秽物品牟利罪；非牟利的，构成传播淫秽物品罪。基于搜索引擎的过程性、专属性安全保障义务，其链接不雅内容的行政责任、刑事责任承担，应确立若干司法适用的具体原则。

（一）设定搜索引擎服务企业的刑事责任与行政责任

在不雅内容的非法传播扩散中，搜索引擎服务企业是违法或犯罪行为的共同实施人，应当区分故意、过失两种不同情况，分别追究其刑事责任、行政责任。刑事责任追究以责任人的故意违法为条件。"故意"责任的认定应有合理标准：搜索引擎服务企业接到相关行政主管机关书面告知后，仍未真正断开链接，或仅是暂时的屏蔽与断开链接；接到网民举报后，搜索引擎服务企业未立即采取断开链接的措施；未审查网站内容，为淫秽色情网站提供排位服务；对具有明显淫秽色情内容识别特征的关键词，未采取过滤及屏蔽措施。所谓淫秽色情内容的明显识别特征，是指文字、图片或图像本身所传达的信息具有一般人都认为的淫亵下流、冲破道德底线属性。搜索引擎服务企业的主动过滤责任不限于文

---

① 刘仁文：《刑法中的严格责任研究》，《比较法研究》2001年第1期。

字作品,也包括有明显识别特征的图片、视频。犯罪依据的数量认定上也应确定一个实际链接成功的网站或网页数目,而因为故意而被追究刑事责任,责任承担人不仅是直接的责任人,还应包括搜索引擎服务企业的法人代表,这符合利益与责任对等原则。

行政责任则以责任人的过失违法为追究依据。"过失"责任强调在上述故意责任的情形之外,责任方因为疏于对淫秽色情内容主动及时清除而应承担的责任。如被搜索的关键词不具有表明淫秽色情信息的明显识别特征,搜索服务提供商对该类文字、图片、视频未采取过滤措施。或者某网站的链接点击率明显存在异常情况,未采取审读把关。行政责任包括对直接责任人行政拘留、苛重的罚款、吊销某类服务许可证。

(二)儿童色情与未成年人侵害的施加以刑事责任为主的严格责任

儿童色情是指以现实的儿童身份、儿童形体形象仿真或儿童创作形象作为淫秽色情信息依托体的文字作品、图片视频或电子漫画等,禁止儿童色情是世界各国通行的刑事政策或法律规定。刑事司法解释《关于办理利用互联网、移动通讯终端、声讯台制作、复制、出版、贩卖、传播淫秽电子信息刑事案件具体应用法律若干问题的解释》(2004)采取"情节特别严重"的从重惩治政策予以禁止:制作、复制、出版、贩卖、传播具体描绘不满十八周岁未成年人性行为的淫秽电子信息的;明知是具体描绘不满十八周岁的未成年人性行为的淫秽电子信息而在自己所有、管理或者使用的网站或者网页上提供直接链接的;向不满十八周岁的未成年人贩卖、传播淫秽电子信息和语音信息的。《关于办理利用互联网、移动通讯终端、声讯台制作、复制、出版、贩卖、传播淫秽电子信息刑事案件具体应用法律若干问题的解释》(2010)亦明确规定,利用互联网、移动通讯终端传播内容含有不满十四周岁未成年人的淫秽电子信息,以传播淫秽物品罪定罪处罚。与此相关,国内学者所倡导的借鉴国外对互联网色情淫秽内容加以分级、标示制度,因为内容分级与标示手段所起到的暗示作用不仅对成年人有明显的诱导性影响,对未成年人或儿童在私人场合亦不可避免。尽管如此,但依然可以依据内容分级作为搜索引擎承担法律责任的依据,并以此区分行政责任、刑事责任,链接国外网站已经标示淫秽、儿童色情的第三方网站,或为未成年人链接上述内容的,应该追究刑事责任。

(三)未尽"明知"注意义务须加重承担刑事责任、行政责任

搜索结果排序具有显著的实际浏览效果,而搜索引擎的确为用户发现不雅内容网站、为淫秽色情网站营利提供了充要条件,成为不法网站流量、点击量的直接促成者及非法营利链条中的不可缺少环节。搜索引擎的结果排顺序方式或是按照点击量大小排序,或是按收费多少排序。如果淫秽内容网站在搜索结果中处在首页或非常靠前的位置,应追究搜索引擎服务企业刑事责任。如果色情内容网站在搜索结果中出现上述情况,应追究其行政责任。

根据既有的相关刑事司法解释精神,有必要加大搜索引擎提供者对于"明知"的注意义务范围,承担必要的责任。2010 年出台的《关于办理利用互联网、移动通讯终端、声讯台制作、复制、出版、贩卖、传播淫秽电子信息刑事案件具体应用法律若干问题的解释》(二)已经明确规定,互联网信息服务提供者明知是淫秽网站,为其提供互联网接入等服务,对直接负责的主管人员和其他直接责任人员,以传播淫秽物品牟利罪定罪处罚。同时,该司法解释亦规定,明知是淫秽电子信息而在自己所有、管理或者使用的网站或者网页上提供直接链接的,或明知他人实施制作、复制、出版、贩卖、传播淫秽电子信息犯罪,为其提供互联网接入等帮助的,对直接负责的主管人员和其他直接责任人员,以共同犯罪惩处。对于提供信息搜索指引、链接的搜索引擎服务企业而言,其"明知"的链接行为可能承担"传播淫秽物品牟利罪"或"传播淫秽物品牟利罪"共同犯罪的刑事罪名。关于"明知"认定标准,该《解释》列出如下具体情形:行政主管机关书面告知后仍然实施上述行为;接到举报后不履行法定管理职责;为淫秽网站提供互联网接入、服务器托管、网络存储空间、通讯传输通道、代收费、费用结算等服务的收取服务费明显高于市场价格;向淫秽网站投放广告、广告点击率明显异常;其他能够认定行为人明知的情形。对于兜底条款"其他能够认定行为人明知的情形",需细化其具体情况,尤其是大众媒体的参与调查使得一些问题非常突出但比较隐蔽的淫秽色情网站浮出水面,程度不同地引发社会舆论关注,应当纳入搜索引擎服务企业的"明知"范围。如果某网站或网页已经被大众媒体报道或举报或查处涉及淫秽内容,仍然提供链接,应追究刑事责任。如该情形涉及色情内容的,应追究行政责任。

(四)确立未必的故意帮助行为具有可罚性

搜索引擎对于不雅内容网页的链接是否构成帮助行为,《关于办理非法利

用信息网络、帮助信息网络犯罪活动等刑事案件适用法律若干问题的解释》(2019)已经予以明确,将帮助信息网络犯罪活动的主体"网络服务提供者"界定为包括提供"搜索引擎"服务主体。但技术因素介入的中立帮助行为是否都列入可罚范围,需要具体讨论。鉴于技术的可利用性,搜索引擎技术未必的故意实施的部分帮助情形应纳入可罚范围。未必的故意是指行为人没有确切地认识到正犯的犯罪意图而只是认识到自己的行为被犯罪所利用的可能性[①]。"未必的故意"帮助行为应主要考虑关联词条推荐以及忽略处罚清单行政告知的两类行为,处罚以行政责任为主,刑事责任为助。关联词条推荐业务是搜索引擎的智能化附带功能,虽然关联词条是搜索引擎结合自身算法对过去一段时间内用户搜索过与用户输入关键词相关联的词进行筛选排序的结果,反映被索引的网页的受欢迎程度。经由关联词条推荐的链接网页或网站存在淫秽内容的,达到刑事惩治标准的,应该追究刑事责任。或虽未达到刑事惩治标准,但对未成年人没有采取有效阻隔措施的,亦追究刑事责任;关联词条推荐的链接网页或网站存在色情内容的,追究行政责任。互联网监管行政执法机构针对不雅内容定期开展集中整治,并形成被处罚对象清单,包括网址、作品名称等事项。搜索引擎服务商接到相关书面告知后,仍未真正断开链接,或仅是暂时屏蔽与断开链接的,区分淫秽或色情内容应追究刑事责任或行政责任[②]。

---

① 张明楷:《外国刑法纲要(第二版)》,清华大学出版社 2007 年,第 117 页。
② 陈堂发:《网络不雅内容治理中搜索引擎法律责任探讨》,《南京邮电大学学报(社会科学版)》2020 年第 5 期。

第四章

未成年人权益：从严惩治网络不雅内容

不同渠道的大量统计数据表明，互联网已成为各国青少年获得知识、信息的最重要媒介，网络无可争议地成为青少年到达率最高、覆盖人数最大、影响最有力的信息载体。未成年人的身心健康与成长环境不仅仅关系到千千万万个家庭和谐幸福以及社会秩序与稳定，更关系到国家建设与发展的未来。在未成年人群体高度媒介化的生存环境下，如果放任不雅内容充斥互联网空间，尤其是儿童因为缺乏自控力、辨别力，将无可退避地成为最直接的受害群体。世界任何一个国家虽然在处理成年人的网络淫秽、色情内容的关系上各持不同的立场，但在对待儿童或未成年人免于互联网淫秽、色情内容侵害方面保持高度的一致性，因为儿童或未成年人属于利益需要特别看护的特殊弱势群体，国家、政府、社会以及家庭都有法定责任为他们身心健康成长提供良好的外在环境。

第一节　国外未成年人网络不雅内容治理

一、不雅内容导致公共健康危机

据国际劳工组织估计，每年约有 120 万儿童被贩卖到全球各地，许多孩子都成为恋童组织的猎物，如果没有接触过相关的信息，很难想象儿童色情地下链条的发展是如此猖獗，也很难想象获取那些儿童色情淫秽图片、视频是如此容易，主动或者被动受害的儿童数量是如此之多。儿童色情地下链条俨然已经成为滋生犯罪的温床，因在互联网上观看儿童淫秽视频，沉溺其中无法自拔，以至于在现实生活中对未成年人实施性侵行为的案件,近年来也呈高发态势^①。一方面,由于不同国家基于不完全相同的性道德文化所采取的色情内容合法性界定的差异,另一方面,互联网技术不法运用痕迹的隐蔽性总是超前于治理技术运用的有效性,即便个别国家慰藉"表达自由"而降低对未成年人的色情设限标准,但无国界的瞬息分享、永久储存的技术使得网络色情内容的泛滥成为世界各国共同面临的互联网治理困境。有关材料显示,世界各国每年经由互联网扩散的色情内容已经构成庞大的所谓"产业",这类灰色收入约有 25 亿美元,其中包括 420 万个色情网站和 3.7 亿个网页^②。据不完全统计,分布在德国、美国、俄罗斯、英国、加拿大、韩国、日本、泰国、法国、意大利等国家的色情网站、网页多达 420 万家、3.7 亿个。身处"黄毒"四伏的网络环境,未成年人接触网络从事学习、娱乐,很难避开伤害身心的色情内容。据 2015 年英国网络观察基金会对在线儿童淫秽物品的调查显示,美国生产的儿童淫秽物品超过了世界总量的 50%,俄罗斯紧随其后(14.9%),日本、西班牙、泰国分别位列第三(11.7%)、第四(8.8%)、第五(3.6%)。就世界各国儿童色情网站数量而言,2017 年列前五位的分别是德国、荷兰、美国、俄罗斯、加拿大,日本、韩国、法国的数量分别列第十三、十四、十五位。

鉴于网络儿童色情以及成人网络色情易于被未成年人接触的状况一直难以改变,美国一些州开始放弃了以往所采取的摇摆与相对宽松的抵制政策,如犹他州于 2016 年宣布儿童难以退避的网络色情导致公共健康危机并采取更有力的抵制政策后,亚利桑那州于 2019 年亦提出议案,宣布网络色情制品是"一场对儿童以及公共健康产生深刻影响的危机",该议案列举了未成年人通过互联网接触到的色情内容所滋生的潜在危害包括了如下方面,即观看色情内容与精神、身体疾病的关系,与难以建立和保持亲密关系的联系,与大脑不健康发育和认知功能及认知偏差的关系,与性暴力倾向乃至性伤害的关系。该议案尤为强调,儿童暴露于互联网上唾手可得的色情片可能导致"自卑、饮食失调,以及增加在更小的年龄发生问题性行为的数量"。美国国家性虐待中心的负责人道温·霍金斯表示,一些青少年在进入青春期前就很容易接触到网络色情制品,

---

① 《希望我们的报道成为举报信》,《新华每日电讯》2018 年 2 月 2 日。
② 郝文江:《青少年面临的网络危害及法律对策探究》,《信息安全与通信保密》2014 年第 12 期。

这些内容虽然能教给他们一些性知识，但扰乱了正确的性教育，因为根据 2010 年执行的一项"妇女所受暴力行为"研究计划的调查结果，88％的色情影片描绘了对女性身体的攻击以及心理方面的施虐①。美国前司法部长冈萨雷斯曾经对泛滥的网络色情表示无奈："这些恶心的东西这么容易就可以浏览，实在太可怕了。我有两个年幼的儿子，我简直无法忍受这种威胁。"②美国《世界日报》2011 年 3 月 2 日报道，美国警方和儿童维权专家指出，美国色情从业者正利用日益流行的手机和社交媒体引诱和危害青少年。儿童性侵举报热线 Cyber Tipline 提供信息，仅 2010 年就接获了 223 374 起举报，比 2009 年增长了一倍。美国全国失踪与受剥削儿童中心执行长厄妮·艾伦认为，近几年来随着社交网络、网上游戏、智能手机的色情信息浏览的大量增加，儿童遭到性侵的概率大幅提升③。尽管美国的立法、司法在如何对待成年人的网络淫秽色情内容方面尺度拿捏问题一直争议不断，但在网络儿童色情、未成年人接触淫秽色情内容方面始终持有严厉禁止的明确立场，由于网络媒介的无处不在及接触网络行为的私密性，这种精神层面的深度危害难以被遏制。2004 年，美国国会曾组织专家就浏览淫秽色情网站行为的实质影响进行专门研究，研究结论提出，即便不经意地浏览黄色网站，这种刺激与吸食毒品相同，使人上瘾并且难以自拔，成年人一旦沉溺其中，对其工作效率和家庭稳定造成威胁。而黄色网站和图片等低俗内容更有损儿童健康④。

从行业伦理规则、政府政策及法律规制方面同样注重保护青少年免于网络淫秽色情侵害的英国，未成年人同样面临糟糕的网络内容安全的危机环境。2017 年英国儿童性虐待网址多达 78 589 个，比 2016 年增长了 37％，有关强奸和性虐待内容的比重更是增加到 33％。2011 年伦敦警察厅侦破一起制作有伤风化的儿童图片的案件，警方在史蒂文·弗里曼家中搜查出 3 千多张儿童色情图片以及女童被强奸的图片，并发现弗里曼通过网络与英国最大恋童癖组织

---

① Arizona considering declaring porn a public health crisis. 10. Feb. 2019. Arizona Republic. https://world.huanqiu.com/article/9CaKrnKhU57.

② 《国外如何打击网络淫秽色情》，《北京晚报》2009 年 2 月 1 日。

③ 《美色情业者利用社交网站引诱青少年引起警惕》，http://news.cntv.cn/20110304/102770.shtml。

④ Ryan W. Neal. UK Internet Censorship: David Cameron Says Government Will Block 'Extremist' Websites. International Business Times. 26 Nov. 2016. http://www.ibtimes.com/uk-internet-censorship-david-cameron-says-government-will-block-extremist-websites-1486872.

"儿童性爱信息交流群"其他成员分享交易该类图片。法院判处弗里曼 30 个月的监禁,其他 4 名该组织成员分别被判处不同刑期的监禁①。英国广播公司(BBC)2013 年的一项调查表明,10～15 岁少年儿童中有三分之一的人访问网络色情,有六成父母表示他们担心自己的子女在网络上看到暴力和色情内容。为了阻断来自防不胜防的网络伤害,有 43% 的少年儿童家庭(5～15 岁儿童)在家庭计算机上安装了过滤器②。英国最大的行业自律组织互联网观察基金会(Internet Watch Foundation)2016 年年度报告统计,该组织于 2016 年共收到了 105 420 份报告,其中有 4 031 份涉嫌成人色情犯罪的报告,57 335 个网址包含儿童性侵图像和视频,这些网址遍布全球的 2 416 个域名,比起 2013 年和 2014 年,增长将近一倍③。根据英国政府的通讯办公室 2018 年发布的研究报告,英国 12～15 岁未成年人网民占比达 99%,他们每周上网时间约 20.5 小时;超过 45% 的未成年网民遭遇过网络伤害,包括涉及恐怖主义、暴力、网络欺凌、淫秽色情、虚假信息等内容的表达和行为④。英国《每日邮报》2016 年 11 月 24 日报道,由于当今英国社会青少年极易接触到网络色情内容,看色情片的青少年更容易耽于性爱,尽量避免青少年接触露骨的性内容,可降低青少年成为性侵犯的可能性。在研究人员调查的 14 名青少年中,他们本有机会避免采取性虐待行为,其中 3 人直接将自己的行为归咎为色情消费。英国全国防止虐待儿童协会(NSPCC)发布的一项调查显示,在被调查的 700 多名 12～13 岁青少年中,有五分之一的人认为浏览网络色情是正常现象,十分之一的人观看色情片成瘾。大部分被调查者则称浏览色情内容已成为他们日常生活中的一部分。英国儿童热线(Child Line)反对儿童色情运动的负责人皮特·立沃尔表示,各个年龄阶段的儿童很容易通过网络渠道接触色情片,互联网是青少年观看色情

---

① IWF global figures show online child sexual abuse imagery up by a third[EB/OL]https://www.iwf. org. uk/news/iwf-global-figures-show-online-child-sexual-abuse-imagery-up-by-a-third 2018-4-18/ 2019-1-26.

② James Chapman. Blocks on internet porn to begin in new year: 20million families will have to make a Yes or No choice on access to filth.16.Oct.2013.Daily Mail.

③ IWF Annual Report 2016, https://annualreport. iwf. org. uk; IWF Annual Report 2016, https:// annualreport.iwf.org.uk/.

④ Ofcom. Children and parents media use and attitudes report, https://www.ofcom.org.uk/research-and-data/media-literacy-research/childrens/children-and-parents-media-use-and-attitudes-report-2018.

片的重要渠道。英国儿童热线的创始人埃丝特·兰岑则称，难以想象 11 岁的儿童居然向我们求助有关色情片的问题，"他们时常会接触到这些色情信息，很多情况下是无意的。他们认为，这对他们自身有着恶劣的影响。""女生受此影响更深，他们会觉得自己只有变得像色情片女主角那样，才能够受到男生欢迎。"①相较于成人，儿童的自我控制意志更为脆弱，受害的儿童个案并不缺少。美国曾组织学者专门就浏览黄色网站是否成瘾进行相关研究，2004 年国会举行的听证会上，专家的研究结果表明，黄色网站和图片等低俗内容明显有损儿童健康，即使成年人沉溺其中，也难以自拔，对工作效率和家庭稳定造成威胁。宾夕法尼亚大学教授玛丽·安的研究报告指出，黄色网站和图片对大脑的刺激与吸食毒品相同②。《镜报》2014 年 2 月 5 日消息，英国兰开夏郡一名 13 岁的男孩因沉迷于一款网络色情游戏，为求刺激，侵害了自己 8 岁的妹妹。该案件再次引起了社会对"儿童为何可以轻易地接触到色情内容和过早接触色情内容对儿童的不利影响"的讨论。国会议员杰克·斯劳特表示，这类案件之所以发生，同青少年极易接触到色情内容的互联网糟糕的环境直接有关，应当采取措施使得互联网服务供应商能意识到他们对控制色情内容在青少年间的传播肩负着更大的责任③。另据英国《卫报》2019 年 10 月 25 日报道，由美国、英国、韩国、德国调查人员组成的联合调查组 10 月 16 日宣布，他们查获了服务器设在韩国及多个国家的特大儿童色情网站，储存了 7.5 万亿字节的儿童色情视频，超过 25 万个儿童色情视频。注册会员达 4 000 多人，网站视频下载量超过 100 万次，收入达到 37 万多美元。运营非法网站的是一名 23 岁的韩国人郑某某，被批捕的 337 名参与传播的用户中，223 名是韩国人。其中一名英国会员马修·福尔德（剑桥大学博士）善于伪装，通过各种欺骗、威胁手段获取数千张未成年网民的裸露照片并公开出售。2018 年 2 月，伯明翰皇家法院宣判马修·福尔德为英国最恶劣的恋童癖之一，入狱 32 年。警方侦破此案获知，每天有来自不同国家的高达 250 多万网民通过此网站搜索儿童色情，存储超过 1 亿个儿

①　Ryan W. Neal. UK Internet Censorship: David Cameron Says Government Will Block 'Extremist' Websites. International Business Times. 26 Nov. 2016. http://www.ibtimes.com/uk-internet-censorship-david-cameron-says-government-will-block-extremist-websites-1486872.

②　《国外如何打击网络低俗》，《北京晚报》2009 年 2 月 2 日。

③　《英国 13 岁男孩观看色情视频后性侵 8 岁妹妹》，https://look.huanqiu.com/article/9CaKrnJEbnb。

童色情视频,有超过 40 000 个儿童色情聊天室①。

英国网络观察基金会的调查显示,近年来韩国成为世界第六大儿童淫秽物品生产国。据韩国媒体《京乡新闻》报道,韩国是一个儿童淫秽物品高度泛滥的国家,韩国社会普遍担忧儿童淫秽物品的泛滥会导致更多针对儿童的性犯罪。2020 年 3 月曝光的韩国"N 号房事件",使得网络色情问题引起韩国舆论乃至世界舆论的高度关注。"N 号房"是指在社交通信软件 Telegram(主张保密和匿名)上所建的秘密聊天群,Telegram 平台以声称为用户极度保密和匿名的技术运营而获得大量用户。截至被韩国警方破获,Telegram 平台上已开设有非法淫秽物群聊 800 多个,参与人数近 27 万。平台主要运营者、主犯周某某采取在推特上发布虚假招聘模特信息,以高额报酬为诱饵引诱未成年人,先是要求对方拍摄不太露骨照片,通过钓鱼软件链接进入受害人账户,或以签约名义获取受害人的姓名、家庭、就读学校等信息,后以不雅照和视频进行威胁。自2018 年起"N 号房"运营者通过聊天室售卖性掠夺的淫秽色情视频。性虐待或侵略内容不堪入目、令人发指,其中涉及性侵未成年少女的现场直播。至少有74 名女性受害者,包括 16 名未成年人,年龄最小的受害者年仅 11 岁。"N 号房"参与者进群后必须发表性侮辱的言论、其他不雅资料才会被群保留群成员资格,参与者们会发布自己身边女性的相关照片或视频,包括自己的家人、朋友、恋人等,这部分女性成为无法预防的受害者。由于受害者的个人资料完全公开,包括她们的样貌、家庭信息、工作单位或就读学校及班级,她们还有可能成为现实生活中随时遭遇性暴力的受害对象。韩国《中央日报》3 月 26 日报道,首尔律师协会发表声明,"目前韩国社会把女性视为性满足工具的倾向日趋极端化,仇恨女性的文化大有市场,促使网络空间形成一套成熟的性犯罪产业链:实施性犯罪、消费性犯罪,未成年人成为最危险的潜在受害对象。"②由于技术与运用者的作恶,韩国"N 号房"事件不是 Telegram 平台的首例不法行为。

---

① 《全球最大儿童色情网站被捣毁,337 嫌犯有 223 个韩国人,3 年非法获利 2600 万》,https://www.sohu.com/a/347945039_120286732;《剑桥大学博士被判入狱 32 年:为人师表的他竟是恶劣恋童癖者》,https://baijiahao.baidu.com/s? id=1593458276291520749&wfr=spider&for=pc。

② 《韩国"N 号房"主犯,二审获刑 42 年!》,https://baijiahao.baidu.com/s? id=1701367509204886040&wfr=spider&for=pc;《被判 15 年! 韩国"N 号房"18 岁共犯获刑》,https://baijiahao.baidu.com/s? id=1689473713524788086&wfr=spider&for=pc。

2019 年,新加坡也出现过类似的"分享"淫秽色情的群组 SG Nasi Lemak,超过 4.4 万参与者付费加入,材料包括偷拍的女性照片、未成年少女裸照以及其他色情内容①。韩国一些网站色情内容对青少年公开的管制漏洞一直存在,自 2005 年就已经实施的网络实名制的执行效果并不乐观。尽管韩国放送通信委员会明确规定限制色情内容对未满 19 岁的青少年公开,但在一些门户网站上部分限制级内容依然无须任何身份认证程序便可浏览。如 Naver 等门户网站 2013 年 10 月公开的韩国某组合的新曲 MV《没有明天》,画面中的两位演唱者一位仅身着内衣,另一位与两名暴露的外国女性躺在床上,以及两人不分时间、场所的吻戏和床戏镜头,这些内容均被认定为 19 岁之前禁止内容。浏览这些内容无须任何成人认证或是限制程序②。

日本传统文化对性比较宽容纵忍,受传统文化观念影响,日本社会对性普遍持有的开放态度为其他国家所少见。成年人的性观念所营造的社会环境不可避免地影响到缺乏分辨与自控能力的青少年。1996 年"第一届反对儿童商业性榨取世界会议"在斯德哥尔摩举行,122 个国家的政府代表出席。会上有代表指出欧洲流通的儿童色情制品有八成来自日本。2013 年美国国务院曾将日本描述为"儿童色情制品制作交易的国际基地",名副其实地成为全世界儿童网络色情的泛滥之地。据国际有关组织估计,在世界商业网址上可查询的儿童色情图片中,约有 80% 来自日本。日本警视厅公布的一份材料也承认,日本有多达 3 000 个网址传播淫秽色情,其中 40% 涉及少年儿童色情。

日本的未成年人色情制品随处可见,如不少超市专门设有出售色情杂志的区域,该区域并不禁止儿童进入,杂志的放置也伸手可及。虽然这些色情杂志不允许打开翻阅,但大幅的色情封面封底照清晰可见。一些漫画书店中出售涉及性内容的 DVD 影像,有的被拍摄者为未成年少女或女童,但着装暴露并有性暗示的动作,如同成人色情片。日本的成人 AV 拍摄亦是合法化的产业,充斥"角色扮演乱伦"、性暴力、性虐待等内容的 AV 影像网站难计其数,这些网站也很难被有效管控而避免未成年人浏览。日本是世界"第一动漫大国",每年生

---

① 《韩国爆疯狂传播未成年人视频案》,《环球时报》2020 年 3 月 23 日。
② 《韩国网站被批"放水"色情内容不对未成年人设限》,http://yue.ifeng.com/haiwai/detail_2013_10/28/30728362_0.shtml。

产此类产品利润为 6 000 亿日元(约 470 多亿元人民币)。但激烈的市场竞争使得日本动漫越来越追求感官刺激,一些色情漫画以未满 18 岁的少女裸露身体、性爱场面等为卖点,而青少年恰恰是这些漫画作品的主要消费群体。实际上,新法实施并未产生多少明显约束效果,相关书籍和漫画影像依然在广泛传播,漫画中比基尼等暴露程度较高的半裸孩子照片、图片等儿童色情内容依然合法,相关的 DVD 及写真集也仍在公开销售。2015 年 10 月联合国《儿童买卖、儿童卖淫、儿童色情》报告员莫德·德布尔-布基乔(Maud de Boer-Buquicchio)在为期一周的日本视察之后,面对记者招待会表示:"这些东西全部都明摆着进行销售。我比较忧心的是:日本社会对于这种现象进行了允许和纵容。""对于特别过激的儿童色情漫画应当予以禁止。"①

2006 年 1 月 13 日新华社转引《朝日新闻》报道,日本警察厅一份报告提供数据,2005 年 1 月至 11 月日本涉及拍摄色情图片或录像的 18 岁以下儿童共有 238 人,比 2004 年同期的 70 人明显增多。2005 年前 11 个月警方一共查处了 441 起涉及儿童色情业的案件②。另据日本警察厅 2013 年的报告,全年共查处 1 644 宗网上儿童色情制品违法案件,这是 1999 年《儿童色情法》颁布以来查处违法案件最多的一年。环球网引述共同社 2015 年 3 月 27 日报道,日本警察厅 2015 年公布的统计数据显示,全国警方 2014 年查处的制造传播儿童色情的案件共涉及 746 名受害者,较上年增加 15.5%,人数创下 2000 年统计案件数据以来的新高。查处案件数 1 828 起也创下新高,较上年增加了 11.2%。警方确认这些受害者未满 18 岁,警察厅有关负责人表示:"查处的案件只是冰山一角。"据警方介绍,受害者为 76 名男孩和 670 名女孩,学龄前儿童有 138 人,还有 1 人未满周岁。在学龄前的受害者中,约占 7 成的 97 人被拍摄了遭强奸或猥亵时的情景,部分案件中受害者的身份未能查明。受害者通过智能手机与犯罪分子结识的有 313 人,占受害总人数的四成③。

---

① 《联合国呼吁日本禁止儿童色情漫画》,http://news.cnr.cn/gjxw/gnews/20151028/t20151028_520302611.shtml。
② 《日本:"网络交友"成色情陷阱 诱发未成年人犯罪》,http://www.ce.cn/xwzx/gjss/gdxw/200601/13/t20060113_5814885.shtml。
③ 《日本警方 2014 年查处的制造传播儿童色情的案件数创新高》,https://world.huanqiu.com/article/20150327/9CaKrnKj2E6。

日本社会的儿童色情法治存在诸多阻力,同其特定的社会文化环境密切相关。法律的生命力在于植根的社会文化,法律效力不可能完全独立于社会文化的道德价值取向。日本社会长期以来所盛行的性开放态度及某种程度存在的恋童心理,使得日本一直到 1999 年才正式颁行治理儿童色情的法律,而世界其他许多国家早已出台禁止传播儿童色情的法律。日本刑事法律只禁止与未成年人发生性关系,但未成年人的年龄却被界定在 12 岁以下,拍摄或制作黄色下流的儿童影像则是法律管制真空地带,对于网络儿童色情总体上采取了消极默许的措施。即便近年来相关法律如《儿童色情法》《交友类网站限制法》《青少年网络规范法》《青少年育成条例》等得以修订或制定,但都引发了明显的舆论抵触,政府对儿童色情自由扩散的收缩法治手段并未得到社会的充分认可与支持。

20 世纪 70 年代,日本社会对未成年少女的裸体写真集的公开出售习以为常。由摄影人剑持加津夫拍摄的第一本少女裸体写真集《Nymphet·12 岁的神话》获得社会的高度青睐,为写真集担任模特的画家梅原龙三郎的孙女梅原多绘仅为 12 岁。该裸体写真集催生了一批少女裸体写真集,如小川胜久为星阳子拍摄的《初恋·十六岁》、大山谦一郎以 11 岁少女大上亚津佐为模特拍摄的《光中的少女》等。早期少女裸体写真强调艺术性,不以性挑逗为目的。70 年代末"萝莉控"的社会情趣兴起,少女裸体写真逐渐变味,不少作品明显存在迎合"恋童癖"的倾向。尤其"萝莉控"通过动漫形式成为流行文化,这一戏谑性的措辞人为地淡化了性违法的本质,赋予了"恋童心理"某种合法性。1999 年政府制定《关于儿童买春、儿童色情制品等相关行为的规制及处罚》(简称《儿童色情法》)的目的就在于遏止这种日益突出的"灰色地带"电子文化产品与网络扩散。如触犯该法,将被处以 100 万日元(约 5 万人民币)以下的罚金,或者 1 年以下的拘役。但开放的性文化观念面对"什么是儿童色情"就提出了太多的合法性质疑:"成年人穿水手服拍 A 片算违法吗?""二次元的儿童色情漫画、游戏禁不禁?""存自己小孩的裸照也是犯罪?""具有艺术性的少女裸体写真呢?""小男孩的情况要分开考虑吗?""只要出现儿童裸体镜头的电影就算作儿童色情影片?""未成年穿泳装拍摄的照片、视频算色情制品吗?""如果以观看方是否产生性兴奋来判定的话,那有些变态看到电视上奥运会未成年游泳选手都会兴奋啊,难道连游泳比赛都要禁掉?"日本法学界对待儿童色情也存在相反的看法:一种主张是将儿童色情制品的消费者视为潜在的性犯罪者,认为普通人也可能在看过儿童色情制品后被诱发犯罪冲动,应从严管制。诸如某些人利用儿童的无知为其拍摄明显带有性挑逗色彩的照片却可以逃避法律的制裁,小学生偶像、低龄写真明星、儿童选美活动等助长人们消费"儿童美色";另一种主张则认为过于严格的管制(比如禁掉漫画、游戏等)将使得恋童癖者的欲望无法通过合法渠道发泄,反而增加恶性犯罪①。持反对观点者认为"有没有实际的儿童受到伤害"才是问题的关键所在,一些显然属于艺术范畴的少女裸体写真被当作儿童色情制品封禁,部分儿童裸模明明不是出于色情目的参与拍摄也被贴上了儿童色情受害者的标签并可能受到舆论的二次伤害。但该法仍然为二次元中的儿童色情创作留下了生存的空间。社会舆论呼吁,无论是漫画、动画还是游戏,归根结底都仅仅是虚构的"图画"而已,和给儿童拍裸照、猥亵儿童不同,在画画过程中并没有实际的儿童受到侵害。如果一张画也可以让人获罪的话,势必将引起创作者的恐慌,如萌文化变得名存实亡,日本二次元创作大国的经济不可能不受影响。最终,《儿童色情法》规定,禁止出版或在网上发布未满18岁的儿童裸像,偷拍或制造儿童色情制品视为犯罪,二次元创作物除外。

尽管日本颁布了管制儿童色情的这项重要法律《儿童色情法》,规定禁止占有关于儿童性侵的图像,但只要未拍照儿童的生殖器,仍然可以规避法律的惩罚。日本参议院2014年6月通过了《关于儿童买春、儿童色情制品等相关行为的规制及处罚》修正案,规定单纯持有儿童色情物属于违法。"单纯持有儿童色情物"是指拥有符合《儿童色情法》范畴的照片、视频,即便是在电脑当中以数据形式存在,视为拥有行为。符合《儿童色情法》范畴的对象是指"儿童身体只有一部分衣服或者全裸从而引发他人性兴奋的物品""刻意露出和强调儿童的性特征部位(性器官或者周边部位,臀部或胸部)"。法律保护范畴是"真实存在"的儿童,电脑技术合成的动漫二次元文化并不包含其中,但动漫内容充斥的未成年角色的色情元素非常突出。该项法律旨在防止对现实中的儿童进行性方面的榨取和虐待,禁止的是持有真实儿童色情影像。如何理解法律规定的"持

---

① [日]千叶正士:《法律多元:从日本法律文化迈向一般理论》,强世功等译,中国政法大学出版社2007年,第291页。

有"，也存在诸多争议，如不存储在个人电脑设备里而是上传到网络服务器中是否违法，尤其是存储在海外服务器里？或者当他人或陌生人单方意志地向某人传递儿童色情物品的情况是否算是持有①？这些质疑的目的更多地在于相关商业势力为市场份额庞大、风头正劲的"儿童性化"二次元动漫产品获取合法性空间。

2003 年 9 月起实施的《交友类网站限制法》规定，利用交友网站进行以金钱为目的的，与青少年发生性行为的"援助交际"属于犯罪行为，使用交友网站发表希望援助交际的信息将被处以 100 万日元以下的罚款。青少年发布该性质信息将被送至关押少年犯的家庭裁判所。交友类网站的广告宣传应明示禁止儿童使用，如有儿童使用则必须向儿童传达禁止使用的明确告示。如果在告知情况下儿童依然使用，则网站应通过电话从声音上判断使用者是否为儿童身份，并要求使用者提供照片或提供身份证明以判断年龄。网站违反上述规定开设交友网站的业主将被处以最高 6 个月刑期，并罚款 100 万日元。且日本各级警察部门都公布了举报电话，在受警方委托的团体协助下，警察部门监控网站、论坛有关信息，实施"网络巡逻"以配合该法律得以实际落实。此外，日本于2008 年 6 月通过《青少年网络规范法》，明确了 3 类"有害信息"，包括"诱使犯罪或自杀的信息""显著刺激性欲的信息"和"显著包含残忍内容的信息"，并要求通信提供商和网络服务商就这些信息设置未成年人浏览限制。针对儿童色情犯罪，日本 2010 年 7 月通过《杜绝儿童色情综合对策》。这些法律禁止的均为现实中的青少年免遭色情的侵害，并不涉及虚拟的各种儿童色情信息的自由扩散。

日本地方立法方面，1964 年东京都通过了《青少年育成条例》，主要限制 18岁以下青少年接触淫秽色情印刷出版物，减少对儿童的伤害。为适应互联网环境的监管，该条例 2010 年被修订。修正案规定动漫或电玩作品中凡是出现儿童角色，不必要呈现赤裸裸的性行为，只要与暴力、性行为有关，该作品就被纳入管制范围。这是日本的法律首次对动漫产品中"儿童角色"涉黄做出的规制。但网络上进行的一项调查显示，有 60％的投票者不支持这一修正案。在修正案审议过程中，社会舆论就出现了诸多意见：成年人穿上中学生校服进行性表

---

① 陈根法：《当代日本法学思潮与流派》，法律出版社 2005 年，第 43 页。

演,这是否在管制之列? 真人是可以比较准确地判断其是否超过18岁,对于漫画中的人物,又如何判断其年龄呢? 如果仅凭"看似儿童",如何确保避免执法随意性? 漫画里有穿泳装的儿童算不算色情作品? 如果儿童穿泳装就涉嫌色情,游泳池岂不成了色情场所? 日本社会对该修正案所表达的抵触情绪,根本原因还在于社会整体层面上性观念因素。漫画家细川的想法具有代表性:"议员们投票支持法律通过,是不会犯错误的。就像主张对抽烟的人收重税一样,谁也不能说这在道德上不对。但是否合理则是另外一回事。总是喝纯净水,难道就能换来健康吗?"修正案通过是否意味着能够有效执行,才是问题所在①。但另一方面,日本政府亦采取相应的监管措施,如2009年6月制定《根绝儿童涉黄信息的重点程序》:在警察厅设置图像分析班,强化信息分析功能;向外国搜查机构引进新的搜查手法,加强与外国搜查机构的合作;加强网上巡逻,加大力度检举有害信息制造团伙;与网络运营商加强合作,与管理网上名录的团体加强信息沟通;专门设立互联网和热线中心,呼吁网络使用者检举有害信息,根据检举继续实施消除有害信息。

二、美国:倚重司法确立儿童色情标准

(一)儿童色情的司法认定及法律标准

电视媒介时代,美国对有害儿童身心健康内容的监管采取行政、司法管理相结合,行政管理在电子媒介规制方面占有重要位置,联邦通讯委员会(FCC)是主要的执法主体。2004年的《美国有线电视法》规定,通过任何频道提供公开描写性的成人视频节目或其他淫秽节目的提供商,应当对该类节目的视频或音频进行加扰或阻断,以便使非订户不接触该内容。在视频节目提供商没有满足上述要求之前,该提供商应限制儿童接触该类节目的机会。根据联邦通信委员会的规定,在大量儿童有可能观看节目的时间里,不得播放该类节目。违反规定而被联邦通讯委员会处以罚款的非"内容审查"事件多有发生。因为内容不雅可能构成未成年人伤害而被行政处罚的典型个案,非"哥伦比亚广播公司(CBS)直播女歌手珍妮·杰克逊裸胸事件"莫属。由于涉事的体育赛事直播节目是全国性播出的不分级电视节目,这一"不雅"瞬间导致联邦通讯委员会对哥

---

① 《日本扫黄遭遇性观念障碍》,《环球人物》2010年12月30日。

伦比亚广播公司开出 55 万美元的罚单。2006 年 FCC 负责人凯文·马丁在对
CBS 公司的罚款声明中强调：无论是对个人，还是对整个机构的罚款决定，都
表明 FCC 在兑现它的承诺，整肃法律，禁止电视台播放淫秽内容①。在 2004 年
2 月美国举办第 38 届橄榄球超级争霸赛中，中场休息间隙，女歌手珍妮·杰克
逊和人气偶像贾斯汀·蒂姆伯雷克在演唱一首歌曲结束时，贾斯汀根据事先的
编排，将珍妮上衣扯开，珍妮的胸衣脱落，右边胸部全部走光。哥伦比亚广播公
司(CBS)直播人员及时切换了镜头。两位当事人公开解释，决非有意为之，只
是一个意外，表示对任何因此而感到不满的人致以歉意。一些业界人士则认
为，这一意外并非"无意"，而是典型的炒作。有媒体表示，珍妮·杰克逊为了即
将推出的个人专辑，故意拿此次超级赛当做炒新闻的宣传手段。贾斯汀当时所
演唱的歌词中就有"我将让你裸体"这样的句子。珍妮的官方网站事后收到了
无数愤怒的帖子②。"裸胸"事件引起了美国社会舆论的严重抗议，美国联邦通
讯委员会(FCC)主席麦克鲍尔认为，珍妮·杰克逊与贾斯汀的表演方式是"低
级且应该受到谴责的""我们国家的儿童、家长以及公民有权享有更好一点的演
出"。白宫发言人专门召开新闻发布会，向媒体表明白宫的立场："白宫的意见
和美国大多数家庭一样，这种低级的、庸俗的镜头出现在青少年面前，的确有非
常恶劣的影响。"③

　　美国法律对淫秽、儿童色情、猥亵三类表达加以规制，其中淫秽、儿童色情
是明确禁止的，而猥亵内容对未成年人也是禁止的，只有成年人接触是合法的。
对儿童色情扩散的禁止是明确的，联邦最高法院允许各州制定弹性的反淫秽法
律，在淫秽问题上可以确立双重标准，分别适合于成年人、未成年人。这一理念
形成于 1968 年的"金斯伯格诉纽约州案"的判决。1982 年的"纽约州诉费伯
案"中，联邦最高法院判决无论材料是否符合米勒案的标准，只要是表现儿童实
施性行为的材料，政府就可以禁止传播该项材料。而儿童色情材料不必局限于
米勒标准，这些材料可以不必是法律意义上的淫秽材料。1996 年国会通过《防
止儿童色情法》(《儿童色情预防法》)，规定禁止以计算机生成的形象代替真实

---

① 中国广播电视年鉴编辑部：《世界各地广播电视反低俗化法规资料汇编》，中国传媒大学出版社 2008
　　年，第 57 页。
② 萧扬：《珍妮·杰克逊为裸胸道歉 美公众不依不饶》，《北京青年报》2004 年 2 月 4 日。
③ 王佳莹：《珍妮·杰克逊：昔日一露悔终身》，《新快报》2006 年 10 月 9 日。

儿童的性行为。依据联合国《〈儿童权利公约〉关于买卖儿童、儿童卖淫和儿童色情制品问题的任择议定书》第 2 条的规定,儿童色情是指以任何手段显示儿童进行真实或模拟的露骨性活动或主要为诲淫而显示儿童性器官的内容。在欧盟和美国等 30 个国家共同起草的《网络犯罪公约》(2001)中,"儿童色情描写"也被框定为:有未成年人参与的明显的性行为;有装扮成未成年人参与的明显的性行为;表现未成年人参与的明显性行为的真实影像。儿童色情犯罪被定义为包括一切在电脑系统生产、提供、发行或传送、取得及持有儿童的色情资料,此项规定是泛指任何利用电脑系统进行的上述儿童色情犯罪行为。

美国关于儿童色情的法律禁止从未有过犹豫,因为在政府或联邦最高法院看来,不管色情如何定义,为了制造儿童色情,有人必须去腐蚀或伤害儿童。考虑到色情对儿童造成伤害和儿童的易伤害性,儿童色情在法律上是应该被禁止的。尽管现在制造儿童色情的手段正在改变,电脑动画技术所制造的"虚拟儿童色情"在制作过程中并不需要直接伤害儿童,但不管儿童色情是如何制造的,它都能间接伤害现实生活中的儿童,因为这些资料可能会激发并影响色情犯罪,而这些犯罪行为会对儿童造成伤害,它们会提高儿童色情犯罪率①。美国有关互联网淫秽、色情禁止的立法分为联邦立法和各州立法,立法的基本原则采取儿童和成人差别对待,严禁儿童通过网络接触只能成人才可以接触的内容。其中涉及网络色情的联邦法律如《通信内容端正法》(该法成为《电讯传播法案》一部分)规定,在未满 16 岁的未成年人接触的网络交互服务和电子装置上,制作、教唆、传播或容许传播任何具有猥亵、低俗的内容(包括言论、询问、建议、计划、影像或其他),均被视为犯罪,违者被处以两万五千美元以下的罚金,两年以下徒刑,或两者并罚。又如 1998 年国会通过的《儿童在线保护法》限制 17 岁以下未成年人通过互联网接近任何被认为不适合未成年人的内容,即淫秽的、下流的、挑动情欲的、猥亵的、过分暴力的、骚扰性的或者其他令人讨厌的裸体与性行为的内容,规定商业性的色情网站不得允许 17 岁以下的未成年人浏览"缺乏严肃文学、艺术、政治、科学价值的裸体与性行为影像及文字"的内容。第一次违反者将被处以五万美元以下罚金,六个月以下有期徒刑,或者两罚并用,并可每天一罚。1998 年《儿童在线隐私保护法》亦规定,"任何人在州

---

① Joel Feinberg, Pornography and the Criminal, Pittsburg Law Review,1979(56).

际或对外商业中,通过互联网络故意的为商业目的传输任何对未成年人有害的资料,而没有根据相关条款限制未成年人接入这样的资料,将被处以 5 万美元以下罚款或 6 个月以下监禁,或罚款并监禁。"该法将"有害于未成年人的材料"界定为:"任何通讯、照片、图像、图形文件、文章、录音、著叙或其他任何物质,其内容猥亵或者①普通人按照当前的社会标准,并考虑到未成年人的状况,可能认为就其整体而言是旨意在引起或迎合淫欲的;②对未成年人而言,是以某种明显令人厌恶的方式描写、绘制或表现某种实际的或模拟的性行为或性接触,正常的或反常的性行为,或男性生殖器官、成熟女性乳房的猥亵的展示;③从总体上说,对于成年人缺乏严肃的文学、艺术、政治或科学价值。"而 1996 年的《防止儿童色情法》(或《儿童色情预防法》)则适应新的情况对"儿童色情"予以拓展解释:"任何对性行为的明确描述,包括照片、电影、录像、图片、计算机或计算机生成的图像或图片,无论是否通过电子的、机械的或者其他方式制作或生成的,如果这样的视觉描绘的物品涉及从事色情行为的未成年人,或者这样的视觉描绘是,或者看起来是关于从事色情行为的未成年人,或者这样的描绘通过创制、采纳或修改,能够认出从事色情行为的未成年人的身份,或者这样的描绘通过一种传达了该资料是或包括了从事色情行为的未成年人的视觉描绘的印象的方式进行广告宣传、促销、展示、描述或分发。"虽然其中的少数用语"看起来是""传达某种印象"可能造成解释上的问题,但一些法院的判决认为该用语已经足够具体,所指代内容足够狭窄,以内容为基础,通过挑出并禁止特定种类的表达、儿童色情,能满足国会保护儿童不受色情内容侵害的意图①。

美国自 20 世纪 70 年代开始关注的"米勒标准"所指的淫秽物品并不包含未成年人性行为内容的成年淫秽物品。对于包含有 16 岁以下未成年人性行为的淫秽物品,联邦最高法院在 1982 年"纽约诉费伯案"中强调,政府有权利禁止儿童色情的销售、传播与展览,即便其不满足法律所规定的淫秽标准。联邦最高法院主张:①就保护未成年人的心理和生理健康而言,各州有着迫切的利益;②包含有儿童赤裸裸的性活动的图片和影像与虐待儿童之间有着密切的关系,此类资料永久地记录了他们的性活动,它们的流通必然会给他们造成伤害;③儿童淫秽物品的宣传和销售是生产此类物品的经济动机所在,在全国范围内

---

① U.S. v. Hilton, 167 F 3d 61(1ᵗʰ Cir. 1999); U.S. v. Acheson, No. 98-3559(11ᵗʰ Cir. Nov. 12, 1999).

均构成违法;④包含有儿童性活动内容的现场表演或者图像制品几无价值,即便有也是微不足道的①。联邦最高法院一再确认,儿童色情不属于受保障的言论,应当排除在宪法第一修正案的保护范围之外②。

20世纪60、70年代,利用未成年人制作淫秽、色情材料牟取商业利益成为美国社会比较突出的问题。作为遏制的手段,纽约州开始立法禁止任何人散播描述16岁以下未成年人性方面的材料,包括实际的和模拟的性交、变态性交、兽交、手淫、性虐待,或淫荡地展示未成年人的生殖器,也包括禁止向16岁以下未成年人散播成年人的性表演材料。如"金斯伯格诉纽约州案"(1968年)中,被告金斯伯格是一家文具店的经营者,其向16岁男孩出售两本《妓女》刊物,违反了纽约州的立法禁止条款,故意向少年出售描述性裸体的图画照片的规定,被州、联邦最高法院确定构成犯罪③。法院认为,淫秽内容认定随读者年龄而异,该杂志对成年人不属于淫秽物品,但依据州法律规定,有权限制青少年接触性内容的刊物。布伦南大法官认为,国家对于控制儿童行为的权力大于对于成年人的权力④。针对70年代有增无减的对青少年的性剥削与滥用的势头,1977年国会制定了《保护儿童免受性剥削法》,规定对被判有鼓励或胁迫青少年为任何形式的静物拍摄或电影拍摄提供赤裸裸的性行为的人给予严厉的罚款或处罚惩治。对该法国会通过了1984年、1986年、1988年修正案,大幅度增加了儿童色情定罪的数量⑤。在1982年"纽约州诉费伯案"中,法院再次明确支持完全禁止向16岁以下儿童播放描写性行为的影片,不论该影片在"米勒标准"下究竟是否属于淫秽。联邦最高法院大法官怀特陈述法院意见时表示:国家对于在身体和心理方面保护未成年人具有强制性的利益,一个民主社会的好坏取决于它是否能够保障年轻人持续健康地成长为完全成熟的公民。我们坚持认为,即使是在涉及宪法权利的敏感领域,立法仍然应当致力于从身体上和心理上保护未成年人。防止对儿童的性宣传和性虐待对政府来说是极其重要

---

① New York v.Ferber,458 U.S.747,102S.Ct.3348,73 L.Ed.2d 1113(1982).

② Yaman Akdeniz ,Internet Child Pornography and the Law: National and International Responses, Ashgate,2008,95; Erwin Chemerinsky, Constitutional Law, WoltersKluwer,1386,2009(3).

③ T.巴顿·卡特:《大众传播法概要》,黄列译,中国社会科学出版社1997年,110页。

④ [美]唐纳德·M.吉尔摩等:《美国大众传播法:判例评析》(下),梁宁等译,清华大学出版社2002年,591页。

⑤ T.巴顿·卡特:《大众传播法概要》,黄列译,中国社会科学出版社1997年,114页。

的,可以说所有的州都通过了禁止和反对儿童色情刊物的法律。立法上判断这类色情刊物的标准是以儿童作为色情内容的对象从而对儿童造成心理上、情感上和精神上的伤害。宪法第一修正案并不能阻止禁止出售儿童色情刊物的立法①。

2000 年前后,美国集中颁布了多项立法,致力于维护未成年人网上权益、保护他们的网上安全,其中包括《儿童互联网保护法》《儿童色情内容防止法》等。如 1998 年通过《儿童网上隐私保护法》禁止网站未经家长同意擅自获取儿童姓名、住址、电话号码等个人信息,以免给不法分子造成可乘之机。美国政府部门还成立专门机构保护未成年人网上安全。司法部出资成立打击儿童网络犯罪特种部队,为各州和地方有关行动提供技术、设备和人力支持,帮助培训公诉和调查人员,开展搜查逮捕行动,协助案件侦缉。联邦调查局专门立项辨认网上发布的儿童色情图像,调查有关不法分子,对其进行法律制裁。联邦调查局、美国邮政、海关部门经常联手或协助执法部门的有关行动。进入 21 世纪以来,美国已成为严格治理网络空间儿童色情犯罪行为的国家之一。国会 2000 年 12 月颁布的《儿童互联网保护法》规定,通过互联网向未满 18 岁的青少年传播色情内容构成犯罪。如 2001 年,美国司法部摧毁了全美最大的亵童网站,逮捕了 100 多名涉案人员,其中两名责任人分别被判处终身监禁和 14 年有期徒刑②。又如 2003 年,美国一名新闻机构记者保罗·斯林格因下载 200 张儿童色情图片被捕入狱。斯林格的辩护律师称当事人只是在离婚后心情极度压抑时才访问了色情网站。但法官里查德·霍金斯认为,下载这些图片说明被告人具有鼓励儿童性犯罪倾向,尽管他并没有将这些图片进行复制或传播。保罗·斯林格被判令登记在美国《性侵犯登记册》中 10 年,终身不得参加与儿童相关的工作③。2006 年,美国男子格雷戈里·米切尔因犯有制作、拥有和销售未成年人色情资料和经营儿童色情网站等罪名,被判入狱 150 年。弗吉尼亚州检察官谢里·斯蒂芬认为,米切尔先前就因拥有儿童色情出版物被定罪,系危险的

---

① 唐纳德·M.吉尔摩等:《美国大众传播法:判例评析》(下),梁宁等译,清华大学出版社 2002 年,592－593 页。

② 《西方国家严打网络色情》,http://www.cnr.cn/20091023/n267673709.shtml。

③ 《美国前路透社记者因下载儿童色情图片被捕》,http://tech.sina.com.cn/me/roll/2003-06-21/0803200727.shtml。

"性掠食者",应当被重判。最终,米切尔被罗阿诺克联邦地方法院判刑 150 年①。2003 年起,名为"提倡保护儿童网站协会"的非政府机构通过与社会热心人士合作,举报和查证各种儿童色情网站。他们对被举报的色情网站的服务器、收费方式、IP 地址、拥有者等信息进行分析,发现有关儿童色情内容就立即向美国联邦调查局、全国失踪和受虐儿童中心等政府机构报告。该协会成立以来已经分析了 47.5 万个色情网站,并向政府机构举报了 7 800 多家涉及儿童色情的网站。在当下的美国,防治儿童色情已经成为政府与社会共识,而以刑事惩治手段为主导,政府、社会、企业多种力量共治网络儿童色情成为常态。但回溯立法与司法的历史,在较长的一段时间里对于儿童色情的法律规制问题经历了一再的反复与波折。问题的纠结在于除了明显的淫秽内容之外,色情材料对于成年人是可以自由接触的,不得以色情材料对于未成年人可能造成的伤害而采取法律禁止手段,只有儿童色情是法律禁止的。联邦最高法院的一些判例表明,直接向未成年人提供色情淫秽内容应当加以管制。而另一些判例也表明,直白的性描写材料或色情材料对成年人而言属于宪法第一修正案的保护范畴,这些材料可以在成年人之间自由传播。如果该类材料向未成年人提供或传播则被禁止,因为"未成年人缺乏足够能力做出第一修正案保障的自由选择,政府在使未成年人远离色情信息方面具有合法利益"②。

(二)儿童色情标准适用的宪法价值争议

在互联网出现之前,美国对淫秽、儿童色情及猥亵内容的标准确立有过不少的个案裁决与争论,表现为对未成年人的保护方面是否存在因为"过度限制"而损害成年人言论自由权的问题。而互联网环境下,政府试图通过立法管制互联网扩散的儿童色情内容更是争议频繁,部分立法因为违反宪法第一修正案的言论自由精神而被社会多次提出诉讼,尤其针对涉及保障未成年人的权益的《通讯内容端正法》(1996)、《儿童色情预防法》(1996)、《儿童在线保护法》(1998)、《儿童互联网保护法》(2000)的实施,可谓诉讼不断,法律条款稍有瑕疵,即面临被废止的处境。

---

① 《美国一男子因经营儿童色情网站 被判刑 150 年》,《长沙晚报》2006 年 7 月 17 日。
② Thomas Emerson, Toward a General Theory of the First Amendment, in Kent Middleton & Roy Mersky, Freedom of Expression: A Collection of Best Writings, Williams, Hein and Co., Buffalo, 1981, pp.136,195.

政府较早通过立法手段限制成人色情内容通过互联网传播,以防止色情内容对未成年人产生不良影响,但最终被联邦最高法院裁决违反宪法第一修正案的,是 1996 年 2 月颁布的《通讯内容端正法》。该法使用了"粗俗不雅传送""明显冒犯性的展示"措词,前者指故意向未满 18 岁的未成年人传送粗俗猥亵的信息内容,后者指故意让未满 18 岁的未成年人取得根据当下社区标准属明显冒犯性的方式描述性行为或性器官等的信息内容。同年 6、7 月间,费城地方法院、纽约州联邦法院均认为上述条款影响到受宪法保护的成人材料的传播,对"粗俗不雅""明显冒犯性"定义过于宽泛,两地法院先后裁定该法不应施行。费城地方法院做出裁定后,联邦政府司法部长珍妮特·雷诺将该案上诉至联邦最高法院,要求推翻费城地方法院的裁决,此即"美国公民自由联盟诉雷诺案"。1997 年 6 月,联邦最高法院对该案做出裁决:该法对于保护儿童免受不适当的言论侵害的规定过于宽泛构成违宪。同时,该案判决提供一种重要信号,即联邦最高法院首次将互联网视为"大众传媒属性",否认了政府认为应以管理电视媒介的方式管理互联网的策略。互联网应该得到与印刷媒体相同的宪法保护。联邦最高法院强调,"不可否认,我们一再地表明在保护儿童免于受伤害作用的信息影响方面,政府的确有其正当利益可言。但是,这一政府利益却不能作为正当化以非属必要的方式,广泛压制传播给成年人的信息的做法。"因此,决定该法律被废止的因素有:它规定的抑制言论的范围过于宽泛了;它的限制事项的语义含糊不清;政府的行为没有缩小拟规制的言论范围[①]。实际上,不允许法律做出的限制范围或人群的不适当扩大化,已有先例的判决,联邦最高法院在 1957 年"巴特勒诉密歇根州案"判决中强调,不能因为有些书籍内容会对未成年人产生不良影响,就禁止成年的普通民众接触该类书籍,保护易受伤害的群体不得成为限制他人权利的依据。被告巴特勒被指控向一位便衣警察出售含有色情描述的书籍,内容倾向于煽动未成年人从事堕落行为或倾向于使未成年人道德腐败。联邦最高法院的判决意见认为,密歇根州的反淫秽法违反了宪法第四修正案的"正当程序"条款,它使得该州的成年人群只能阅读那些适合儿童的读物,仅仅为了保护未成年人免受潜在的道德腐蚀,就禁止成年人阅读该类内容,无疑是损害了那些不应被损害的利益。

---

① 〔美〕劳伦斯·莱斯格:《代码:塑造网络空间的法律》,李旭等译,中信出版社 2004 年,第 213 页。

　　由于《通讯内容端正法》刚颁布即遭舆论非议,鉴于儿童色情的网络扩散亟待治理,1996 年,国会在修订原有的《联邦儿童色情法》基础上,颁布了《儿童色情预防法》。该法规定禁止使用计算机技术故意制作儿童色情,包括对真实的儿童的描述,并使之犯罪化。"儿童色情"是指任何对性行为的明确描述,包括照片、电影、图片、录像、计算机生成的图像或图片,无论通过电子的、机械的或者其他方式制作或生成的,如果这样的视觉描绘涉及从事色情行为的未成年人,或者这样的视觉描述是或者看起来是关于从事色情行为的未成年人,或者这样的视觉描述通过一种传达了该资料是或包括了从事色情行为的未成年人的视觉描绘的印象的方式,进行广告宣传、促销、展示、描述或者分发。该法禁止销售或传播以未成年人性行为为描述对象的内容的材料,包括计算机合成的"虚拟未成年人色情物品"。《儿童色情预防法》颁布后,美国公民自由联盟又一次以该法违反宪法第一修正案为由,向联邦第九巡回区上诉法院提起诉讼。该法院判决《儿童色情预防法》违反宪法第一修正案。此案件上诉至联邦最高法院,此案即"阿什罗夫特诉美国公民自由联盟案"。2002 年 4 月,联邦最高法院支持了联邦第九巡回区上诉法院的判决,认为该法有违宪法第一修正案的精神。联邦最高法院大法官安东尼·肯尼迪撰写的多数意见认为,该法有可能抑制具有明显艺术或文学价值的言论,国会可以通过有效的法律保护儿童免遭性侵害,而且它也这么做了。但是,存在潜在的犯罪可能性这一点本身并不能证明压制受保护的言论是合理的[①]。1996 年之前,确定儿童色情的标准是参考"费伯案"标准。"纽约州诉费伯案"案中,曼哈顿一家成人书店的老板保罗·费伯出售给一名便衣警察两部完全偏重于描绘未成年男孩自慰的电影,被指控促进淫秽性和下流性表演。州地方法院判决不构成淫秽性表演的罪名,但下流性表演有罪指控成立。1982 年,联邦最高法院在该案裁定中明确指出,包含儿童性行为的材料不属于言论自由,不受宪法第一修正案保护。成人淫秽内容的判断标准需要符合"米勒标准",但儿童色情不受此限制。对儿童色情材料的规制,州法律应该享有更大的自由裁量权。1996 年颁布的《儿童色情预防法》增加了两种被视为"儿童色情"的情况:一是"任何可视化描述,包括所有的照片、电影、视频、图片或计算机产生的影像或图片涉及或看起来是关于从事色情行

---

① 　约翰·泽莱兹尼:《传播法:自由、限制与现代媒介》,赵刚等译,清华大学出版社 2007 年,401 页。

为的未成年人",二是"通过广告、介绍、说明描绘轻微的从事色情行为的印象,以及任何露骨的形象"。美国公民自由联盟在诉讼中认为该法律扩大了儿童色情的范围,"看起来是""任何露骨的形象"的用语宽泛且模糊性大①。《预防儿童色情法》仅仅实施了7年,联邦最高法院在2002年"埃斯克罗夫特诉自由言论联盟案"中指出,《预防儿童色情法》的相关条款违宪,因为这些条款禁止合法的言论。政府保护儿童的利益并不是限制言论的正当理由。联邦最高法院援引"纽约州诉费伯案"(1982)指出,《预防儿童色情法》禁止那些并未记录犯罪行为也未产生被害人的言论。虚拟的色情物品在本质上与性虐待儿童并不存在关联。为弥补《预防儿童色情法》废止后的法律空白,2003年4月时任总统乔治·布什签署2003年《禁止奴役当代儿童的起诉救济和其他手段法》(简称《保护法》)。

在保护儿童免受网络有害内容腐蚀的舆论广泛支持下,1998年10月,国会又通过了《儿童在线保护法》,该法禁止商业网站故意向18岁以下的未成年人传输有害的材料,包括任何传播淫秽或"应用当代社区标准,材料整体上对未成年人是为了吸引或迎合淫欲"。任何提供网络服务和产品的组织或个人不得通过互联网电子联络(邮件、聊天等)的方法,搜索13岁以下儿童的姓名、家庭地址、电子邮箱、电话号码、社会安全号码或儿童父母的个人信息。所有网站必须要求网民在浏览"未成年人不宜"的信息时提供信用卡信息或其他能够证明自身已经成年的证据,对擅自允许未成年人浏览上述内容的网站,其管理者将被处以5万美元和6个月的监禁。但该法一经颁布就遭到合宪性质疑,美国公民自由联盟再次提出批评,认为"《儿童在线保护法》损害了商业信息提供者提供廉价、便利和广泛地向成年人提供内容的能力,这些内容对成年人来说是受宪法保护的,尽管对未成年人可能有伤害"。随后该法被多个联邦地方法院宣告违宪,2007年3月,联邦最高法院裁定该法的实施会导致禁止成年人或年龄较大的未成年人接收受保护的有益材料,包括便于艺术、科学、医学或性的信息。联邦最高法院维持了各联邦地方法院的判决,宣告其违宪无效②。2005

① Max Hailperin. Viewpoint: The COPA Battle and the Future of Free Speech, Communications of the ACM, 2009(1).

② Chuck Easttom & Det. Jeff Thaylor, Computer Crime, Investigation, and the Law, Course Technology, 2011(8).

年,联邦最高法院通过"奈克诉冈萨雷斯案",确立了"禁止通过互联网向 18 岁以下的未成年人传播淫秽内容",但对于淫秽内容之外的低俗内容,法律对互联网没有采取与电视媒体相同的审查标准,而倾向于采取平面媒体的政策,表达自由采取宪法标准。这意味着互联网低俗内容的治理成为非常复杂的法律问题。

(三)软件模拟儿童色情导致的司法困境

形成于传统媒体环境的法律对儿童色情材料的管制,除了文字作品,都是基于真实的儿童受害个体制作的图像材料。脱离现实的受害人个体,不法或犯罪行为难以被制止。如"纽约州诉菲波案"(1982)中,联邦最高法院的裁决仅仅规范那些涉及真实儿童的照片和影片,并不包含虚拟的图像。但突出的问题之一就是计算机模拟儿童色情制品趁法律规制的空缺而大行其道,这也是 1996 年国会颁布《预防儿童色情法》的原因。该法适应儿童色情传播的新情况,就儿童色情进行扩展性规定,将虚拟的儿童色情物品也纳入违法范畴。"儿童色情"被解释为:"任何看起来像描述儿童……的虚拟色情描写,或者任何以广告、促销、表现、描述、传播的方式给人们造成儿童从事性行为的印象的手段。"虽然《预防儿童色情法》因被联邦最高法院裁定违宪而被停止实行,但它所直面的法律问题将会引起永久的关注。目前的计算机技术尤其更换面部图像技术,能够制作与真实儿童无法辨别的合成图像,这会导致一种危险且恶劣的后果,即那些涉及儿童色情图像的案件中即使当真实的儿童遭受虐待时,被告人可能逃脱法律责任的追究。这种情况导致那些旨在保护真实儿童的儿童色情法律难以贯彻实施。而在一些案件中,法院可能要求控方排除合理怀疑地证明被告人知晓涉案图像中涉及的是真实的儿童,这种做法可能导致那些持有、接受和传播儿童色情物品的人员逃避惩罚,只有那些儿童色情物品的制造者才能得到惩罚。

"纽约州诉菲波案"(1982)审理时,计算机技术发展水平还未能达到制作与真实儿童图像没有差别的儿童图像的要求,不能够借助电脑或软件技术借助真实儿童的部分图像制作与真实儿童图像没有差别的合成图像,从而导致专家或办案人员无法认定是否使用了真实儿童图像的部分元素,或无法区分虐待真实儿童的图像与计算机合成的图像。直到"埃斯克罗夫特诉自由言论联盟案"

(2002)的审理,联邦最高法院指出,《预防儿童色情法》禁止了不该禁止的那些并未有记录犯罪行为或未产生被害人的言论,虚拟的色情物品在本质上与性虐待儿童并不存在关联。因此,《预防儿童色情法》被裁定为不符合宪法。但鉴于《预防儿童色情法》所禁止的不法或犯罪现象确实突出存在,2003 年 4 月时任总统乔治·布什签署了《禁止奴役当代儿童的起诉救济和其他手段法》(简称《保护法》)。《保护法》规定,如果明知任何类型的描写从事明确的性方面的行为的未成年人并且具有淫秽性的图像描述,或者描写正在进行或者看起来将要进行各种性交行为的未成年人并且缺乏严肃的文学、艺术、政治或者科学价值的图像描述,包括图画、卡通画、雕塑或者油画等物品,仍然制作、传播、接收或者为传播而持有的,或者意图从事上述行为的,都将按照联邦刑法典相关规定进行处罚,即判处 5 年以上 20 年以下监禁刑。在 2003 年《保护法》通过之前,国会曾经专门对儿童色情犯罪进行研究,得出如下共识:①淫秽物品和儿童色情物品不受联邦宪法第一修正案的保护,因此受到法律的禁止;②为保护儿童免受骚扰或者儿童色情物品制作者所实施的性奴役,政府肩负着重要的保护职责。政府有责任打击传播儿童色情物品整个链条的各个环节;③政府需要确保那些禁止儿童色情物品的刑法规范具有可操作性和有效性。实践中,最为便捷也唯一可行的执法手段可能就是通过对那些销售、广告宣传或者促销儿童色情物品的人员给予严厉的惩罚,从而取缔此类物品存在的市场;④现有的计算机技术已经能够使用真实儿童的部分图像制作与真实儿童图像没有差别的儿童色情材料,能够对真实儿童的图像进行伪装,并使之无法进行区分,同时还能够使真实儿童的图像看起来像是计算机合成的图像。许多刑事被告人辩解,他们所持有的儿童色情图像不是真实儿童的图像;⑤在互联网上流通的儿童色情物品通常表现为不同的文档格式,从儿童色情物品持有者处扣押的图像很少是第一手的图像,同时图像的转发能够导致图像发生改变,以至于专家也很难确定特定的图像描述的是不是真实的儿童。如果原始的图像是从纸质载体被扫描成为数码格式,该图像的鉴定工作就变得更加困难;⑥联邦最高法院对几起美国公民自由联盟案件的裁决中,所有的被告人都一致辩称,涉案的儿童色情图像是虚拟图像,因此要求控方提供证据证实涉案儿童色情图像中的是真实的儿童。儿童色情物品是性犯罪分子对真实儿童进行虐待的结果。儿童色情物品是性犯罪分子对儿童实施性虐待的副产品,而不是其主要目的。由于计算机制作真实的儿童图像更加容易并且成本低廉,现在没有证据表明这种做法将会终止甚至减少对真实儿童的性虐待或者对性虐待的视频记录;⑦为了确保那些旨在保护真实儿童的儿童色情法律得到切实贯彻落实,避免政府无法履行保护真实儿童的职责,有必要通过一部成文法禁止此类计算机虚拟的儿童色情图像。国会有必要采取行动确保儿童色情物品不再明目张胆地出现在网络上,并且避免儿童色情物品在网络上的传播愈演愈烈①。

(四)采取立法手段强制技术运用

由于宪法第一修正案倡导的表达自由已经深入人心,对淫秽、色情的管控在理论上必然面临同表达自由的冲突问题。虽然淫秽内容应当被法律禁止是没有争议的,但"淫秽"如何认定才能被为数不少坚定的"自由主义者"所接受,仍然困扰着司法。在对待色情处理问题上,如下观点具有广泛的代表性:在法律限制色情问题上,无论色情内容如何邪恶,与其说它是危险的事物还不如说它是扰民的东西。只有当色情内容被强加于不愿观看的成年人或孩子时,色情内容才成为该受法律限制和惩罚的东西。"只有在公众场合公开向非自愿的观众和孩子们展示色情内容才是该被禁止的。"如果拥有、使用或者展示明显的色情内容是被法律禁止的,违反这些法令会遭受惩罚或者监禁,这种对私人事务的强烈干涉是明显不妥的,除非有特殊的令人信服的理由。如果没有恰当的理由,政府使用强制性的力量,显然是不道义的②。如果把色情展览和色情出版物当成是干扰行为并应该被法律严格控制,就必须提出一些供以衡量的考虑条件,即在处理色情内容这种干扰行为时,应该既衡量这一行为给非自愿的观众带来的触犯的严重性,也要衡量被告的行为的合理性。其合理性决定于:①观众对材料所产生的反感程度和持续时间,非当事人对展示和描述的材料产生的可预期的反感程度(仅对异常敏感的人造成冒犯的行为不能视为非常讨厌的行为);②非自愿的人群可避免观看展示的容易程度;③观众是否出于好奇或者享乐的目的而自愿承担了被冒犯的危险。按照顺序可以把这些规则称作"干扰行

---

① 朱和庆、刘静坤:《美国儿童色情犯罪的法律规范:1996年〈预防儿童色情法〉有关内容》,《法律适用》2010年第7期。

② Joel Feinberg. Pornography and the Criminal, Pittsburg Law Review, 40 U.PITT.L.REV.1979(56).

为标准的延伸""合理的可避免性原则"和"自愿者原则"。适用这些原则来衡量色情作品发行人的行为合理性,则取决于:①对展示者个人的重要性和社会价值;②被质疑的行为是否有时间和地点的选择以减少对其他人的冒犯;③冒犯的程度。"自愿者原则"应优先于其他原则,如果色情影片放映者确保观看电影的人都是自愿购票的成年人,并且观众很了解将会看到什么电影是什么内容,那么放映者就不能被指控为违法。同样,禁止私情书籍在道义上也是不合理的,因为人们很容易就可以避免看到这些数字。潜在的读者不是"没有选择权的观众",所以"合理的可避免性原则"优先于其他原则①。所以,在对待色情的问题上,美国似乎采取了"自由放任"策略。以网络色情为例:据报道,美国境内服务器的色情网页在 2006 年就有 2.45 亿个,占全球色情网页总数的 89%。美国政府之所以未能"扫黄",很大程度上是因为美国宪法第一修正案保障公民的言论和出版自由,而这种自由被认为是包含传播一般"色情"内容的自由。政府若要对此种自由加以限制,必须拿出非常充分的理由,并且不得对公民权利造成过分的限制②。这也是美国涉及这方面内容限制的立法尽管非常谨慎但仍然难以摆脱被诉违宪的原因之一。所以,尽量避开纠结于宽泛、不明晰条款设计,转而采取技术手段阻隔对未成年人有害内容,成为互联网环境下美国政府重要的立法策略。

由于立法指导原则的约束,加之《通讯内容端正法》(1996)、《儿童色情预防法》(1996)、《儿童在线保护法》(1998)出台很快被诉讼先后废止,完全借助内容禁止的立法思路难以被"表达自由至上"的社会舆论环境所接纳,强制约束技术使用就更具有可执行性,而且技术使用导致的问题归于技术治理思路也名正言顺。1998 年国会通过的《儿童在线保护法》规定,基于商业目的的网站经营者应对青少年有害的内容采取一定的措施予以控制,使之不能为青少年所接触,否则需承担一定责任:或被处以 5 万美元以下的罚金或被判 6 个月监禁或两者并处。如果属于故意违反规定,则不法行为每持续一天就处罚一天,每天罚金不超过 5 万美元。2000 年颁布的《儿童联网保护法》则明显体现出政府策略的

---

① 〔美〕乔尔·鲁蒂诺、安东尼·格雷博什:《媒体与信息伦理学》,霍政欣等译,北京大学出版社 2009年,第 226 页。
② 郑海平:《"淫秽色情"与言论自由:美国的经验》,《东吴法学》2012 年第 2 期。

转变,侧重通过技术路径解决与互联网成年人材料相关的问题,规定从幼儿园至12年级的所有中小学校和公共图书馆所使用的联网计算机、包括教职工使用的电脑,必须安装防火墙或过滤软件,并采取其他措施以防止儿童接触到淫秽、儿童色情或者其他对未成年人有害的信息,强调在向未成年人开放的电脑上安装网络过滤或者屏蔽软件以防止未成年人接触到淫秽、儿童色情以及其他对未成年人有害的图片。政府对建立网络过滤技术系统提供资金支持,网络技术服务商在给学校和图书馆提供过滤技术服务时要给予优惠。任何因商业目的在互联网使用中导致未成年人接触有害信息的人,可受到不超过5万美元的罚款或不超过6个月的监禁。尽管该法一经颁布就遭到一些人权组织、图书馆协会和部分网络服务商的抵制,如2001年,美国图书馆协会提起诉讼,但2003年6月联邦最高法院裁定该法不违反宪法保障言论自由的原则,应予维持。首席大法官威廉·伦奎斯特撰写的多数意见认为,《儿童互联网保护法》是国会合法行使其权力来实现其保护未成年人的利益的,它并不侵犯图书馆和学校等公共场所中的用户的宪法第一修正案权利。该法只为那些安装了过滤软件的图书馆和学校提供资助,并不是对那些拒绝安装此类软件的场所的惩罚①。它避开了以往数次立法的"陷阱",不在法条中定义"淫秽""色情",选择运用技术的间接管制的思路。至2013年,已有24个州立法落实了相关政策,多数州的立法条款侧重规定上述学校应安装电脑过滤软件,防止未成年人接触到露骨的描写或勾画性的、淫秽的或者其他有害的信息②。

此外,针对未成年人的游戏涉及色情问题,各州采取了立法管制。如2005年10月加利福尼亚州州长签署了一项法律《数字游戏管制法》,禁止开发商和销售商将含有色情暴力内容的游戏销售给18岁以下的未成年人。目前为止,绝大多数州都已进行了这方面的立法。智能手机普及使用也带来了新的公共健康危机,美国政府目前尚未采取特别的立法整治措施,保护未成年人免受这些色情手机信息的侵害主要依靠手机运营商主动屏蔽手机中的色情内容。由于利益的驱动,一些手机运营商对此并没有严格执行,一些民间团体发出呼吁,

---

① 左亦鲁:《美国的互联网管制——以未成年人互联网保护为例》,《中国经济》2010年第4期。
② Children and the Internet:Laws Relating to Filtering, Blocking and Usage Policies in Schools and Libraries,http://www.ncsl.org/issues-research/telecom/state-internet-filtering-laws.aspx.

希望政府应立法禁止运营商通过手机色情网站的网络支付功能。商业法则面前,自律难以奏效,立法仍然是不可回避的手段。

(五)避免未成年人伤害的影视分级规制

政府对于传统的广播电视节目的管理主要采取两种措施,一是规定不适宜未成年人的内容只能在特殊的时段播出,二是实施播出内容的分级制度。1994年国会通过"安全港法案",该法案规定联邦通信委员会是负责监管的主体,淫秽内容不受宪法保护,不得以任何形式在广播电视机构播出。对具有一定价值可适合于成年人的涉及色情内容节目,用户可以通过订购收看,但不得被儿童接触。低俗内容只能限制在特定时间段播出,该时间段限定为晚12点之后至早上6点之前,即"安全港措施"。由于淫秽色情的影像内容比文字内容对未成年人的身心具有更大的刺激或影响,所以,政府对广播电视节目内容的管制更为严厉。节目分级可以说是最为常态化管理手段,美国电视节目分级制度自1997年1月开始实施,其法律依据则是1996年颁布的《电信法》。该法授权联邦通信委员会具体执行"电视分级制度"。电视分级和电影分级类似,以年龄为基础,用字母和数字作为标记,提醒家长该电视节目是否适合儿童少年观看。

根据规定,凡在美国销售的电视机都必须具备通过电子分级编码的方式遮盖相关节目的功能;强制业界对暴力、色情和其他淫秽内容建立分级系统,播放节目时主动发送提示信息。美国全国广播电视协会、美国有线电视协会和美国电影协会联合制定了"电视家长指导原则",将电视节目分为六个等级:适合儿童的节目包括两个等级,即 TV-Y(适合包括2~6岁幼童在内的所有儿童观看的节目)、TV-Y7(只适合7岁以上儿童的内容,或含有7岁以下儿童不宜观看的内容)。TV-Y7-FV:是 TV-Y7 的替代版本。当电视节目中含有相较于 TV-Y7 级别来说更多的虚构暴力画面时,会被评为 TV-Y7-FV。如多数针对美国儿童观众的译制日本动画就属于这一级;电视节目的其他四个等级包括:TV-14,即父母须非常小心,可能含有不适合14岁及以下儿童,节目可能涉及暴力、成人情节、不雅用语或者性题材的内容。该类节目一般在晚间9点以后播放;TV-PG,是指"建议家长提供指引"的电视节目,该类节目中有些内容可能不适合14岁及以下儿童,可能涉及少量的暴力、性题材和不雅用语,如一些在晚间9点以后播放的节目,包括一些电视剧和著名的夜间脱口秀,以及电视台播放的 PG-13 节目;TV-MA,节目可能含有不适合 17 岁以下未成年人或只适合成年观众收看,涉及暴力、性和裸露镜头和不雅用语内容。在免费电视频道中这类节目比较罕见,一些付费的电视频道和额外付费的频道在深夜可能会播放这类节目;TV-G,普遍级别的电视节目,适合所有年龄层,没有或极少涉及暴力、下流语言或关于性话题,该类节目虽不是儿童节目,但未成年人可以在没有大人陪伴下收看。根据该分级制度规定,除了新闻、体育以外,所有节目都必须按照六个标准定级,并由节目的原创生产者在节目制作完成时自行定级。分级情况应在每个节目播出的前 15 秒和插播广告后在屏幕左上角显示分级图标。播出机构有责任将节目分级情况通过当地报纸、电视节目预告报、有线节目指南、网站等媒介告知受众。

1997 年美国电视业在年龄分级基础上增加描述性的内容分级,进一步标示内容级别的图标,如在 TV-PG 中,D 代表含有性暗示的对话,L 表示含少量不雅粗鲁用语,S 说明含成人性行为图景,V 代表含部分暴力画面,FV 表示含有虚幻暴力内容。节目机构播出内容前应当予以描述性预告,并清楚说明节目中暴力和性内容的严重程度。1998 年美国电视分级制全面实施。为惩罚淫秽内容,1999 年 11 月联邦通信委员会成立执行局,专门受理公众监督投诉,有权吊销广播电视机构许可证[①]。

尽管如此,分级制和过滤技术对抵制广播电视低俗内容没有发挥如期作用,自 2005 年起,国会相继通过了《广播电视反低俗内容强制法》《淫秽与暴力广播电视内容控制法》《儿童友好电视节目法》《净化广播电视内容执行法案》《传播净化法案》等,加大对低俗内容的监管力度。如《广播电视反低俗内容强制法》加重了对广播电视淫秽、下流和色情内容的经济惩罚力度,《淫秽与暴力广播电视内容控制法》则细化措施避免儿童遭受电视淫秽内容、过度暴力内容的伤害,要求节目播出机构强化对特殊节目内容的警示,包括语言内容、性和暴力内容,警示形式要求为既可见又可听、节目开始时以全屏形式呈现三十秒时长且后续每三十分钟重复一次。《净化广播电视内容执行法案》规定所有公共广播电台和电视台在任何时间都禁止播出淫秽节目,特别在早 6 点到晚 10 点

---

① 中国广播电视年鉴编辑部:《世界各地广播电视反低俗化法规资料汇编》,中国传媒大学出版社 2008 年,第 21 页。

青少年可能接触的时间段,更严格禁止播出"不健康节目"。该法案对节目中出现淫秽语言或过度暴露身体行为加重了经济惩罚的力度,如单镜头罚款额从3.25万美元提高到32.5万美元①。

电影分级与电视分级有些类似,但电影分级制度的实施要早一些,自20世纪70年代就已经开始执行。按照美国电影协会的分级制度,协会下属"分类与评级管理委员会"负责对电影评级,评级目的是告诫家长影片是否适合于儿童少年观看。标级符号包括:G表示"一般观众"(1968年适用至今),即适合所有年龄,如2009年的迪士尼动画片《公主与青蛙》就是G级;PG代表建议家长指导(1972年适用至今),表示有些内容可能不适合儿童,如迪士尼2010年的3D影片《爱丽丝梦游奇境》就是PG级;PG-13是指警告家长(1984年适用至今),可能包括不适合13岁以下儿童观看的内容。如2009年的3D片《阿凡达》在美国影院的评级是PG-13,2010年上映的3D影片《诸神之战》也是PG-13;R表示限制级(1968年适用至今),即17岁以下必须由家长或成年监护人陪同,如2010年获奥斯卡最佳影片的《拆弹部队》是R级;NC-17则表示不许17岁以下未成年人观看(1990年适用至今),如2007年李安导演的电影《色戒》在美国影院上映时的分级就是NC-17。但NC-17的评级并不等同于"淫秽"或"色情",只是影片中的暴力、性、变态或吸毒等成人内容对未成年人刺激太强烈,可能产生显著不适感。

三、德国:趋于刑事政策治理儿童色情

"网络开始普及时,专家、学者对互联网及其政治文化的描述充斥着自由主义思潮,甚至接近于无政府主义。但这种意识形态的热情退潮,一种反对思潮油然而生。世界各国都在积极寻求治理的一席之地。"②近年来,德国已成为世界主要的网络儿童色情重灾区之一,对"传播和拥有儿童色情信息"的打击一直是遏制网络犯罪的重点。如2009年1月,德国警方采取治理行动,对德国16个州的465名嫌疑人进行搜查,没收644部手机、数百台电脑及1万多张光

---

① 时统宇等:《电视节目低俗化批评研究》,中国社会科学出版社2017年,第204页。
② [美]罗伯特·多曼斯基:《谁治理互联网》,华信研究院信息化与信息安全研究所译,电子工业出版社2018年,第199页。

盘和影碟。嫌疑人从互联网上大量下载儿童色情图片和视频,并利用多媒体信息服务手段向约 500 个未成年人手机用户发送此类内容。这是德国截至目前涉案人数最多的一起手机传播儿童色情团伙案件。为了打击网络渠道的儿童色情,德国采取了一系列执法行动。一是立法强化惩治力度,通过互联网散播儿童色情内容,将面临最高达 15 年监禁的处罚,在儿童色情案件中的受害者年龄界限也从 14 岁提高到 18 岁。二是设立专门应对网络儿童色情的"网络警察",联邦内政部和联邦警察局 24 小时跟踪分析网络信息,并调集打击色情犯罪专家和技术力量成立了"网上巡警"调查机构,对传播儿童色情信息实行 24 小时"网上巡逻",对网上出现的色情活动等进行追踪并固定犯罪证据。三是设立与网络服务商合作的"指挥中心",借助网络服务商的积极性纯净互联网,取缔或者关闭不法色情网站,被列入名单的危害青少年的网址将不会在搜索引擎中出现。强制网络服务商安装绿色软件阻止未成年人打开色情网站。如果未成年人进入了黄色网站,该软件将根据注册资料做出判断并立即切断网络[1]。

德国在打击儿童色情和互联网犯罪方面采取强硬的手段,内政部下属的联邦刑警局负责具体监管,"日夜不间断地、系统地分析对警方重要的内容,特别是儿童色情内容,同时视情取证、保留证据、提供证据"[2]。为保护未成年人免受或少受色情内容侵害,已通过多项立法手段对利用互联网和手机传播青少年(14 至 18 岁)色情和儿童(14 岁以下)色情内容予以追究。2017 年修订的《刑法典》第 18 条规定,拥有儿童色情内容者,可处最多 2 年徒刑,或处罚金;如传播上述内容者,可处 3 个月至 5 年徒刑,并不得以罚代刑;如系商业目的或者团伙犯罪,则可加重判处 6 个月至 10 年徒刑。该条款是德国惩治互联网儿童色情最常用的法律依据。2009 年,德国联邦议会通过《阻碍网页登录法》,主要规制互联网服务供应商遵守执行联邦刑警局每天更新的儿童色情网页禁入清单,采用技术阻隔未成年用户登录。德国的主要网络服务商已主动与政府签署协议,遵守法律规定。对此,有观点认为该法案不够严厉,应当彻底删除相关内容而非仅仅采取阻止登录网页,因为用户可以绕开技术障碍。这种更严厉的执法

---

① 《德国警方称网络色情危害高于暴力》,《环球时报》2010 年 1 月 8 日。
② 《德国如何打击儿童色情和互联网犯罪?》,http://news.cri.cn/gb/19224/2007/11/21/1062@ 1848542.htm。

可能难以协调各方利益，还有赖于相对妥协的立法与执法效果做出判断。作为法律监管手段的补充，2009 年 6 月德国刑警联盟联合"德国预防犯罪论坛"基金会，向德国政府提出加强互联网管理的新策略，即提供报警程序，对青少年通过互联网容易接触到未经过滤的成人色情、儿童色情等内容及时报警，并由刑警、心理学、社会学专业人士组成的专家组对警情分析，再将案件交由相关部门处置。

　　为解决社交媒体空间大量存在的违法信息，德国联邦议会于 2017 年 6 月通过《改进社交网络中的法律执行的法案》（简称《网络执行法》）。该法的执行改变了德国政府对网络信息内容监管偏重行业自律方式，代之以行政处罚强化社交媒体平台删除或屏蔽刑事违法内容包括色情信息伤害未成年人的法律责任。依据该法规定，无论国内或国外的社交媒体平台，必须承担如下义务：其一，报告义务。社交网络平台每年收到 100 份以上投诉的，应每半年制作一次报告，报告须在联邦公报以及自己网站主页上公布。其二，设立非法内容投诉的处理机制。社交平台应为所有用户提供易于识别、能持续利用的投诉程序，及时删除或屏蔽刑事违法内容。其三，确立责任联系人。第一种，应在平台公布周知的国内送达全权代表，负责接收行政处罚与法院诉讼文书；第二种，须设立两种国内联系代表，分别负责接受来自刑侦机关的询问、接受行政机关的处罚文书或法院的诉讼文书等，并应在 48 小时内答复询问。对于明显的刑事违法信息，平台除了与刑事侦查部门有约定的之外，须 24 小时之内予以屏蔽或删除。其他任何违法信息则需 7 日内予以屏蔽或删除，除非判断内容是否违法的决定依赖于某项事实性主张或其他事实性情形的真伪，或者社交平台已将违法与否的判决交给官方认可的第三方机构进行处理。而该法的"违法内容"被界定为符合《刑法典》若干特定条款确立的构成要件、具有违法性且无阻却违法事由的事项，其中包括《刑法》第 184 条"传播或获取儿童色情作品"。法律责任承担上，故意或过失违反上述法定义务，社交平台责任人将被处最高 500 万欧元的罚款，如果受处罚者是公司主体，依据《犯罪监管法案》有关规定，罚款数额最高可达犯罪主体为自然人的 10 倍金额①。而鉴于网络领域大量存在的儿童色

---

① 《优化社交网络执行法》，https://www.bmjv.de/SharedDocs/Gesetzgebungsverfahren/Dokumente/ NetzDG_engl.pdf? __blob=publicationFile&v=2。

情图片和视频,德国的州政府开始考虑运用人工智能技术自动识别网上的儿童色情内容。2020年1月16日德国媒体报道,德国下萨克森州内政部长皮斯托留斯在新闻发布会上介绍,拟于2月份启用的"神经网络"智能电脑程序能够初步筛选图像文件,并将嫌疑文件提交给办案人员甄别。这样有助于大幅减轻办案警察的工作负担,加快取证程序①。

四、英国:强化法治兼顾技术、共同体治理

英国是世界最早采取法律手段惩治淫秽出版物的国家,也是较早以刑事手段惩治淫秽出版物侵害儿童犯罪的国家之一。1959年的《防止淫秽出版物法》明令禁止公开具有可能导致包括儿童在内的读者腐化和堕落倾向的任何出版物。1978年《儿童保护法》则专门将拍摄、展示、散发或为此目的而持有儿童(未满16周岁,2003年的《性犯罪法》将16周岁修改为18周岁)有伤风化(恶的程度比"倾向于腐败和堕落"弱,陪审团采用的标准是"文明社会的公认礼节标准")照片规定为犯罪行为,可被处以最高三年监禁的刑事惩罚。根据该法,无论传播与否,拥有儿童色情图片就是犯罪。如果没有合法理由,故意下载儿童色情图片者最高可判处10年监禁。如果技术上无法确认图片的来源,网络服务提供商须从服务器删除该内容,否则将面临起诉。为增加保护儿童权益的力度,1988年的《刑事正义法》进一步规定只要持有儿童色情(有伤风化)照片即构成犯罪,处以6个月的监禁或不超过五级的罚款或并罚。但如果被告能够证明其为合法持有,或者不知道且没有事由怀疑其为儿童色情照片,可以免于处罚。在上述《刑事正义法》基础上修订的1994年《刑事正义和公共秩序法》及2008年制定的《2008年刑事司法与移民法》均规定,照片形态延伸至电脑存储或其他数据化的电子转化形式。如1997年"女王诉费洛斯和阿诺德案"中,英国男子奥尔巴尼·费洛斯在公司的电脑中保存大量儿童色情图片,这些图片既可以让该电脑的使用者观看和打印,又能被注册为会员的网民浏览和下载,成为会员的网民还可以上传图片。英国上诉法院依据1994年《刑事正义和公共秩序法》判处费洛斯3年监禁,同时判处主要协助者阿诺德6个月监禁。

---

① 《德国警方将利用人工智能打击儿童色情犯罪》,http://news.cctv.com/2020/01/17/ARTIMT9LnJk0q0Y2iXSVU3mc200117.shtml。

传统媒体主导的时代，电视节目的儿童保护是色情治理的主要问题。英国独立电视委员会根据 1996 年出台的《广播法》于 1998 年颁布《独立电视委员会节目准则》，就相关事项予以明确：儿童不宜的内容不得在大量儿童可以观看电视的时间内播出。晚上 9 点至次日早晨 5 点半的时段被认定为持照人有责任确保不播出儿童不宜的节目内容，包括违反良好品位、违反礼仪及性、暴力内容。如果节目服务是额外付费方式获得，该节目服务应当限制儿童接触，家长应当对所收视的内容负责，且仅适宜成年人的节目只能在晚 10 点到次日早晨 5 点半之间在额外付费频道播出或在成人专用频道播出。任何频道不得在晚上 8 点之前播出 R12 级（限制级，适合 12 岁以上或是成人观看）内容，晚 9 点之前不得播出 R15 级内容（即含有表现性行为或裸体的内容，除非属例外情况如表现大自然的内容、用于教学的严肃内容、用非图像方式表现的内容，且播出前须事先经过持照人最高负责人的批准），在任何时间不得播出 R18 级（适合 18 岁以上成人观看）内容，在任何时间均不得播出被英国电影审查局拒绝颁发许可证的节目内容。通过特定时段禁播儿童不宜节目的"安全港"规则也是实施节目分级的世界诸多国家的通行措施。

2019 年 4 月，英国数字、文化、媒体与体育部（DCMS）与内政部联合发布《网络有害内容白皮书》（以下简称《白皮书》），对网络有害内容进行法律监管的力度增加。《白皮书》根据不法内容对个人、社会的影响程度将有害内容分为三个层次：第一层次是"明确规定的有害内容"，主要指法律明确规定的"非法内容"，包括儿童性虐待和性剥削、极端色情、复仇色情、传播 18 岁以下未成年人不雅照、骚扰、仇恨犯罪、鼓励或协助自杀、煽动暴力、销售非法商品/服务、藐视法庭和干涉法律程序等；第二层次是"定义不明确的有害内容"，即内容虽未违背法律，但一般人看来具有比较严重的社会危害性，包括网络欺凌、极端主义内容和活动、强迫、恐吓、传播虚假信息、暴力、宣扬自残、宣扬切割女性生殖器官等；第三层次的有害内容是指不适合未成年人群的网络色情和低俗内容，如儿童访问不适当内容（如 13 岁以下使用社交媒体，18 岁以下使用约会软件，长时间过度使用等）。

对具有平台性质的互联网企业施加法定"注意义务"是《白皮书》建议相关立法的重要事项，这是近年来英国政府首次提出互联网企业应承担法定的社会责任,摒弃了以往主要依赖行业自律的管理思维。在此之前,网络平台的责任设置主要遵循欧盟《电子商务指令》,即平台对于用户生成的内容,一般情况下不承担法律责任,除非平台明确或应当知道内容明显违法而未能及时采取删除或阻断访问的措施。而"明确或应当知道"是以平台是否收到违法内容通知或者平台通过技术能够识别出违法内容为判断依据。《白皮书》则提出了更谨慎的义务,因为《电子商务指令》设置的责任机制无法保证平台采取主动措施识别和移除有害内容,更无法鼓励平台在内容治理和危险控制方面系统性地提高。所以,《白皮书》认为仅调整平台的责任机制不够,须在现有法律框架内增加网络平台与网络有害内容相关的介于严格责任与有限责任之间的适度责任。《白皮书》分别对11类有害内容(儿童性侵、恐怖主义、严重暴力、仇恨犯罪、性骚扰、虚假信息、自杀、网络欺凌、干涉司法程序、滥用网络攻击公众人物、儿童接触不良内容等)的注意义务进行分类,并施加网络平台不同的注意义务。就淫秽信息、儿童色情内容而言,《白皮书》明确平台需要主动采取措施积极识别和移除有害内容,取消"通知—移除"的"避风港"原则,代之以"危险原则",即必须优先处理对个人或社会危险最大的有害内容。这意味着监管机构监管重点是针对服务商平台上存在的大量明显危险内容。当然,监管机构会考虑有害内容给用户造成的损害是否属于可以预见,适度把握责任设立严格程度与企业负担的平衡。为了有效监督平台落实法定监管义务的情况,《白皮书》设计了用户"超级投诉"机制作为制约手段。如果用户认为平台对内容删除或采取其他监管措施存在异议,有权向独立的监管部门投诉,并可以随时知悉投诉处理进度,这是确保用户投诉可以由独立的监管机构进行处理,真正发挥第三方的作用①。

由于近年来电脑技术软件制造儿童色情形象,或者使成年人色情图像转化为"貌似"未成年人形象,儿童色情治理问题更为复杂。尽管该技术运用确实避开了儿童的实际卷入,同传统的儿童色情制作手段完全不同,但虚拟形象仍然使儿童作为一个整体受到了色情材料的伤害,后果之一就是该类材料的社会扩

---

① EC. Tackling Illegal Content Online Towards an enhanced responsibility of online platforms,COM (2017) 555 final. Retrieved from https://ec. europa. eu/transparency/regdoc/rep/1/2017/EN/ COM-2017-555-F1-EN-MAIN-PART-1.

散可能导致整个社会对儿童受色情干扰问题的脱敏①。为防止技术使用带来的儿童网络色情、暴力等不良信息影响，2008 年英国政府开始委托网络观察基金会(IMF)密切监管着互联网上的内容，如同年 11 月，该基金会鉴于维基百科的《处男杀手》(Virgin Killer，音乐专辑名称)条目中含有涉嫌未成年人色情的内容，将维基百科的部分内容列入黑名单，英国六家主要网络供应商随即对维基百科的部分条目进行屏蔽，用户点击时会显示："维基百科已经被列入英国互联网观察基金会的黑名单，网络服务商限制该内容的访问。"英国内政部设立了未成年人网络保护特别工作组，专门负责保护未成年人上网安全。相关的非政府组织开通网络热线，鼓励举报涉及未成年人色情等非法内容的网址。相关行业亦制定并落实行业规则，鼓励服务商自愿对网站内容进行分级和过滤。政府的主动介入，显然改变了以往偏重自律机制的做法。英国政府曾于 2000 年发布《通信白皮书》，规定通过向网络用户提供过滤和分级软件工具，由用户自己控制他们及其子女在网上浏览的内容。该文件认为这种处理用户和网络之间关系的方式，胜于任何第三方的管辖②。在《有害内容白皮书》颁布前，英国遵照 1996 年欧洲委员会文件对网络内容的治理区分"非法""有害"两种类型：对于"非法"内容，如在商业网站登载属于"淫秽"内容或儿童色情内容，政府援引《淫秽出版法》等追究相应法律责任。对于"有害"内容，则秉持"监督而非监控"的理念，不采取强制的法治手段，或依靠行业自律如互联网服务提供商协会(ISPA)、移动宽带集团(MBG)、英国独立移动设备分类机构(IMCB)，或采取政府、企业共管机制，如互联网观察基金会(IWF)、英国儿童网络安全委员会(UKCCIS)，采取协同治理方式。

　　为弥补法律治理的不力，采取技术避免未成年人接触色情内容同样不可缺少，技术保护手段主要是设置分级和过滤系统。内容分级系统由互联网行业联合组成的行业协会网络内容分级组织 ICRA (Internet Content Rating Association)开发，该国际独立组织倡导"帮助父母保护孩子免受潜在的互联网

---

① DawnA. Edic. Regulation of Pornography on the Internet in the United States and the United Kingdom: A Comparative Analysis. Boston college international & comparative law review.1998(2).

② UK Government. Communication White Paper. Retrieved from https://api.parliament.uk/historic-hansard/commons/2000/dec/12/communications-white-paper.

材料伤害"①。ICRA 提供的网络儿童色情的分级标准由四个指标构成,包括性、裸体、语言和暴力四大类,对每类一级指标又进行"0～4 级"的程度排序,每一等级设定具体的尺度描述,具体的分级标准如下:"性",0 级→没有性行为和不雅行为;1 级→热吻;2 级→着衣热吻;3 级→非直接性爱抚行为;4 级→明显性活动。"裸体",0 级→没有裸体;1 级→衣着暴露;2 级→部分裸露;3 级→正面裸露;4 级→煽情的正面裸露。"语言",0 级→无害的俚语;1 级→影射身体器官的言语;2 级→温和无害的言语;3 级→猥亵的用词;4 级→明显的性暗示。"暴力",0 级→无暴力;1 级→生命体的损害;2 级→人或动物的宰杀(非威胁性);3 级→人受到伤害或杀害;4 级→原因不详的暴力②。分级内容需要通过 ICRA 的标签系统,并提供为用户下载所需的过滤装置软件,网络平台就其提供的内容如实填写问卷,自动生成 PICS 标签。安装有过滤软件的网络用户在接入网站前应首先阅读内容分级信息,再选择过滤或者直接进入。分级标签主要由网络平台的内容提供者标注,由父母和其他成年人来判断内容的合适与否。如果用户认为网络平台的内容分类存在误导,可向 ICRA 投诉。用户必须下载和安装这些软件过滤装置后才能进入这些网站,使得家长可以控制儿童对有害内容的接触③。

五、其他国家、国际组织:兼顾技术的立法治理

法国是网络儿童色情泛滥、治理效果堪忧的国家之一,为了遏制严峻局面,法国采取了优先刑事政策的措施,对网络儿童色情课以重罚、重罪。1998 年6 月,《青少年保护法》中有关制作、贩卖、传播淫秽物品的定罪、量刑的条款被修订,目的在于强化对通过网络腐蚀青少年犯罪行为的从严、从重处罚。修订后的条款规定,向未成年人展示淫秽物品者可判 5 年监禁并 7.5 万欧元罚款。如果该不法行为在网络上实施,且面向的用户是身份不确定的未成年人,刑罚加重至 7 年监禁并 10 万欧元罚款。如果符合上述情形录制、传播未成年人色情图像视频,分别可判处 3 年监禁和 4.5 万欧元罚款、5 年监禁和 7.5 万欧元罚

---

① Frank Bott. Pornography, the Internet and the Law.British Computer Society,2006(2).

② 张志铭、李若兰:《内容分级制度视角下的网络色情淫秽治理》,《浙江社会科学》2013 年第 6 期。

③ Frank Bott. Pornography, the Internet and the Law.British Computer Society,2006(2).

款。如果属于以营利为目的、长期进行此类违法活动，量刑加重至 10 年监禁并予以 7.5 万欧元罚款。立法监管不仅仅指依据内容禁止性法律，让政府实施行政监督、施加行政责任以及司法机构依法追究刑事责任，实际上也包括了立法或政府颁布指令，要求平台服务企业、网络用户采取技术措施，避开有害内容对特定群体的侵害。对于采取技术措施是纳入法治范畴还是自律范畴，主要取决于技术措施使用是互联网企业联合团体的自愿自主行为，还是政府强令或国家的立法强制约束行为，如属后者，则视为立法监管的构成部分。网络公司强化义务意识，向儿童普及和发送过滤软件，当网络用户在登记和安装上网设施时，服务商必须免费安装儿童上网保护软件，确保一些不健康游戏和不良信息被屏蔽。1996 年 6 月，法国对《通讯自由法》予以修订，提出了《菲勒修正案》。该法侧重技术使用与技术监管的措施实施：提供上网服务的网络内容提供者必须向客户提供封锁某些信道的软件设备，以保证成年人通过技术控制阻隔有害信息伤害未成年人；如果网络信道提供者违反技术规定，为有异议的内容或在明知的情况下为被指控的内容进入网络提供信道，需追究其刑事责任；成立专门委员会负责制订上网服务规范，并负责对被投诉意见做出处理。法国政府同时动员行政机构、网络服务商、中小学校及家长协会，综合利用法律手段、技术手段及民间监督等方式，如非营利组织"电子—儿童"协会负责向学校、家长免费提供家庭网络管理软件。为动员全社会监督以青少年保护为目标的色情犯罪，内政部、司法部在 2001 年 11 月建立"互联网与青少年"网站，鼓励民众举报非法色情网站特别是具有恋童性质的网站和论坛。教育和司法部门与家长、青少年组织签订协议，共同维护网络安全，协议明确规定家长对未成年人的涉网行为承担主要责任。

近年来，韩国在相关法律中增立了与未成年人保护有关的针对网络、手机色情传播的制裁内容。如《有关性暴力处罚和受害者保护法》明确规定，对于利用网络或手机面向未成年人制作和传播色情信息者，可处 2 年以下劳教或 500 万韩元以下罚款。政府于 2005 年 10 月起，在世界范围内最早实施互联网实名制。国内网站对申请电子邮箱、聊天账号、博客等的用户必须提供真实的身份资料，包括姓名、仕址、身份证号、职业等详细信息。对 17 岁以下没有身份证的青少年，网站在获取青少年详细信息后，通过向手机发送密码的方式确认使用者的身份,手机在销售时必须提供身份证明。网络管理部门在需要时通过与手机运营商合作,追查上网者的真实身份,对未成年人加强管理与保护。对于不适宜青少年浏览的网站,实名制有助于将未成年人隔离。政府对《网络使用与信息保护相关法》修订后,自 2007 年 7 月起,韩国针对日平均使用人数在 30 万以上的网站推行"本人确认制",未成年人用户在此网页上发表和传播信息,必须输入本人的真实姓名和身份证号,得到确认后才能进行。该规定 2009 年已扩大到日平均使用人数在 10 万以上网站的未成年人使用行为。依据《年轻人发展法令》,信息和通信部强制性要求在未成年人经常使用互联网的地点(学校、公用图书馆、网吧或其他公用计算机中心)安装过滤软件。2015 年 5 月,韩国政府推出一项强制措施,要求 18 岁及以下未成年人购买智能手机,手机运营商和家长必须在智能手机上安装监控软件,以便于父母实时监控未成年人接触暴力、色情等有害内容。政府资助研发了包括"智能治安官"在内的至少多款手机应用,以帮助家长监督孩子的手机使用情况,包括获知孩子启动过多少次各类手机应用、访问浏览过哪些网站等。如果孩子搜索同有害内容相关的关键词检索时,家长的手机会立即接到警报提示。

　　俄罗斯近年来也积极采取一系列有效措施,专门整治本国互联网中针对未成年人的色情网站。如 2009 年信息部根据《刑法》第 242 条"非法传播淫秽资料和物品罪"要求网络服务商为家长提供"父母密码"专项服务,即为家庭的互联网终端设置专用的上网时间和上网密码,以保证家长成为孩子们远离互联网淫秽色情网站的"第一保护人"角色。

　　澳大利亚将成人网站分级并纳入服务项目,只有年满 18 岁的成人才能从互联网得到,或者从手机服务商处购买。为避免青少年接触到不该接触的内容,澳大利亚联邦政府提供一定的经费协助有子女的家庭筛选网站、提供过滤软件。1999 年参议院审议通过《澳大利亚广播法修正案》,规定对互联网内容进行审查:严禁少儿不宜的色情内容,或者不经过成人身份确认不分等级的内容禁止登载,违者受重罚;海外 X 级色情内容的网站一律封锁。2009 年澳大利亚政府再次立法管制网络内容,拒绝分级的网站被列入封锁黑名单,以阻绝暴力或色情内容在网上流传。

　　西班牙通过完善《刑法》加重了对儿童色情犯罪的定罪量刑。国家警察局新设置网络犯罪技术侦察局,国民卫队设立了通信信息犯罪局,两大机构有权对网络进行监控,将涉及儿童色情内容的网站列入黑名单,并对犯罪人员进行惩处。移动通信运营商在抵制网络儿童色情方面应行自律机制,按照司法部门规定,限制有害未成年人身心健康的内容进入网络。此外,警方和民间组织都设立了儿童色情犯罪举报机制,发现可疑信息即可进行举报。

基于不同的自由信条、人权观念,欧盟各国所采取的处理网络儿童色情内容的手段不尽相同,或偏重刑法治理或社会法、一般法治理,或偏重技术路径与自律规范,或兼而有之。但欧盟委员会作为有制法权的国际间组织,其对儿童色情的治理立场对各成员国会产生一定的影响,这种实在的影响通过制定法律并切实行使司法权得以有效贯彻。1998 年欧盟出台《保护未成年人和人权尊严建议》,将"儿童色情"界定为"以影像方式描述或者表现有真实的儿童参与其中的任何明显具有性意味的行为,包括淫秽地展现儿童的生殖器或者私处;有真实的、外表看似儿童的人参与的前述行为;逼真的虚拟儿童参与的前述行为"。2004 年欧盟颁布《儿童色情框架决定》,要求各成员国在 2006 年之前采取相应措施打击制作用于计算机系统传播的儿童色情、在计算机系统提供儿童色情、在计算机系统传播或传输儿童色情、通过计算机系统为特定人或者他人代购儿童色情以及在计算机系统或者计算机数据存储媒介上存有儿童色情的行为,以保护未成年人权益,打击儿童色情。欧洲理事会出台的《2001 年网络犯罪公约》则将儿童色情界定为以影像描述:有未成年人参与的明显具有性意味的行为;外表看起来像未成年人参与的前述行为;逼真的虚拟未成年人参与的前述行为。

2016 年,联合国儿童权利委员会就《〈儿童权利公约〉关于买卖儿童、儿童卖淫和儿童色情制品问题的任择议定书》提出修正案,将体现儿童性活动的绘画及动画片等纳入儿童色情范畴,该修正案得到了所有联合国成员国的承认。它虽然无法直接强制成员国遵守,但基于国际社会舆论力量,它对各成员国具有一定的约束力,也成为成员国修订国内法律的依据。新的"儿童色情制品"定义包括了"仿真儿童色情""虚拟儿童色情""伪儿童色情"等技术运用的表现形式。这种虚拟的内容对社会同样具有显著的危害性:其一,这些色情内容被用于"调教"儿童接受性侵害与剥削,即儿童性侵犯者通过互联网利用这些虚拟的儿童色情制品诱惑儿童,使儿童受到不良"示范"可能对性行为排斥意识弱化。其二,营造一种非常真实的幻想,诱发性侵犯倾向并维持性暴力的"正当性需求"。尽管虚拟的儿童性暴力内容不会直接对生活中的儿童造成伤害,但由此营造的观看环境可能产生一种"适应"的社会心理,并促使潜在的施害者追求真实的儿童色情内容。其三,营造一种对"儿童性化"的宽容,并滋生对"儿童性化"的需求。"儿童性化"即以"性"的角度来看待儿童,互联网空间随处可接触的"儿童性化"内容,会对社会产生一种潜移默化的影响,认为虚拟的儿童色情并没有实际的侵害对象而选择原谅,而正是这种态度使得虚拟儿童色情内容的制售得以存在。

由于网络色情内容的制售、扩散跨越了国界,仅仅依靠单一的国家法律机器难以有效打击儿童淫秽、色情的严重犯罪行为,需要国家间的通力协作。据媒体报道,2019 年 11 月 4 日,澳大利亚移民与边境保护局表示,一名 30 岁的日本游客因被控试图将儿童色情材料输入澳大利亚遭逮捕。该男子从东京抵达珀斯时,警方对其手机进行检查并发现了 200 多份视频和图片文件,文件内容涉及"对儿童的性虐待或剥削"。当地警方指控该男子试图进口虐童材料,或因此被判最高 10 年的刑期,并罚款最高达 52.5 万澳元。西澳大利亚州边防局负责人表示:根据《海关法案》,澳大利亚边防局官员有权检查国际旅客手机和电子设备①。国际间合作的必要有两个方面,一是实施犯罪行为的网络服务器通常被设立在另外一个国家,便于逃脱犯罪主体所在国的查处、惩治。二是不同国家之间对淫秽、色情以及儿童色情认定的法律标准、惩治力度等存在差异,有法律空子可以利用。2001 年 11 月,由欧洲委员会 26 个欧盟成员国以及美国、加拿大、日本和南非等 30 个国家在布达佩斯共同签署了《网络犯罪公约》,成为针对网络犯罪行为所制订的第一个国际公约。《公约》第九条涉及"儿童色情的犯罪",包括一切在电脑系统生产、提供、发行或传送、取得及持有儿童的色情资料,此项规定是泛指任何利用电脑系统进行的上述儿童色情犯罪行为。《公约》就九类网络犯罪行为的刑法处罚规定了国际合作事项,包括规范引渡及相互合作等相关问题。目前,专门针对网络儿童色情治理的国际统一的协作条

---

① 《一日本游客因涉嫌持有儿童色情物品在澳大利亚被捕》,http://news.sina.com.cn/w/2019-11-04/doc-iicezuev7076640.shtml。

款尚未拟定,仅限于临时的双边或多边国家刑事协作,难以满足国际合作常态化的需要。

针对近些年来国际社会普遍存在的网络侵害儿童权益犯罪行为的严峻现实,联合国专门就儿童权益侵害问题的成员国之间协作治理提出引渡的政策倡导。《〈儿童权利公约〉关于买卖儿童、儿童卖淫和儿童色情制品问题的任择议定书》关注互联网和其他不断发展的技术提供了越来越多的儿童色情制品,要求在全世界范围内对儿童色情材料的制作、传播、出口、播送、进口、蓄意占有和宣传予以刑事处罚,各国政府与互联网工业间建立更加密切的合作与伙伴关系的重要性,缔约国应根据《议定书》的规定,禁止买卖儿童、儿童卖淫和儿童色情制品。每一缔约国应确保下列行为和活动确定为犯罪行为,而不论这些行为是在国内还是在国际上发生的:①主动表示愿意提供、获取、诱使或提供儿童,进行儿童卖淫活动;②为上述目的生产、发售、传播、进口、出口主动提供、销售或拥有的儿童色情制品。《议定书》规定了国际间开展合作的有效途径之一,即引渡。《议定书》第五条规定,①②项所列犯罪行为作为可引渡的罪行已列入缔约国之间现有的任何引渡条约,并应根据各缔约国之间以后缔结的每一项引渡条约所确定的条件将这些罪行作为可引渡罪行列入这些条约之中;凡是以订有条约为引渡条件的缔约国在接到未与其缔结任何引渡条约的另一个缔约国提出的引渡请求时,可将本议定书视为就这些罪行进行引渡的法律依据;凡是不以订有条约作为引渡条件的缔约国应根据被请求国法律规定的条件将这类罪行视为在它们之间可进行引渡的罪行;如果某一成员国就这些罪行提出引渡要求,而被请求的缔约国基于罪犯的国籍不引渡或不愿意引渡,则该国应当采取适当措施将此案提交其主管当局进行起诉。由于联合国制定的规章制度不一定都具有执行的强制力,涉及网络儿童色情犯罪追查的国际协作迫在眉睫。

第二节　我国未成年人网络使用风险

一、未成年人网络使用与腐蚀风险

智能手机使得互联网成为名副其实的"有体温的媒体""亲密伙伴",未成年人亦不例外。互联网不仅基本覆盖了未成年人群体,而且由于特殊的国情及特有的子女教育观,未成年人可以享有自主权使用网络并自由接近网络信息。同传统媒体环境截然不同,当下未成年人在学校学习任务之外获得信息的主要渠道是电脑、手机。

2010 年 6 月 8 日,国务院新闻办公室发表《中国互联网状况》白皮书,这是我国首次发布关于网络状况的白皮书。在"互联网发展与保障"部分首次强调"未成年人上网安全"问题,"截至 2009 年底,中国 3.84 亿网民中,未成年人约占 1/3,未成年人已成为中国网民的最大群体。互联网对未成年人成长的影响越来越大",同时"网络淫秽色情等违法和有害信息严重危害青少年的身心健康,成为社会普遍关注的突出问题"①。自此之后每年发布年度白皮书,就未成年人使用网络安全问题提供有关情况说明。共青团中央维护青少年权益部、中国互联网络信息中心于 2020 年 5 月联合发布《2019 年全国未成年人互联网使用情况研究报告》,对全国 31 个省、自治区、直辖市的中小学及中等职业学校34 661 名学生抽样调查显示,2019 年未成年使用网络的规模已达到 1.75 亿,普及率达到 93.1%。未成年人使用网络的城乡之间规模差距基本消失,城镇普及率为 93.9%,农村亦高达 90.3%。学龄前儿童接触网络比例显著提升,32.9%小学生在入学前已使用手机上网。手机是未成年人使用最多的上网工具,使用比例为 93.9%,此外,台式电脑、笔记本电脑、平板电脑分别为 45.0%、31.5%、28.9%,拥有属于自己上网设备的比例达到 74.0%,有属于自己手机上网的达63.6%。未成年人工作日的上网时长在 2 小时以上的为 9.9%,节假日上网时长在 5 小时以上的为 10.4%②。

据有关统计,16 岁以下未成年网民总人数已高达 8 000 万,构成网民中的庞大群体③。第 51 次《中国互联网络发展状况统计报告》显示,在网民年龄结构方面,10 岁以下上网人数占总网民的 4.4%,10~16 岁的用户人数占总网民

---

① 《国务院新闻办公室发表〈中国互联网状况〉白皮书》,http://www.gov.cn/jrzg/2010-06/08/content_1622865.htm。
② 《2019 年全国未成年人互联网使用情况研究报告》,http://www.cac.gov.cn/2020-05/13/c_1590919071365700.htm。
③ 《第 45 次中国互联网络发展状况统计报告》,http://www.cac.gov.cn/2020-04/27/c_1589535470378587.htm。

的 14.3%①。而来自不同渠道的多组调查数据都说明,未成年人使用网络媒体普及程度极高或网络在城市、农村未成年人群中具有渗透性。2020 年 9 月由中国社会科学院新闻与传播研究所、中国社会科学院大学新闻传播学院与社会科学文献出版社共同发布的《青少年蓝皮书:中国未成年人互联网运用报告(2020)》表明,未成年人的互联网普及率已达 99.2%,显著高于我国总体互联网普及率(64.5%)。而《2021 年全国未成年人互联网使用情况研究报告》数据显示,2021 年我国未成年人互联网普及率达 96.8%。虽然两者统计的数据不完全一致,但在很高的比例上基本接近。未成年人首次触网年龄不断降低,10 岁及以下开始接触互联网的人数比例达到 78%,首次触网的主要年龄段集中在 6~10 岁。参与调查的未成年人平均网龄超过 6.3 年,中学生拥有智能手机的平均年限达到 4.87 年,最长的达到 15 年。城乡之间未成年人的网络普及率已经没有多大差别②。中国互联网信息中心于 2020 年 4 月发布的第 45 次《中国互联网络发展状况统计报告》亦显示,截至 2020 年 3 月,网民用户已达 9.04 亿,互联网普及率为 64.5%,其中 10 岁以下网民占比为 3.9%,10~19 岁网民占比达到 19.3%,根据各年龄段的占比推算,16 岁以下网民估计不超过网民总数的 10%,虽然 16 岁以下未成年网民的占比数并不高,但该类网民总人数已高达8 000万,构成网民中的庞大群体③。

由于网络的完全开放性,适合成年人的内容与适合未成年人的内容没有任何阻隔,脱离了父母监管视线的儿童,尤其是完全脱离了父母监管的农村留守少儿网民,面临网络不雅内容腐蚀的危险是不言而喻的。第 51 次《中国互联网络发展状况统计报告》表明,截至 2022 年 12 月,农村地区互联网普及率已达到61.9%④,农村留守儿童利用手机上网的人数规模相对庞大。2019 年全国未成年人互联网使用情况研究报告显示,留守和流动儿童的互联网普及率分别为

---

① 《第 51 次中国互联网络发展状况统计报告》发布,https://finance.sina.cn/tech/2023-03-03/detail-imyipvnz4513259.d.html。
② 《青少年蓝皮书:中国未成年人互联网运用报告(2020)》http://www.cac.gov.cn/2020-09/27/c_1602768957283860.htm。
③ 《第 45 次中国互联网络发展状况统计报告》,http://www.cac.gov.cn/2020-04/27/c_1589535470378587.htm。
④ 《第 51 次中国互联网络发展状况统计报告》发布,https://finance.sina.cn/tech/2023-03-03/detail-imyipvnz4513259.d.html。

77.7％和83.6％,他们普遍存在网络使用技能偏低、手机游戏偏好明显,65.6％的未成年网民主要通过自己摸索来学习上网技能,通过学校学习获得上网技能的仅为25.7％,主要是城市儿童网民①。由于这一群体普遍缺乏网络操作技能、网络防沉迷知识以及自护意识和能力,再加上家庭上网技能教育短缺,儿童网络内容的监督管理不到位,互联网企业因为逐利导致针对性保护机制不愿意真正落实,更易遭遇不法内容的侵害。

《2019年全国未成年人互联网使用情况研究报告》提供的有关未成年人使用网络目的的数据本身并未直接体现出存在的问题,"网上学习"(89.6％)、"听音乐"(65.9％)、"玩游戏"(61.0％,其中手机游戏占56.3％,电脑游戏占24.6％)、"上网聊天"(58.0％)、"看短视频"(46.2％)、"搜索信息"(44.9％)、"看视频"(37.5％)、"看动画或漫画"(33.2％)、"使用社交网站"(32.0％)位列前十位②。有些网络使用情形是一定程度上存在"陷阱"的,诸如"搜索信息",有不少媒体先后报道搜索引擎服务企业缺乏社会责任意识,搜索引擎成为不雅内容向社会释放毒素的"帮凶",网页链接、关联词推荐功能使得未成年人被动接触淫秽色情内容的风险显著增加。某些网络或手机游戏、学习课件、交友聊天软件名义上为儿童开发,但实际上隐匿了儿童不宜接触的"软色情"。这种突破道德底线的无良网络经营行为已经成为异常突出的社会问题。

弥漫的网络空间唾手可得的难计其数的淫秽色情类图片、视频如同十足的"电子毒品",严重影响到青少年身心的健康成长。北京市未成年犯管教所2015年执行的一项入监调查显示,未成年犯人实施强奸、轮奸等性犯罪的年龄大多在14岁至17岁之间,此前他们100％都长期接触网络淫秽色情信息③。一项由中央综治委预防青少年违法犯罪工作领导小组办公室、中国青少年研究中心于2008—2009年联合开展的"青少年网络伤害问题研究"的调查结果表明,48.28％的青少年接触过黄色网站,43.39％的青少年收到过含有暴力、色

---

① 《2019年全国未成年人互联网使用情况研究报告》,http://www.cac.gov.cn/2020-05/13/c_1590919071365700.htm。
② 《2019年全国未成年人互联网使用情况研究报告》,http://www.cac.gov.cn/2020-05/13/c_1590919071365700.htm。
③ 《16岁少年沉溺网络淫秽视频 先后强奸5名少女》,http://news.cjn.cn/gnxw/201505/t2655839.htm。

情、恐吓等内容的电子邮件或电子贺卡。暴力、色情等内容在互联网的泛滥使一些青少年走向违法犯罪的深渊①。重庆市检察院向媒体提供的《2003—2005重庆市未成年人犯罪情况分析报告》显示,3 年间重庆市检察机关共批捕未成年犯罪嫌疑人 7 200 余人,占批捕犯罪嫌疑人总数的近 14%,罪名主要涉及涉嫌抢劫、盗窃、故意杀人、故意伤害、强奸、妨害社会管理秩序等,这些未成年的犯罪嫌疑人有超过八成的犯罪嫌疑人年龄在 16 岁至 18 岁之间。未成年人犯罪与其身处的家庭、学校以及生活环境密不可分,其中"生长在问题家庭""失学辍学"和"长期沉溺网络、游戏厅"是未成年犯罪的主要诱因。报告认为,图书报刊、音像制品、网络中充斥的大量凶杀暴力、淫秽色情内容,一定程度上激起青少年好奇心和模仿的欲望,许多青少年由于受到网络、报刊不健康内容的诱惑而走上犯罪道路②。十多年前的网络技术、上网设施远不及今天的技术运用便捷、普及,当下未成年人所处的网络生态环境的洁净状况更令人担忧。如共青团浙江省委"青少年手机网络环境研究"课题组 2014 年发布的一项调查结果显示,未成年人在青少年人群中主动浏览色情、暴力等信息的比例甚至超过成年人,不同年龄段的依次排序为:14~17 周岁的为 5.81%,18~22 周岁的为12.9%,23~28 周岁的为 5.1%,29~35 周岁的为 4.98%③。2018 年 6 月 1 日,最高人民法院就未成年人权益司法保护和未成年人犯罪特点举行新闻发布会,相关数据表明,2013—2017 年全国各地利用网络空间毒害青少年健康成长的刑事案件显著增长,全国各级法院依法审判制作、复制、出版、贩卖、传播淫秽物品牟利罪及传播淫秽物品罪 8207 件(2013 年 1 495 件,2014 年 1 261 件,2015年 1 521 件,2016 年 1607 件,2017 年 2 323 件),惩处罪犯 8 680 人④。另有报道材料表明,有研究机构统计截至 2017 年 2 月,在所有青少年接触到的互联网不良信息内容中,淫秽色情占比最高,为 76.3%;暴露、不雅内容占比 10.7%,居

---

① 《近半数青少年曾接触黄色网站　网络扫黄刻不容缓》,http://china. cnr. cn/news/200912/t20091206505718874.shtml。

② 《近 3 年 7200 余未成年人犯罪被捕　犯罪人数逐年增多》,《重庆日报》2006 年 6 月 13 日。

③ 共青团浙江省委青少年手机网络环境研究课题组:《浙江省青少年手机网络环境现状分析及改善对策研究》,《预防青少年犯罪研究》2014 年第 2 期。

④ 《最高法:利用网络空间毒害未成年人健康成长刑事案件显著增长》,《人民法院报》2018 年 6 月 2日。

第二位。仅这两项,就占比到达 87%,其中就包含大量儿童色情的内容①。

随着互联网用户的低龄化趋势日渐显著,青少年网民数量急遽增长。根据中国青年犯罪研究会 2013 年 11 月发布的《2013 我国未成年犯抽样调查分析报告》提供的数据,未成年犯中,看色情网站、玩暴力游戏、玩色情游戏的比例分别为 56.2%、69.3% 和 24.8%②。中国预防青少年犯罪研究会 2016 年在北京、浙江、广东、湖北、上海、安徽、重庆、四川等 8 个省、直辖市的调研结果表明,这些地区的未成年人首次触网最集中年龄段,已经由 15 岁降到了 10 岁,占 46.8%,最低触网年龄 3 岁以下的也占到了 1.1%③。另据一项调查结果,我国 12 岁至 17 岁的青少年是网络色情的重要群体之一,而第一次接触色情网络的平均年龄是 11 岁。此外,有 80% 的 15 岁至 17 岁的未成年人多次接触色情作品,90% 的未成年人在网上浏览过色情作品。有关调查结果显示,高达 73% 的高中生认为网络色情会促进青少年性早熟,64% 的高中生认为网络色情会使人产生对妇女的负面态度,56% 的高中生认为网络色情会诱发强奸猥亵事件的发生④。网络色情信息泛滥,给未成年人造成的侵害是多方面的。儿童色情网站的内容制作过程,就是对未成年人的侵害过程。有媒体报道,近年来,针对儿童性侵案明显呈现上升趋势。自 2013 年 5 月启动"女童保护"项目,至 2014 年 5 月,仅媒体曝光性侵儿童案件就高达 192 起,平均 1.9 天曝光一起⑤。有关青少年性犯罪的诸多研究成果均提供一种相似的结论,即接触淫秽色情材料诱发的性模仿冲动构成犯罪行为的主要动因。就青少年性犯罪而言,如果同时具备了犯罪诱因、犯罪环境条件,犯罪行为就可能产生。青少年性犯罪主体的年龄大多数在 14~18 岁,这一年龄段是生理发育、心理变化的突出阶段,对异性身体的好奇心与性激素释放的强烈冲动,以及对于性侵害行为性质的分辨能力较弱,如果存在被侵害的目标,很容易发生性犯罪行为。有媒体报道,2015 年 5 月

---

① 《儿童色情背后的"毒瘤"》,《中国青年报》2017 年 4 月 12 日。
② 《2013 我国未成年犯抽样调查分析报告》,https://www.chinacourt.org/article/detail/2014/08/id/1368688.shtml。
③ 《未成年人触网年龄提前网瘾危害大 网戒中心治疗非法》,http://news.cnr.cn/native/gd/20170204/t20170204_523554902.shtml。
④ 郝文江等:《青少年面临的网络危害及法律对策探究》,《信息安全与通信保密》2014 年第 12 期。
⑤ 《幼女色情网站一年招揽 9 万会员 观看者沦为传播者》,http://sh.people.com.cn/n/2014/0609/c140263-21379338.html。

辍学的中学生缪某强奸了一名网友,缪某向警方交代在实施强奸的当天早上及前一晚,他在 QQ 群里连续收到了两部淫秽视频,脑海里的视频画面趋使他实施了强奸。缪某收到淫秽视频来自一个 QQ 群,群主竟然是一名 15 岁的在校初中生。QQ 群 117 名成员全是在校中学生,或是刚刚辍学的未成年人。另一名未成年犯胡某的情况类似,他上初中时在微信群里接触到黄色视频,从接触到黄色视频后开始变得精神恍惚,每天几乎 24 小时手机不离身。在无法抵御的冲动和强烈羞耻感的"双重夹击"下,既无力克制强烈的感官刺激越陷越深,又无法向别人倾诉寻求帮助以摆脱困境。16 岁时他先后强奸了 5 名少女,最终被判刑 10 年①。

二、未成年人构成双重身份受害群体

互联网空间充斥的儿童、未成年人淫秽色情内容,既包括儿童、未成年人被诱骗或胁迫作为性剥削或掠夺的主体,也指通过计算机技术手段模拟儿童、未成年人形象而制作的性内容漫画等,称之为"儿童色情"。"儿童色情是指以任何手段显示儿童进行真实或模拟的露骨性活动或主要为诲淫而显示儿童性器官的内容。②"无论哪一种呈现形式,我国及大多数国家法律均明确禁止公开扩散。而淫秽色情的未成年人侵害除了以未成年人作为色情载体加以传播,更多地是指有意或无意向未成年人兜售淫秽色情信息。未成年人由于自我控制、自我保护能力的欠缺,更容易成为双重身份的被侵害群体。

由于中西方文化在性道德等方面显著差异,网络空间贩卖的儿童色情内容主要来自欧美国家成人或儿童淫秽黄色网站,或者服务器设在国外的一些淫秽色情网站,国内网站涉及赤裸裸的儿童淫秽内容相对较少,且多为隐晦的"软色情"。尽管如此,儿童作为直接的性掠夺、受害主体的不雅内容在网络空间并不缺乏,有些网站、社交群组、客户端存在的问题比较严峻。如 2018 年 1 月,全国"扫黄打非"办公室公布了 5 起 2017 年发生在全国多地的制作、传播儿童色情

---

① 《未成年人传播淫秽群 16 岁少年沉溺网络淫秽视频 先后强奸 5 名少女》,http://news.163.com/15/0530/23/AQTRJG6V00011229.html。
② 联合国《〈儿童权利公约〉关于买卖儿童、儿童卖淫和儿童色情制品问题的任择议定书》第 2 条,https://baike.baidu.com/item。

内容刑事犯罪典型案件①。引发舆论高度关注的"西边的风"蒙骗未成年人制作不雅视频案件中,2011 年至 2017 年案发,主犯吴某某以儿童服装模特公司名义招募女童模特拍摄各种动作的猥亵儿童视频照片,并伙同王某某、曹某某、尹某某以拍摄儿童教育片为由,先后蒙骗一百余名女童,拍摄并上传大量裸露的照片、视频,甚至还为客户"付费定制情节"的猥亵视频。这些视频中有女童脱光衣服摆出各种姿势、成年男子猥亵儿童等画面②。再如 2016 年 2 月徐州网警侦破的"幼幼资源网"(先后更名为"拯救天使""萝莉谷""我爱幽幽""我爱UU"等)传播幼女色情案中,网站一年时间已发展会员达 9 万多人,涉及淫秽视频 164 部,淫秽图片 11 137 张,均为涉及幼女或女童的淫秽图片或视频③。未成年人淫秽色情传播在网络空间的加剧并更为严重地影响到青少年成长的环境,是始自社交媒体或自媒体的广泛使用,这主要有两个因素的作用,一是用户使用行为具有了较高程度的私密性,尤其是移动客户端带来的"一对一"的传播,这种"隐蔽性"鼓励了对不法内容的接受。二是不同于传统淫秽色情网站"一对多"传播,微博、微信、QQ 等群组"分享、转发"可以迅速实现"几何级数"扩散。这些不雅内容进入了社交媒体或自媒体空间就可以被不断地复制,如同病毒的分裂与扩散。

　　2020 年 3 月,国内媒体十分关注的韩国"N 号房事件"所依托的即时通信软件 Telegram 平台的多个聊天房间,从 2018 年起上传通过威逼利诱女性所得的性剥削照片、视频等,近 27 万人加入"N 号房",已知的受害者多达 74 人,其中包括 16 名未成年女生,年龄最小的受害者年仅 11 岁,部分受害者甚至在线

---

①　2017 年 8 月份,沈阳、天津公安部门分别侦破传播儿童淫秽视频案件。沈阳"8·24"案中,犯罪嫌疑人吴某以发红包为诱饵,诱骗 3 名幼女为其拍摄淫秽视频,并利用短视频平台发布淫秽视频牟利,查获幼女淫秽视频 100 余部。天津"8·21"案中,犯罪嫌疑人闫某建立专门 QQ 群用来传播淫秽视频,涉及多部儿童色情视频。包头"9·11"案中的马某某专门寻找涉世未深的男性中学生,通过给受害人充手机话费、发微信红包等诱骗手段,性受害人并录制淫秽色情视频在网上出售。黔东南"10·6"案中的犯罪嫌疑人吴某某利用数个 QQ 群传播儿童淫秽视频牟利,在查获的 200 多个淫秽视频文件、3000 余张淫秽图片中,51 个视频涉及未成年人。《全国"扫黄打非"办公室公布 2018 年度"扫黄打非"十大案件》,http://www.cac.gov.cn/2019-01/10/c_1123972406.htm? from=timeline。

②　《儿童色情产业调查:网上直播、售卖猥亵视频 线下交易》,《新华每日电讯》2018 年 2 月 2 日。

③　《幼女色情网站一年招揽 9 万会员 观看者沦为传播者》,http://sh.people.com.cn/n/2014/0609/c140263-21379338.html。

下还被性侵。多家媒体记者就国内版"N号房"问题进行调查,发现网络空间淫秽色情网站亦严重存在涉及性侵幼童、迷奸、偷拍等违法犯罪的内容。据《新京报》报道,"芽苗论坛""萝莉网""呦～乐园""次元公馆""萝莉天国"等多家色情网站长期散布儿童色情内容,这些网站首页充斥着未成年人裸露身体的图片。花几十到上百元充值可成为周费、月费、年费会员,能观看下载大量的儿童色情图片、视频。网站靠会员会费维持,有的网站会员人数达数百万①。该报记者在一些色情群组内卧底多日发现,很多成员专门打着"儿童色情"标签售卖资源,明码标价。"张大仙"用户发消息称自己有11套包括学生、偷拍等不同类别的色情影像,打包出售70元。被网友举报的相关网站如"芽苗论坛""萝莉天国"等,标注有"萝莉""UU""幼齿"等儿童色情内容,首页及多个栏目中存在大量未成年女孩裸露的视频及图片。一些色情App如"春水堂""草莓"等,也存在迷奸、偷拍或未成年女子被猥亵的视频。经由互联网的儿童色情拍摄并牟利已形成结构严密、运转高效的犯罪性产业链②。《新华每日电讯》提供如下事实,在儿童色情网站"萝莉啵啵"首页,轮番播放女童暴露图片,点击进入论坛版,随处可见暴露无遗的女童性器官和全裸照片、成年人与女童发生性关系、猥亵幼童的照片,受侵害的孩子面孔清晰,多为十几岁甚至更年幼,他们在成年人的"诱导"下作出各种不应有的动作、姿势。"很难想象,这些孩子在什么人的威逼胁迫利诱之下,被迫摆出这些令成年人都感到羞耻的姿势;很难想象,类似的网站还有多少,究竟还有多少年幼的孩子正成为儿童色情地下链条的牺牲品;很难想象,拍摄过这些不堪入目的色情图片视频的孩子,他们还遭受过怎样的性侵害,这样非人的遭遇将对他们未来的人生造成怎样的影响?!"③

未成年人作为用户消费身份所面临的侵害风险则更为凸显。为牟取非法利益,有些人漠视社会责任底线,淫秽或色情内容依托未成年人"消费"无孔不入,无所不有。2017年11月20日央视新闻报道,一些面向中小学生的学习类App中存在多种性暗示的荤段子、大尺度的涉黄图片以及"小黄文"等不雅内

---

① 《国内版"N号房"乱象调查:八百余万注册会员,存大量儿童不雅影像》,《新京报》2020年3月28日。

② 《国内"N号房"生财之道:偷拍、性侵视频打包卖,挂博彩广告月入几十万》,《新京报》2020年4月2日。

③ 《希望我们的报道成为举报信》,《新华每日电讯》2018年2月2日。

容。针对"中小学生学习类App"中出现涉黄内容乱象,2018年10月26日,全国"扫黄打非"办公室部署北京市"扫黄打非"部门对"互动作业"App违法违规经营问题进行查处。该App存在大量危害未成年人身心健康的低俗色情互动信息,并存在未经许可擅自开展网络出版服务等问题。2018年10月20日,央视新闻再一次就中小学生学习类App中暗藏涉黄内容进行曝光。某些学习类App除了借用"作业"名义推销游戏,还恶意将App暗藏的游戏通道转移至专用的微信公众号,把中小学生用户诱导至App以外的空间以逃避监管。一款名为"互动作业"App中出现大量与学习无关的内容,其设置的"最新游戏"栏目包含了近百款的网络游戏,有些游戏包含了大量性暗示、性诱惑、不良价值取向的信息。如其中的"大富豪"游戏,用户进入首先要选择一角色,而在选择成为主角后,游戏便会主动推送"秘书简历"图片,上面包括了性格特点和女性的三围数据。在该公众号的"游戏大厅"栏目中,记者随机点击了一款名为"江山美人"游戏,游戏简介说明这是一款原创模拟经营养成的宫斗类手游,"各色美女在这里等你"。而在一款名为"皇上吉祥2"的游戏简介里则写明"游戏内可以体会到娶妻纳妾,大权独揽,坐享天下美人",点击进入该款游戏则出现大量性诱惑的语音和文字①。借助社会、学校、家庭难以设防的各类中小学生学习应用软件兜售色情内容,已并非媒体所曝光的个别现象。虽然工信部2017年7月已实施《移动智能终端应用软件预置和分发管理暂行规定》,明确手机应用不得提供淫秽、色情等法律所禁止的内容,且学习类App同时应当接受教育行业、互联网行业的双重监管,但无论事前监督还是事后管控,因其隐蔽性而效果甚微。

近两年来,通过色情内容诱导未成年人网络消费的方式越来越具有隐蔽性。网络游戏陪练成为一种热门抢手的职业。仅"比心陪练"一家游戏陪练平台,目前就有超过300万平台认证的游戏陪练,拥有超过3 000万游戏玩家用户。人民网记者调查发现,一些女陪练主动向"玩家用户"兜售视频裸聊和性服务。在接受游戏陪练的用户中,未成年人玩家也混迹其中。多名参与色情服务的女陪练表示,她们接触的初、高中生的人数在增加,部分陪练平台对玩家年龄审核并不严格,或年龄审核形同虚设。有的游戏陪练平台则提供"声优"服务,

---

① 《作业App乱象再调查:暗藏百款网游含涉黄游戏》,http://www.chinanews.com/sh/2018/10-20/8655270.shtml。

为一些淫秽小说配音,供游戏用户消费①。

一些不法网站、群组或直播平台专门锁定中小学生作为"消费群体"②,脱离父母监管的儿童少年自我控制能力差,缺少财物保护意识,性意识懵懂,容易沦为不雅内容消费的"畸形买单者"。智能手机让未成年人拥有了独自接触不雅内容的私密空间,直播打赏成为新的流行的网络经营形式,青少年容易被不健康的直播诱骗打赏,不仅财物损失巨大,更容易对性道德观、两性关系认识产生严重的扭曲。据央视《新闻直播间》栏目2017年4月16日报道,2016年6月,东莞一位14岁少年被美女主播引诱裸聊,为观看色情直播先后向女主播支付了近2万元。2017年1月,山东省一名14岁的在读初中学生在多个QQ群观看色情直播,一个多月花费五千元为群内数名裸聊女子发红包③。

第三节 我国未成年人权益维护:不雅内容法治路径

一、未成年人权益保障强化与刑事政策先行

党的十八大以来,未成年人权益保障工作更加得到重视。作为互联网治理的基础性法律,2016年颁布的《网络安全法》总则指出:国家支持研究开发有利于未成年人健康成长的网络产品和服务,依法惩治利用网络从事危害未成年人身心健康的活动,为未成年人提供安全、健康的网络环境。尽管该原则性条款在文本中并未被进一步解读,但在总则中专就未成年人网络安全保护作为问题提出,说明依法解决该问题的重要性以及立法空间的存在。

2017年4月中共中央、国务院印发的《中长期青年发展规划(2016—2025年)》强调,为未成年人构建安全、健康的成长环境是全社会共同肩负的重要职

---

① 《视频裸聊明码标价 "比心陪练"平台"深夜服务"涉黄严重》,http://www.ce.cn/cysc/newmain/yc/jsxw/202008/21/t20200821_35569810.shtml。
② 2018年9月杭州警方查获的"喵喵漫画"网站,林某某、陈某某、董某某、陈某、向某等5名犯罪嫌疑人涉嫌传播大量淫秽色情漫画,以引人遐想的宣传为饵,吸引未成年人登录访问。2018年6月以来,网站已发布淫秽漫画千余张。这些漫画有故事情节,伴有挑逗性语言。由于漫画传播具有较强的模仿性和同龄人推介的扩散优势,网站上线仅仅三个多月就有会员人数700余万,涉案资金接近1 500万元。《专向中小学生传播淫秽漫画的网站 被警方捣毁》,http://news.cyol.com/content/2018-10/04/content_1765330。
③ 《"艳俗"直播屡打不绝究竟为啥?》,http://news.cyol.com/co/2017-04/17/content_15946905.htm。

责,《规划》为青少年(14～35周岁)犯罪预防明确了具体要求及关键措施:在"维护青少年合法权益"的发展措施方面,要求完善青少年权益维护法律法规和政策,针对青年权益保障中的突出问题,制定修改相关法律法规和政策,在现有法律法规和政策体系中增加有利于维护青年普遍性权益的内容。以《未成年人保护法》《预防未成年人犯罪法》为基础,出台《未成年人网络保护条例》,严格落实互联网服务提供者的主体责任,有效防范暴力、色情、赌博、毒品、迷信、邪教等腐朽没落文化的信息传播。在"预防青少年违法犯罪"的发展措施方面,应当优化青少年成长环境,清理和整治社会文化环境,加大"扫黄打非"工作力度,加强对影视节目的审查,强化以未成年人为题材和主要销售对象的出版物市场监管。净化网络空间,完善网络文化、网络出版、网络视听节目审查制度和市场监管,定期开展专项整治行动,持续整治网络涉毒、淫秽色情及低俗信息[1]。

1991年颁布的《未成年人保护法》就已经提出了实施未成年人权益综合保护的思路,即家庭保护、学校保护、社会保护、司法保护并重。《未成年人保护法》于2020年10月修订,增加了"网络保护"专章。针对未成年人沉迷网络等问题,修订后的保护法规定,网络产品和服务提供者不得向未成年人提供诱导其沉迷的产品和服务。网络游戏、网络直播、网络音视频、网络社交等网络服务提供者应当针对未成年人使用其服务设置相应的时间管理、权限管理、消费管理等功能。网络服务提供者不得为未满16周岁的未成年人提供网络直播发布者账号注册服务,为年满16周岁的未成年人提供网络直播发布者账号注册服务时,应当对其身份信息进行认证,并征得其父母或者其他监护人同意。国家建立统一的未成年人网络游戏电子身份认证系统。网络游戏服务提供者应当要求未成年人以真实身份信息注册并登录网络游戏。修订后的未成年人保护法在营造有利于未成年人健康成长的网络环境方面更加突出了国家、社会、学校和家庭协同形成合力的立法指导原则。

自1994年《计算机信息系统安全保护条例》制定,截至2017年我国已制定和实施涉及未成年人网络保护的全国性法律、法规、部门规章与司法解释已达53部,但既有的对未成年人网络保护方面的立法层次比较多,规定较为零散,

---

[1] 中共中央国务院印发《中长期青年发展规划(2016—2025年)》,2017年04月14日,《人民日报》2017年4月14日。

诸如《刑法》《未成年人保护法》《预防未成年人犯罪法》《计算机信息网络国际联网管理暂行规定》《计算机信息网络国际联网管理暂行规定实施办法》《计算机网络信息国际安全保护管理办法》《互联网上网服务营业场所管理办法》《计算机信息网络管理暂行规定实施办法》《电信条例》等，难免存在不协调，难以适应日益复杂的网络环境治理的需要。2023 年 10 月通过的《未成年人网络保护条例》(下称《条例》)是净化未成年人网络生存环境的组合性措施之一，也是近年来一项重要的立法计划，《国务院 2016 年立法工作计划》以及《国务院 2018 年立法工作计划》均将该《条例》的制定纳入。该《条例》不仅是为未成年人网络保护提供原则性规定，更是在于将未成年人网络保护的整体制度具体细化，便于有效实施。该《条例》第八条规定，任何组织和个人不得在网络空间制作、发布、传播违反法律、行政法规和部门规章的信息。任何组织和个人在网络空间制作、发布、传播符合上述规定的信息，但具有以下不适宜未成年人接触情形的信息，应当在信息展示之前，以显著方式提示："(一)可能诱导未成年人实施暴力、欺凌、自杀、自残、性接触、流浪、乞讨等不良行为的……(四)其他可能对未成年人身心健康产生不良影响的。网络信息服务提供者提供网络平台服务的，应当对其所登载的信息进行审查；发现违反该规定的信息，应当采取措施以显著方式进行浏览前提示。"第十二条强调，智能终端产品制造商在产品出厂时、智能终端产品进口商在产品销售前应当在产品上安装未成年人上网保护软件，或者为安装未成年人上网保护软件提供便利并采用显著方式告知用户安装渠道和方法。网络游戏也是潜藏色情内容的宿主，为减少网络成瘾，该条例规定网络游戏服务提供者应当建立、完善预防未成年人沉迷网络游戏的游戏规则，对可能诱发未成年人沉迷网络游戏的游戏规则进行技术改造。网络游戏服务提供者应当按照国家有关规定和标准，采取技术措施，禁止未成年人接触不适宜其接触的游戏或游戏功能，限制未成年人连续使用游戏的时间和单日累计使用游戏的时间，禁止未成年人在每日的 0:00 至 8:00 期间使用网络游戏服务。

通过制定基本法或一般法对未成年人合法权益予以保护，始自 1991 年制定的《未成年人保护法》，该法针对当时突出存在的书刊出版物、影像制品对未成年人产生的身心侵害，规定禁止任何组织、个人制作或者向未成年人出售、出租或者以其他方式传播淫秽、暴力、凶杀、恐怖、赌博等毒害未成年人的图书、报刊、音像制品、电子出版物等。营业性歌舞娱乐场所等不适宜未成年人活动的场所,不得允许未成年人进入,经营者应当在显著位置设置未成年人禁入标志;对难以判明是否已成年的,应当要求其出示身份证件。随着互联网的极速发展与技术产品的大众化运用,2006 年修订的《未成年人保护法》增加了"网络信息",淫秽色情制品作为被禁止的事项。一方面,但未成年人保护法的禁止性规定更多地具有象征性、宣示性功能,只能通过强制性的刑事制裁才能发挥其作用。另一方面,无论家庭、学校还是社会,其对未成年人权益维护的责任主要是道德范畴的,这些主体本身的责任承担情况也需要法律机关的监督,因为家庭、学校或社会往往成为损害未成年人权益的不法主体,因此,由公安机关、人民检察院、人民法院以及司法行政部门依法履行职责的司法活动才构成未成年人法律权益保障的可靠机制。而在司法保护途径方面,刑事司法手段较之其他司法惩罚方式更具有威慑力,能够起到相对的保障与惩戒作用。

1997 年的《刑法》设立"制作、贩卖、传播淫秽物品罪"条款,首次强调向未成年人传播淫秽物品的,从重追究刑事责任。"传播淫秽物品罪"规定,传播淫秽的书刊、影片、音像、图片或者其他淫秽物品,情节严重的,处二年以下有期徒刑、拘役或者管制。"组织播放淫秽音像制品罪"规定,组织播放淫秽的电影、录像等音像制品的,处三年以下有期徒刑、拘役或者管制,并处罚金;情节严重的,处三年以上十年以下有期徒刑,并处罚金。制作、复制淫秽的电影、录像等音像制品组织播放的,依照上款的规定从重处罚。向不满十八周岁的未成年人传播淫秽物品的,从重处罚。同样,1997 年的刑法打击侵害未成年人权益的淫秽制品是传统的书刊、影片、音像、图片等,还未出现大量的以互联网为载体的淫秽内容。但进入 21 世纪后,随着商业门户网站的迅猛发展,网络服务商提供服务平台的形式显著增多,不法网民借助网络平台逐渐取代了通过图书报刊、音像制品形式传播淫秽色情内容,对避免未成年人接触有害内容构成严峻的挑战。基于传播环境的改变,为了强化《刑法》的"制作、贩卖、传播淫秽物品罪"适用性,2004 年、2010 年最高法、最高检先后出台了两个刑事司法解释,即《关于办理利用互联网、移动通讯终端、声讯台制作、复制、出版、贩卖、传播淫秽电子信息刑事案件具体应用法律若干问题的解释》(2004)《关于办理利用互联网、移动通讯终端、声讯台制作、复制、出版、贩卖、传播淫秽电子信息刑事案件具体应用法律若干问题的解释（二）》（2010）。两项司法解释都体现了向未成年人制作、复制、出版、贩卖、传播淫秽电子信息的犯罪行为从严惩治、从重处罚的精神。

《关于办理利用互联网、移动通讯终端、声讯台制作、复制、出版、贩卖、传播淫秽电子信息刑事案件具体应用法律若干问题的解释》第六条规定，利用互联网、移动通讯终端、声讯台制作、复制、出版、贩卖、传播淫秽电子信息的犯罪行为，具有下列情形之一的，依照刑法第三百六十三条第一款、第三百六十四条第一款的规定从重处罚：制作、复制、出版、贩卖、传播具体描绘不满十八周岁未成年人性行为的淫秽电子信息的；或明知是具体描绘不满十八周岁的未成年人性行为的淫秽电子信息而在自己所有、管理或者使用的网站或者网页上提供直接链接的；或向不满十八周岁的未成年人贩卖、传播淫秽电子信息和语音信息的。犯罪的构成要件具体包括：或第一条，以牟利为目的，利用互联网、移动通讯终端制作、复制、出版、贩卖、传播淫秽电子信息，以制作、复制、出版、贩卖、传播淫秽物品牟利罪定罪处罚：①制作、复制、出版、贩卖、传播淫秽电影、表演、动画等视频文件二十个以上的；②或淫秽音频文件一百个以上的；③或淫秽电子刊物、图片、文章、短信息等二百件以上的；④或淫秽电子信息实际被点击数达到一万次以上的；⑤或以会员制方式出版、贩卖、传播淫秽电子信息，注册会员达二百人以上的；⑥或利用淫秽电子信息收取广告费、会员注册费或者其他费用，违法所得一万元以上的；⑦或造成严重后果的。或第二条，利用聊天室、论坛、即时通信软件、电子邮件等方式实施上述规定行为的，以制作、复制、出版、贩卖、传播淫秽物品牟利罪定罪处罚。或第三条，不以牟利为目的，利用互联网或者转移通讯终端传播淫秽电子信息，以传播淫秽物品罪定罪处罚：数量达到第一条第1~5项规定标准二倍以上的，或数量分别达到第一条第一款第1~5项中的两项以上标准的，或造成严重后果的。利用聊天室、论坛、即时通信软件、电子邮件等方式，实施第一款规定行为的，依照刑法第三百六十四条第一款的规定，以传播淫秽物品罪定罪处罚。或第四条，明知是淫秽电子信息而在自己所有、管理或者使用的网站或者网页上提供直接链接的，其数量标准根据所链接的淫秽电子信息的种类计算。或第五条，以牟利为目的，通过声讯台传播淫秽语音信息，依照刑法第三百六十三条第一款的规定，对直接负责的主管人员和其他直接责任人员以传播淫秽物品牟利罪定罪处罚：向一百人次以上传播的，或违法所得一万元以上的，或造成严重后果的。

《关于办理利用互联网、移动通讯终端、声讯台制作、复制、出版、贩卖、传播淫秽电子信息刑事案件具体应用法律若干问题的解释（二）》对"不满十八周岁的未成年人"的关键年龄段做出更明确的限定，以进一步加大对少年儿童权益维护的力度。该司法解释第一条第二款规定，以牟利为目的，利用互联网、移动通讯终端制作、复制、出版、贩卖、传播内容含有不满十四周岁未成年人的淫秽电子信息，具有下列情形之一的，依照刑法第三百六十三条第一款的规定，以制作、复制、出版、贩卖、传播淫秽物品牟利罪定罪处罚：①或制作、复制、出版、贩卖、传播淫秽电影、表演、动画等视频文件十个以上的；②或淫秽音频文件五十个以上的；③或淫秽电子刊物、图片、文章等一百件以上的；④或淫秽电子信息实际被点击数达到五千次以上的；⑤或以会员制方式出版、贩卖、传播淫秽电子信息，注册会员达一百人以上的；⑥或利用淫秽电子信息收取广告费、会员注册费或者其他费用，违法所得五千元以上的；⑦或数量或者数额虽未达到第1～5项规定标准，但分别达到其中两项以上标准一半以上的；⑧或造成严重后果的。同前述《解释》规定的犯罪构成的数量标准相比，《解释（二）》所设定的向未满十四周岁未成年人制作、复制、出版、贩卖、传播淫秽物品的犯罪构成的数量标准正好折半计算，即刑事惩罚的门槛降低了一半。正是因为涉及未成年人权益保障的立法逐渐完善，以及刑事惩治的犯罪认定标准适当降低，公开的淫秽色情内容污染网络环境的状况得到显著改观。

二、弱者权益保障刑事政策优先与"父爱主义"

近年来，针对营利性或非营利性不雅内容制作与传播侵害未成年人身心健康的不法案件，采取刑事打击的力度在增加，或通过联合开展集中整治行动，或通过专门的举报渠道获取线索。如中国司法大数据研究院依托各级人民法院大数据管理和服务平台汇聚的审判信息资源，对2013年至2017年涉及未成年人权益保护案件的审理情况和未成年人犯罪案件情况统计显示：利用网络空间毒害未成年人健康成长的刑事案件显著增长，2013年至2017年，全国法院依法审理制作、复制、出版、贩卖、传播淫秽物品牟利、传播淫秽物品罪的刑事案件

8 207 件，惩处罪犯 8 680 人，其中 2013 年为 1 489 件，2014 年案发 1 288 件，2015 年共计 1 597 件，2016 年升至 1 654 件，2017 年增至 2 179 件①。尽管刑事惩治的力度在强化，但网络传播的极大隐蔽性、犯罪技术手段的低成本、彻底根除不法内容的难度等，使得查处工作面临极为艰巨的任务。全国"扫黄打非"办公室公布的 2019 年"扫黄打非"工作数据显示：全国共处置淫秽色情等各类有害信息 1 113 万条，全年共取缔关闭网站 8.4 万个，"扫黄打非"办公室通过数据库系统平台协同各互联网公司处置有害信息 600 万条②。其中有部分不法行为涉及制售、传播未成年人不雅内容或未成年人成为制售、传播的侵害对象。

有些个案的违法性达到相当严重程度，记者调查显示，名为"独家天籁童声"网络社交群组在网上公开叫卖儿童不雅内容信息，非法拍摄、售卖儿童被诱导的不雅行为视频或图片，将肆意猥亵、侵害儿童行为变现牟利，形成黑色产业链。这个非法交易群体潜伏在付费会员制论坛、社交软件群组、在线直播软件、网络游戏社区等，进行线上、线下交易，信息冗杂、源头难以追溯③。如 2017 年

---

① 中国司法大数据研究院：《从司法大数据看我国未成年人权益司法保护和未成年人犯罪特点及其预防》，https://max.book118.com/html/2018/0601/5003233004002111.shtm。

② 《国内"N 号房"生财之道：偷拍、性侵视频打包卖》，《新京报》2020 年 4 月 22 日。

③ "独家天籁童声"群采取会员制收费，初级 VIP 会员 333 元/月，观看 10 次；中级 666 元/月，观看 20 次；高级 999 元/月，观看 60 次。要成为该群普通会员，需缴纳 50 元"会费"。入群后，群内会播放一些幼童裸露身体、抚摸自身甚至尺度更大的图片及视频片段，以吸引群成员花更多钱成为 VIP 会员。在 VIP 群，有多人在线直播观看男童色情视频。群社区内，还有往期多人直播的截图画面。该群还可以组织线下交易。记者在聊天记录中看到，有负责牵线的"代理"晒出了与两名男童色情交易的报价——每名男童每次 2 000 元。截图显示，"独家天籁童声"群一共有 1 927 名会员，设有严格分级的管理制度，每位代理均有统一前缀的 ID，并以不同儿童的照片作为头像。这类社群主要靠线上直播、销售视频图片、线下牵线交易等方式非法牟利。一名认证信息为"半次元人气写手"2020 年 3 月 26 日举报多家儿童色情网站存在长期散布儿童色情内容，包括"芽苗论坛""萝莉网""次元公馆""萝莉天国"等。记者 3 月 27 日进入上述被投诉的网站，每个网站首页均充斥着未成年人裸露身体的图片，图片下面还配有"四岁幼女""大眼漂亮萝莉""初高中生"等字眼。点击图片就会提示，需注册并充值成为会员，才能观看和下载。包周会员、包年会员、终身会员分别享受不同"福利"，用户需要充值从 30 元至 3 000 元不等。而会员充值均需要通过第三方平台中转，不能直接获取网站运营人员的姓名、账户。网站还通过诱导方式让用户传播色情内容的方式获得会员资格，每位用户将含有色情信息的网站地址加上相关配文分享给 25 个人后，即可获得永久会员，享受不限次数观看网站内容的权限。记者查看这些网站时，每家网站实时在线观看人数多保持在 1 000 人左右。"芽苗论坛"的注册总用户数达到 855 万人。"次元公馆"的网站注册总用户数达到 256 万人次。《儿童色情产业调查：网上直播、售卖猥亵视频，线下交易"男童 2000 元/次"》，《新华每日电讯》2018 年 2 月 2 日；《国内版"N 号房"乱象调查：八百余万注册会员 存大量儿童不雅影像》，《新京报》2020 年 3 月 28 日。

1月,骆某通过 QQ 软件将 13 岁女童小羽加为好友,聊天得知小羽系初二学生后,骆某通过言语恐吓,向其索要裸照。在被害人拒绝后,又通过小羽的校友周某对其施加压力,骆某虚构"李某"的身份注册 QQ 号添加小羽为好友。之后骆某利用"李某"身份在 QQ 聊天中对小羽再次进行威胁恐吓,同时利用周某继续施压。小羽被迫按照要求自拍裸照十张,通过 QQ 软件传送给骆某观看。后骆某又以在网络上公布小羽裸照相威胁,要求与其见面并在宾馆开房,企图实施猥亵行为。因小羽向公安机关报案,骆某在前往宾馆途中被抓获。一审法院认定被告人骆某强迫被害女童拍摄裸照,并通过 QQ 软件获得裸照的行为不构成猥亵儿童罪。但被告人骆某以公开裸照相威胁,要求与被害女童见面,准备对其实施猥亵,因被害人报案未能得逞,该行为构成猥亵儿童罪,系犯罪未遂,判处有期徒刑一年。检察院抗诉,上诉法院认为,原审被告人骆某以寻求性刺激为目的,通过网络聊天对不满 14 周岁的女童进行言语威胁,强迫被害人按照要求自拍裸照供其观看,已构成猥亵儿童罪(既遂),依法应当从重处罚,故判处有期徒刑 2 年①。

　　未成年人权益伤害的刑事司法的长期实践证明,刑事制裁对于惩罚犯罪行为、确立法律威严、阻止潜在的犯罪行为,具有不可替代的作用。如果不当地收缩刑事政策的适用范围,尤其涉及严重侵害少年儿童弱者群体的人身利益与精神利益的不法行为,不仅不能生产所谓"尊重人权"的作用,反而会放纵可能被抑制的犯罪行为发生。但政府采取强力的刑事惩治以未成年人为伤害对象的淫秽案件尤其色情案件,难免会有质疑的社会舆论,即刑事政策至上的刑法父爱主义是否值得提倡。

　　自我决定权通常被作为对抗刑法父爱主义的有效理由,但具有排斥刑法父爱主义的自我决定权的合理性仅在于自我决定权的对象为私人利益或私法保护的法益,即在私人法益遭受侵害的情况下,符合不动用刑法政策条件的,尽量避免刑法的过硬干预,或避免非理性的刑事政策的扩张性运用,尊重当事方的自我决定权的选择,如刑事自诉、刑事和解,如在对待涉及公权力或公权力主体的批评性言论表达所引发的法律纠纷案件上,应保持刑法的抑制性状态。而对

---

① 《关于印发最高人民检察院第十一批指导性案例的通知》,http://www.spp.gov.cn/xwfbh/wsfbt/201811/t20181118_399386.shtml#2。

于显著侵害不特定的多数未成年人的身心健康的不雅内容的不法行为，采取刑罚惩治先行的刑事政策，并非等同于刑法父爱主义的非理性思维。不特定多数的未成年人作为网络淫秽色情内容的事实上受害者，作为数量庞大的弱者群体的利益，虽然不宜无条件地倡导刑事政策万能，但刑事打击手段必须作为弱者群体权益保障的必要补强与托底手段保留，否则，再多的未成年人权益保护的法条都会必然成为无实际保障功能的象征性条款。

在儿童身心健康成长成为每个家庭最大愿望与风险所系、成为社会和谐发展重要衡量标准的特定中国社会环境下，民众对于未成年人任何危害行为风险的容忍底线的显著降低完全可以理解，即在法律与道德的关系中，民众选择通过刑法满足自己对反道德行为的强制。在安全与自由的选择中，民众倾向于政府的"父爱主义"对自己的保护。面对任何有损不特定多数未成年人违法行为，民众寄希望于具有"父威"的刑法"家长"出面，采用刑法严厉惩治这类行为的现象。只要被追惩的行为不是违背道德的行为，而是属于严重违法型的行为，刑法父爱主义思维有其特定社会需要以及民意需求作为基础。刑事司法实践需要注意的是，避免将涉及未成年人不雅内容的道德失范行为亦纳入刑事治理范畴，因为刑法的威严恰恰在于它的谦抑性、克制性，如有采取其他途径有效预防和制止犯罪或消除危害后果的，执法司法者应禁止轻易或不必要情况下仍然动用刑罚，刑罚权作为一种强大的国家权力，应当受到必要的限制。与其他法律相比，刑法具有保护法益的不全面性、补充性、二次性。"非犯罪化论对迄今为止的国家从国家道义观或家长式统治的立场出发，以刑罚手段强制推行道德等过分犯罪化的倾向进行批判，认为在以法和道德的严格区分为前提的多种价值观共存的宽容社会中，只有在具体侵犯了个人利益的场合，换言之，只有在认可了某种被害的场合，犯罪和刑罚才能被正当化。"[①]

当然，司法实践层面也确有必要强化防止刑罚权的非理性扩张意识，理性对待不同主体的责任追究，使其满足公正、公平、适当、合理原则。如《关于办理利用互联网、移动通讯终端、声讯台制作、复制、出版、贩卖、传播淫秽电子信息刑事案件具体应用法律若干问题的解释》（二）第四条规定："以牟利为目的，网站建立者、直接负责的管理者明知他人制作、复制、出版、贩卖、传播的是淫秽电

---

① ［日］大谷实：《刑事政策学》，黎宏译，中国人民大学出版社 2009 年，第 97 页。

子信息,允许或者放任他人在自己所有、管理的网站或者网页上发布,具有下列情形之一的,依照《刑法》第三百六十三条第一款的规定,以传播淫秽物品牟利罪定罪处罚。"以牟利为目的,明知他人传播淫秽信息,为其提供发布网站的,构成传播淫秽物品牟利罪定罪。这里值得注意的是,为他人传播淫秽信息提供发布网站的行为属于帮助他人传播淫秽物品牟利的行为。对帮助犯的处罚,应当遵守刑法理论中的共犯理论。根据共犯从属性说,共犯要构成犯罪,以正犯构成犯罪为前提。如果正犯不构成犯罪,帮助犯是否应该处罚,需要有附加的条件说明。但《解释》(二)主张无论正犯是否构成犯罪,只要帮助犯实施了上述司法解释规定的行为,就是实施了传播淫秽物品牟利罪的正犯行为。

三、未成年人不雅内容惩治的责罚细化

不雅观内容对青少年的危害性是多维的,一是直接影响青年健康的性观念、性道德观的形成,二是未成年人的好奇心、弱控制力可能导致性犯罪而破坏家庭、影响社会稳定,三是过早接触对青少年的身心健康发展产生不利影响。性道德具有延续人类种族的社会性和承载主体年龄上的差异性,如果道德败坏,首先受到侵害的是妇女儿童权益,并可能导致精神颓废、婚姻家庭秩序混乱等,并非仅仅是简单的个人生活态度、作风和价值观问题。而在企业自律失灵、技术使用因为成本因素难以避免滞后的条件下,有效应对当前的严峻网络环境对未成年人产生的现实或潜在危害,采取重刑法制裁作为阶段性治理的策略,具有一定的合理性。如前已述,虽然目前刑法及相关司法解释对未成年人制售、传播淫秽色情内容已体现倚重追责的倾向,但仍然难以适应真正净化网络空间的迫切需要。

随着互联网平台形式的出新,对于一些新型的、逐步暴露出社会危害性的不法内容,通过已有法律条款难以入罪或仅采取行政处罚不足以消除其侵害结果的行为,应当及时立法予以补救,譬如网络直播出现低幼龄儿童裸露身体、胁迫或引诱未成年人裸体网络拍照的不法行为。如媒体报道,2017年12月1日,美拍直播平台被指有小学生等未成年人脱衣、露体直播。当晚美拍官方回应称,平台确有失误,将深深反省并立刻开始联合处理。但12月2日记者经过实测发现美拍依然可以通过未成年人的直播申请。记者实测发现,一些不太知

名的小型直播平台几乎处于放任不管的状态,直播间里充斥着低俗和色情内容。如名为"手机直播"平台只需要微信或者 QQ 登录,无须任何认证就可以直播,而该平台大多充斥着露骨的信息。2016 年文化部发布的《网络表演经营活动管理办法》规定,网络直播平台应持有许可证,网络主播必须进行身份证实名注册①。2020 年 3 月陕西礼泉县公安局破获的一起特大传播淫秽物品牟利案显示,名为"星空直播"的涉黄 App 软件的平台直播注册会员人数为 12 万余人,注册主播 4 000 余人。其中,18 岁以下未成年 113 人,占主播人数的2.7%②。儿童色情的特征是以儿童为淫秽图片、音视频、文字等色情信息的表现载体或者兜售对象,制作、复制、传播甚至浏览、持有等行为本身即包含着对儿童的性侵害行为,并会给一般儿童带来巨大的性受害风险,属于很多国家共同严厉谴责和打击的不法行为,并将对儿童色情的惩治区别于一般色情信息。而基于我国的特定传统文化与特有国情,儿童色情应该重罪化处置。

(一)亟待消除未成年人权益保护专项立法的责任畸轻或不具体问题

法律效力是法律体系协调作用的结果,未成年人身心权益保护更需要依赖不同法律所设置的法律责任之间高度衔接,而未成年人保护法律中的淫秽色情责任设定存在不确定性问题。《未成年人保护法》第八条规定,禁止任何组织、个人制作或者向未成年人出售、出租或者以其他方式传播淫秽、暴力、凶杀、恐怖、赌博等毒害未成年人的图书、报刊、音像制品、电子出版物以及网络信息等。该条款对应的法律责任条款为:违反本法规定,侵害未成年人的合法权益,其他法律、法规已规定行政处罚的,从其规定;造成人身财产损失或者其他损害的,依法承担民事责任;构成犯罪的,依法追究刑事责任。作为具体落实手段的"责任条款"却如此粗略简单,对行为禁止的威慑性不具体。而 2020 年 12 月修订后的《预防未成年人犯罪法》将原来的大段禁止性条款及法律责任条款全部删除,更是弱化了该法的规制效力。

未修订前的《预防未成年人犯罪法》第三十至三十二条的禁止性事项如下:以未成年人为对象的出版物,不得含有诱发未成年人违法犯罪的内容,不得含有渲染暴力、色情、赌博、恐怖活动等危害未成年人身心健康的内容;任何单位

---

① 《"美拍"现未成年人不雅直播 官方称立刻处理却仍可直播》,《法制晚报》2017 年 12 月 2 日。
② 《传播淫秽视频超 500 万条,涉案 3200 多万元!》,《南方法治报》2020 年 9 月 24 日。

和个人不得向未成年人出售、出租含有诱发未成年人违法犯罪以及渲染暴力、色情、赌博、恐怖活动等危害未成年人身心健康内容的读物、音像制品或者电子出版物。任何单位和个人不得利用通讯、计算机网络等方式提供前款规定的危害未成年人身心健康的内容及其信息;广播、电影、电视、戏剧节目,不得有渲染暴力、色情、赌博、恐怖活动等危害未成年人身心健康的内容。广播电影电视行政部门、文化行政部门必须加强对广播、电影、电视、戏剧节目以及各类演播场所的管理。相对应的法律责任为:出版含有诱发未成年人违法犯罪以及渲染暴力、色情、赌博、恐怖活动等危害未成年人身心健康内容的出版物的,由出版行政部门没收出版物和违法所得,并处违法所得三倍以上十倍以下罚款;情节严重的,没收出版物和违法所得,并责令停业整顿或者吊销许可证。对直接负责的主管人员和其他直接责任人员处以罚款。制作、复制宣扬淫秽内容的未成年人出版物,或者向未成年人出售、出租、传播宣扬淫秽内容的出版物的,依法予以治安处罚;构成犯罪的,依法追究刑事责任;向未成年人出售、出租含有诱发未成年人违法犯罪以及渲染暴力、色情、赌博、恐怖活动等危害未成年人身心健康内容的读物、音像制品、电子出版物的,或者利用通讯、计算机网络等方式提供上述危害未成年人身心健康内容及其信息的,没收读物、音像制品、电子出版物和违法所得,由政府有关主管部门处以罚款。单位有前款行为的,没收读物、音像制品、电子出版物和违法所得,处以罚款,并对直接负责的主管人员和其他直接责任人员处以罚款;影剧院、录像厅等各类演播场所,放映或者演出渲染暴力、色情、赌博。恐怖活动等危害未成年人身心健康的节目的,由政府有关主管部门没收违法播放的音像制品和违法所得,处以罚款,并对直接负责的主管人员和其他直接责任人员处以罚款;情节严重的,责令停业整顿或者由工商行政部门吊销营业执照。原先的责任畸轻条款已经难以适应严峻的网络传播环境的需要,而彻底删除后又没有其他法律承接。

《刑法》虽规定"向不满十八周岁的未成年人传播淫秽物品的,从重处罚",但对未成年人而言,是否与成年人适用相同的"淫秽"标准,如何规制"色情"内容及法律责任,如果采取常规思路,对未成年人保护的"预防"手段又如何落实,专门立法都没有体现这些思路。《治安管理处罚法》只笼统规定不得制作、运输、复制、出售、出租淫秽的书刊、图片、影片、音像制品等淫秽物品或者利用计算机信息网络、电话以及其他通讯工具传播淫秽信息，没有设置向未成年人传播淫秽色情内容的处罚条款，对于一般性违法侵害未成年人权益的，实际上没有相配套的、明确的法律责任。

更为突出问题是，不雅内容信息侵害未成年人隐私权益在我国更多被视作社会道德伦理问题，不属于严重违法行为。《刑法》对于持有、观看以未成年人作为色情淫秽制品题材的相关物品并没有做出明确规制。而西方一些国家将非法持有未成年人的色情淫秽制品纳入法律规制，有些国家法律规定，制作、传播、售卖、持有、浏览涉及未成年人的色情图片、视频、文章、录音等信息的，将被追究刑事责任，视情节轻重被判处 6 个月至 14 年的监禁。

（二）细化罪责相当的可惩罚性标准

儿童淫秽色情的刑法规制需要细分不同等次，与之对应设置轻重不同的刑事责任。不同等次体现出不法行为的恶性及社会危害性程度，可以划分为四个等次：极端恶劣等次是指以未成年人为拍摄对象，符合淫秽定义的材料；严重恶劣等次的儿童色情指以不满 14 周岁的真实儿童作为拍摄对象，且符合色情定义的材料；恶劣等次的儿童色情是指以不满 18 周岁的真实未成年人作为拍摄对象，且符合色情定义的材料；比较恶劣等次的儿童色情是指以技术手段嫁接真实的未成年人图像或虚构出类似未成年人图像的色情材料。犯罪情节依照《关于办理利用互联网、移动通讯终端、声讯台制作、复制、出版、贩卖、传播淫秽电子信息刑事案件具体应用法律若干问题的解释（二）》第一条规定，区分营利性、非营利性进一步细化量刑标准。

（三）加重不法主体的相应法律责任

针对该类犯罪的网络服务器设置在国（境）外、运营人在国（境）外，难以被直接查处的实际情况，如果制售、传播淫秽色内容专门针对未成年人或以有关未成年人的淫秽色情为传播内容，可通过加重处罚黑色利益链的其他环节的手段达到严厉打击犯罪的效果。在由制作者、运营商、广告商、结算商等主体组成的非法营利性产业链中，对于可以查获的任何环节的主体，作为共同犯而非帮助犯处置，根据上述四个等次确定犯罪的恶性及匹配的量刑。不良信息的生存空间主要有两种。第一，来自独立服务器；第二，把托管服务器放置到国外，以避过国家相关部门的检查。如一些太平洋上岛国的法律允许从事色情业务，

90%以上的情色网站都是通过这种方式建立①。现在很多正规的网络公司都提供国外空间注册、国外域名注册，不需要任何限制，只要付费就可提供美国的服务器、国外的域名。中国的淫秽网站之所以难以彻底清除，主要还是一些广告商，比如有一百家黄色网站，可能有 90 家网站是由一个广告商来赞助的②。结算商或第四方支付平台在帮助违法犯罪环节发挥了重要作用，如 2020 年 7 月广东省连州市警方查获的特大传播淫秽物品牟利案，抓获犯罪嫌疑人 14 名，犯罪团伙传播淫秽视频超过 500 万条，非法获取打赏金额达 3 200 多万元。以犯罪嫌疑人周某为首的视频收费平台专门服务色情视频的打赏支付③。除了追究传播淫秽物品牟利罪，还可以追加洗钱罪的刑事责任。根据《刑法》第一百九十一条规定，"明知是毒品犯罪、黑社会性质的组织犯罪、恐怖活动犯罪、走私犯罪、贪污贿赂犯罪、破坏金融管理秩序犯罪、金融诈骗犯罪的所得及其产生的收益，为掩饰、隐瞒其来源和性质，有下列行为之一的，没收实施以上犯罪的所得及其产生的收益，处五年以下有期徒刑或者拘役，并处或者单处洗钱数额百分之五以上百分之二十以下罚金；情节严重的，处五年以上十年以下有期徒刑，并处洗钱数额百分之五以上百分之二十以下罚金：（一）提供资金账户的；（二）通过转账或者其他结算方式协助资金转移的；（三）协助将资金汇往境外的；（四）以其他方法掩饰、隐瞒犯罪所得及其收益的来源和性质的。"结算商的行为应属于破坏金融管理秩序的范畴，满足适用该罪名的条件。

（四）特定情形下追加强制或诱骗猥亵儿童罪

对于符合上述极端恶劣等次、严重恶劣等次以及比较恶劣等次情况的淫秽色情材料的拍摄或制作者，在处以制作、复制、出版、贩卖、传播淫秽物品牟利罪或制作、复制、出版、贩卖、传播淫秽物品罪之外，应当另行追加强制猥亵儿童罪的刑事责任，以真正体现罪责相当原则。目前，对于此类犯罪仅追究"制作、贩卖淫秽物品牟利罪"的责任，责罚不当，罪责有遗漏。如 2018 年 11 月安徽省灵璧县人民法院以"制作、贩卖淫秽物品牟利罪"判处张某有期徒刑十年、并处罚

---

① 《共青团中央：互联网、手机等不良信息的有关治理情况》，http://www.gqt.org.cn/10hlzc/dzz/201004/t20100426_359356.html。

② 《近半数青少年曾接触黄色网站　网络扫黄刻不容缓》，http://china.cnr.cn/news/200912/t20091206_505718874.shtm。

③ 《传播淫秽视频超 500 万条 涉案 3200 多万元》，《南方法治报》2020 年 9 月 24 日。

金人民币 26 000 元的刑事案件。自 2015 年 6 月开始，张某以"赠送"网络游戏贵族身份为由，诱骗多名女童在 QQ 上与其裸聊，并使用录像软件将裸聊过程制成视频，在网上销售。截至案发张某利用互联网制作、贩卖淫秽视频 586 个，牟利共计 13 430 余元①。这类犯罪近年来在全国多地都有案发，并非个例。2018 年 1 月四川省华蓥市公安局接居民报案，反映其 11 岁女儿网上遭遇威胁、恐吓要求拍摄裸照。2018 年 2 月公安机关立案侦查，犯罪嫌疑人李某在西安被抓获，现场查获涉儿童不雅视频 100 余部。李某从 2017 年 10 月开始，在 QQ 上以招聘童星为名诱骗 20 多名女童上传裸照及不雅视频。2018 年 7 月华蓥市人民法院判处李某有期徒刑三年②。儿童色情信息地下链条从诱骗、拍摄到后期制作、分销、线下交易，有严格的组织链条，难以追溯源头。受访的法律人士及公安、互联网技术人员指出，利用网络传播儿童淫秽信息是一种新型犯罪。从表面上看，这是淫秽信息传播，但背后不容忽视的是儿童被不法侵害，侵害儿童的行为甚至变成牟利非法产品。正如最高人民检察院在一起网络强制儿童拍摄裸照的刑事案件指导意见中所强调的，"网络环境下，以满足性刺激为目的，虽未直接与被害儿童进行身体接触，但是通过 QQ、微信等网络软件，以诱骗、强迫或者其他方法要求儿童拍摄、传送暴露身体的不雅照片、视频，行为人通过画面看到被害儿童裸体、敏感部位的，是对儿童人格尊严和心理健康的严重侵害，与实际接触儿童身体的猥亵行为具有相同的社会危害性，应当认定构成猥亵儿童罪。"③当前猥亵儿童标准界定不清、证据认定门槛过高，对一些不法分子惩治力度弱。对儿童色情、性侵等应进行整体立法，要跟性侵成人犯罪有所区分，打击力度更大，评估内容和标准更精细、更具实操性。

（五）增设"传播淫秽、色情物品危害未成年人罪"

维护儿童成长环境权是无须争议的一项基本人权，联合国《儿童权利公约》强调，无论家庭、学校和社会，都应保证儿童身心得到全面发展，禁止各种对儿童身心的伤害和毒害。《公约》多个条款规定："禁止色情文化，保护儿童免遭一

---

① 《"扫黄打非""护苗"行动·2018 这一年》，http://www.shdf.gov.cn/shdf/contents/767/390957.html。
② 《2018 年"扫黄打非"十大案件》，http://www.shdf.gov.cn/shdf/contents/767/392220.html。
③ 《关于印发最高人民检察院第十一批指导性案例的通知》，http://www.spp.gov.cn/xwfbh/wsfbt/201811/t20181118_399386.shtml#2。

切形式的色情剥削和性侵犯之害。""规范大众传播媒介,确保儿童能够从多个国家和国际来源获得信息和资料,尤其是旨在促进其社会、精神和道德福祉、身心健康的信息和资料,保护儿童不受可能损害其福祉的信息和资料之害。"我国政府编制的《中长期青年发展规划(2016—2025 年)》以及《未成年人保护法》《未成年人网络保护条例》都反复强调应当通过政府、社会、学校、家庭、个人发挥积极作用,构建有利于儿童健康成长的环境,这是儿童的社会成长应享有的基本环境权。儿童成长环境权的保障目标是儿童的心理健康和人格健全。

有少数学者、非主流社会舆论认为,网络色情是人性所需,没有禁止的必要。"与'性'有关的东西已经泛滥到社会的各个角落,如果大多数人都在看,你还说他非法,那说明法律在现实生活面前已经显得落伍。"[①]或者主张,网络色情泛滥是行政不作为的后果,行政法能够解决的问题,刑法没有必要介入。对于网上传播色情内容应否惩罚的认知态度,2012 年执行的一项针对大学生、农村和城市居民的调查结果显示,认为惩罚适当的占被调查者的 12.5%,认为处罚过重的达 87.5%。赞成处罚的主要理由是破坏道德风气、侵害未成年人。不赞成处罚的理由是成人观看者主动自愿、不会对其产生明显伤害。在是否应该予以处罚上,认为不应处罚的占 19.9%,23.6% 的则认为处以警察训诫最为适当。相较于淫秽物品,公众对色情信息更加宽容,绝大数人漠视此类信息对未成年人的影响[②]。"国民欲求或一般意志,是制定刑法的原动力。确定其内容的形式标准就是一般的平均水平的国民正确认识了不良行为的状况和对此而制定刑法的意义。"[③]民众的"宽容"是色情难以有效治理的主要原因之一,尽管如此,根据大多数国家所采取的立场,针对没有辨别、抵抗能力的弱者的色情内容传播,严法禁止仍然是必要的。很多国家法律规定,个人观看儿童色情影片的行为构成刑事犯罪,持有更被认定为刑事犯罪。"儿童色情在很多国家都是重罪,不仅仅包括制作、走私、贩卖、运输和传播,就是持有和浏览、阅读、观看这类所谓'个人行为'达到一定的量都是重罪。"[④]

我国法律并没有把观看和持有儿童色情的行为与观看成人普通色情信息

---

① 《性学家李银河:把卖淫当道德问题处理》,《羊城晚报》2003 年 12 月 15 日。
② 黄大威 李景华 韩冰:《对"传播淫秽物品行为"的民众态度调查》,《犯罪研究》2014 年第 4 期。
③ [日]西原春夫:《刑法的根基于哲学》,顾肖荣等译,法律出版社 2004 年,第 102 页。
④ 《儿童色情背后的"毒瘤"》,《中国青年报》2017 年 4 月 12 日。

的行为进行严格的区分,法律对淫秽物品的传播对象未分成年人、未成年人,没有把儿童色情单列并规定从重、从严处罚。如由吉林团省委发起的"吉青·绿色童年"青少年安全健康上网公益项目"绿色童年健康上网管理平台"内容监测显示,截至 2017 年 2 月,在所有青少年接触到的互联网不良信息内容中,淫秽色情占比最高,为 76.3%;暴露、不雅内容占比 10.7%,居第二位。仅这两项,就占比到达 87%,其中就包含大量儿童色情的内容。有些不法网站热衷于散播"恋童"内容,如猥亵不满 14 周岁的儿童①。刑法所称"淫秽物品"未根据未成年人的身心特点加以细分,导致民众有可能将淫秽物品和色情物品混淆:中国互联网违法和不良信息举报中心在办案过程中,经常收到民众举报时"色情"与"淫秽"不分的情况,有些画面很"黄",但只能算"色情"。而中心对"色情"无法按照刑法处理,甚至也难以按治安案件处理。如果改为"传播淫秽、色情物品危害未成年人罪",则有利于解决举报中的尴尬问题。"传播淫秽、色情物品危害未成年人罪"是指在未成年人可以进出的公共场所或公共平台上传播淫秽、色情物品及信息的行为。淫秽物品,指具体描绘性行为或者露骨宣扬色情的诲淫性的书刊、影片、录像带、录音带、图片、视频文件、音频文件、电子刊物、图片、文章、短信息等互联网、移动通讯终端电子信息和声讯台语音信息等。色情物品,指包括有部分淫秽的内容,对普通人特别是儿童的身心健康有毒害而禁止向儿童传播的物品和信息,表现形式与淫秽物品相同。在对色情物品的判断上,可借鉴"希克林标准",将包含有部分淫秽内容的色情物品视为淫秽物品予以禁止,不必拘泥于这些物品是否有文学价值或艺术价值(性教育除外)。鉴于法律条文只能概括色情物品的特征,难以具体描绘,应付诸法官的自由心证,赋予法官自由裁量权。未成年人可以进出的公共场所或公共平台,指成年人之间的私密空间以外的任何场所。对于个人收藏或者在成人私密空间传播的,不构成本罪。对于性、色情的主体无法辨别其年龄段的言论,如果超出了成人间学术讨论的范围或私密圈而面向未成年人,视为本罪所禁止的淫秽色情信息。对于在公开平台宣扬乱性的行为、在公共场合的过分裸露行为,视为本罪所禁止的传播淫秽、色情信息。

---

① 《儿童色情背后的"毒瘤"》,《中国青年报》2017 年 4 月 12 日。

（六）无控制能力的技术运用应明确追责

技术本身是中立的,但技术运用的结果会产生客观的社会影响,不应该有不受限制的技术运用,尤其针对弱者群体利益侵害的技术使用。收益与成本固然是企业运用技术的考量因素,互联网企业的技术运用追求收益是本能,但必须考虑技术运用的可控制性,不得借成本过高因素作为放纵技术从恶的理由。严格意义上说,企业对技术使用能否控制技术本身的风险应该构成企业风险评估的应有事项。有些互联网企业在日常的实际运营中难以体现技术向善的本色。实际上,我国对互联网企业就其技术使用承担安全保障责任已经出台了多项法律法规,如2016年实施的《网络安全法》第十条规定,建设、运营网络或者通过网络提供服务,应当依照法律、行政法规的规定和国家标准的强制性要求,采取技术措施和其他必要措施,保障网络安全、稳定运行,有效应对网络安全事件,防范网络违法犯罪活动,维护网络数据的完整性、保密性和可用性。又如公安部2018年颁布的《公安机关互联网安全监督检查规定》就明确提出:对提供互联网公共上网服务的,监督检查是否采取符合国家标准的网络与信息安全保护技术措施。这表明企业的技术安全的执行情况应该纳入公安部门执法检查的范畴。企业放任技术使用获取巨大市场利益而完全放弃约束技术导致不法性后果的行为,属于典型的违背网络安全责任的违法行为。企业承担技术使用的安全责任问题,虽有法律明文规定,但仅是象征性条款,缺少惩罚的具体规定。

技术带来的负面问题只能由技术加以解决,针对未成年人的内容过滤、阻隔问题,未成年人用户身份的识别问题,防止未成年人用户的成瘾与时长、时段限制问题等等,简单地靠行政监管部门、执法部门采取集中整治行动的运动式执法难以实现。企业通过技术化的手段才是真正解决问题的关键一环。国家的立法鼓励企业运用新的技术加强对未成年人的保护,实际上就是企业应对技术风险的成本适度分担问题。有一种意见认为,应当考虑收益与成本的关系,不宜对企业提出更高的监管标准,这意味着企业需要研发更多的技术,需要过多的成本。该类意见认为立法需要避免"立法者请客、企业买单"的不公平做法,政府提出很高的标准,但技术上保障落实的成本主要由企业来承担。该意见值得商榷,环境问题的立法应遵循谁破坏、谁治理或谁补偿的原则,企业使用技术导致网络生态环境的破坏却将责任转嫁给政府或社会,亦不公平。如果企业认为控制技术从恶的技术研发成本过高,可以考虑补交一定数额的环境补偿金,专门支付技术研发机构,以达成技术控制的目的。市场经济不允许存在只享受技术风险带来的利益而无须承担法律责任的经营特权。

（七）故意侵害未成年人行为应视为"情节恶劣"

故意的不法行为是加重处罚责任的必要条件。除了上述两项刑事司法解释所说明的"明知"而为之的故意情形外,近年来值得关注的、应纳入"明知"范畴的包括:以隐蔽方式向学生群体推荐,属于直接故意;无视新闻报道或网络媒体的一般性舆论关注作为举报的手段,属于间接故意。举报包括公开举报、非公开举报,新闻媒体或网络媒体针对具体问题、涉及具体对象的报道,应等同于公开的举报行为。任何属性的媒体报道,只要涉及未成年人色情的,报道本身理所当然成为举报信。如果提供通道服务的网络平台对涉及举报的不法内容未能及时采取有效措施,应以故意行为认定为共同犯。通过作业类 App、学习类 App 或学习类网站埋设含有性暗示、性诱惑的色情内容甚至淫秽内容,通过便利的渠道向中小学生推荐使用,是引发社会高度关注的突出问题,媒体对此问题多有关注[1]。工信部于 2017 年 7 月 1 日实施的《移动智能终端应用软件预置和分发管理暂行规定》已有明确要求,手机 App 不得含有淫秽、色情等法律所禁止的内容,互联网信息服务提供者不得提供淫秽、色情等法律所禁止的手机应用。仅仅根据一般性的违规行为予以处罚,显然难以达到效果。学习类 App 发布内容的来源有两种,一种是 App 运营商自己制作并提供内容,另一种是由第三方提供内容。根据责利相当原则,软件开发者、运营者均应被追究法律责任。而鉴于中小学生没有足够的判断力、控制力,尤其是教师介入推荐使得学生丧失抵制力,以学习软件的名义或专为儿童开发的平台、网站或应用程序等,向 14 周岁以下儿童推荐暗藏软色情或色情内容,一概地仅施以行政处罚,责任畸轻,应根据造成实际受害的学生人数,合理追究刑事责任。

---

[1] 央视新闻 2017 年 11 月 15 日报道,由北京某信息技术有限公司运营的"互动学习"App 不仅暗藏百多款游戏,不少游戏存在危害未成年人身心健康的低俗色情互动信息,并存在将 App 中的游戏通道转移到了微信公众号,把中小学生用户引导到 App 以外的空间,逃避监管。报道后全国"扫黄打非"办公室迅速核查,北京市"扫黄打非"部门进行了查处,责令"互动作业"App 停止运营,给予罚款 5 万元;《检察日报》2017 年 11 月 20 日报道,一些针对中小学生的学习类 App 中,某些内容存在各种性暗示的荤段子、大尺度的涉黄图片以及"小黄文"。

余论：

法律之治技术化

世界范围内不同国家的互联网淫秽色情内容的治理模式大致分为三类：一类是强制性的法律介入，偏重法治手段，以新加坡、德国、澳大利亚等为代表；另一类是劝导性的自律规范主导，美国、英国、加拿大、日本等具有代表性，更多地依赖于技术手段达成的内容分级与过滤；再一类是强制性法律、劝导性规范兼备的治理，以中国为典型。但无论采取何种治理模式，以政府指令或国家立法形式要求强化技术手段治理包括淫秽或色情信息在内的有害内容，成为大多数国家共同的理念与选择。

一、法律对技术监管渐成趋势

谨慎采取立法监管的欧美国家一直侧重企业自律与技术监管结合的治理方式，互联网安全技术主要是网络内容与行为的监管技术占据社会与政府协同管理的重要位置。如德国 2017 年通过的《改进社交网络中的法律执行的法案》（简称《网络执行法》）、英国 2019 年由数字、文化、媒体与体育部同内政部联合发布的《网络有害内容白皮书》等虽向立法监管迈出重要一步，但仍以法律责任方式倡导技术手段的优先性。立法规范网络内容无不需要相应技术手段的配合，这是网络内容规范的基本途径。以美国的监管技术运用为例，早在 1994 年美国国会就颁布《法律执行通信协助法》，规定网络空间的设计必须有助于执法效能得以保障的模式，便于实施电子监听，政府将管理手段通过软件嵌入网络空间。美国在颁布《儿童在线保护法》（1998 年）之前，软件服务商事先已经在开发系列的用于网络内容分级和过滤的软件。美国重点依托互联网技术使得儿童免受色情淫秽侵害，在采取内容分级的基础上由家长、学校及公共图书馆机构运用过滤技术以及法定年龄身份的电子认证系统。如 1996 年的《通信庄重法》就已经规定,商业网站的运营者在允许用户浏览对未成年人有害的内容之前,先使用年龄验证电子系统对用户的年龄进行鉴别。第一次违反者将被处以数个月的监禁和 5 万美元罚款,屡次违反将予以更重的惩罚。为限制利用互联网发布对儿童有害信息,避免儿童接触有害信息,《儿童在线保护法》规定,网络服务商应当提供限制儿童接触互联网有害信息的技术保护措施,包括要求使用信用卡、借方账户、成年人访问码或成年人个人识别码,对年龄进行数字化识别以及其他在技术许可下合理可行的方式。儿童在线保护委员会应识别和分析各种保护青少年不受互联网有害内容影响的技术工具和方法,包括但不限于:父母用来保护青少年的常用方式如"一次点击离开"的方式;过滤和阻拦软件;标注和定级系统;年龄证实系统;凡是对青少年有害的内容,建立一个统一域名。过滤技术运用有两种途径,一是在用户的电脑或网络服务器上安装过滤软件(既可以过滤屏蔽特定的内容信息,也可以过滤排除特定的网址),另一种是采用内容分级系统。政府主要通过互联网服务提供商(互联网介入业务、信息业务和增殖业务)的控制模式,同时运用两种技术对网络内容进行规制。2000 年 11 月,美国国会要求所有学校、每家图书馆都需要安装过滤软件,以阻止用户接触到不利于未成年人的材料。

我国近年来尤为注重通过立法手段强化企业运用技术治理网络的责任意识,2009 年就已经提出了技术手段监管的政策性要求,如工信部颁布《关于计算机预装绿色上网过滤软件的通知》,规定从 2009 年 7 月 1 日起国内销售的所有个人电脑出厂时须安装绿色上网过滤软件"绿坝—花季护航",拦劫过滤色情及不良信息网站。过滤软件工作原理是根据一定目标要求,将包含特定关键字符的信息、网站地址进行屏蔽、封锁。目前已有多部规范性法律文件涉及这方面的规制,如《网络安全法》规定,建设、运营网络或者通过网络提供服务,应当采取技术措施保障网络安全、稳定运行,防范网络违法犯罪活动,维护网络数据的完整性、保密性和可用性。网络产品、服务应当符合相关国家标准的强制性要求,网络产品、服务的提供者不得设置恶意程序;发现其网络产品、服务存在安全缺陷、漏洞等风险时,应当立即采取补救措施。但现实存在的问题并非因为法律规章的出台就能自动消失,如 2019 年 2 月,国家网信办连续约谈约见

"微信 7.0 版""聊天宝""马桶 MT""多闪"等四款社交类新功能新应用企业负责人,责成有关企业履行和完善安全机制程序,依法开展对互联网新技术新功能新应用上线所应该履行的安全评估责任①。这方面的行政监管个案数量庞大,成为新的治理难点。《移动智能终端应用软件预置和分发管理暂行规定》(2016)强调"生产企业和提供移动智能终端应用软件分发服务的互联网信息服务提供者不得提供或传播含有包括淫秽、色情、赌博、暴力、凶杀、恐怖或者教唆犯罪等内容的移动智能终端应用软件""通信主管部门应对生产企业和互联网信息服务提供者落实本规定相关要求情况进行监督检查,应组织专业检测机构对生产企业预置的和互联网信息服务提供者提供的应用软件开展监督检测和恶意应用软件认定工作,相关企业应给予配合,并提供便捷的获取应用软件的条件。"《移动互联网运用程序信息服务管理规定》(2016)明确"编制各类应用软件恶意收集个人信息、传播淫秽色情及恐怖暴力内容,应承担相应的法律责任",《网络音视频信息服务管理规定》(2019)要求"不得利用网络音视频信息服务以及相关信息技术制作、发布、传播淫秽色情""网络音视频信息服务提供者基于深度学习、虚拟现实等新技术新应用上线具有媒体属性或者社会动员功能的音视频信息服务,或者调整增设相关功能的,应当按照国家有关规定开展安全评估。"此外,专门就技术运用的安全评估出台了相关政策性规章,如《互联网新闻信息服务新技术新应用安全评估管理规定》(2017)、《具有舆论属性或社会动员能力的互联网信息服务安全评估规定》(2018)等,避免技术预置的不法与不安全现象。

值得关注的是,虽然多项法律法规对技术因素的主体责任予以不同侧面的强调,但依据《网络安全法》的规定,该方面违法行为的法律责任承担畸轻:任何个人和组织发送的电子信息、提供的应用软件,设置恶意程序的,由有关主管部门责令改正,给予警告。拒不改正或者导致危害网络安全等后果的,处 5 万元以上 50 万元以下罚款,对直接负责的主管人员处 1 万元以上 10 万元以下罚款;提供专门用于从事危害网络安全活动的程序、工具,或者为他人从事危害网络安全的活动提供技术支持、广告推广、支付结算等帮助,尚不构成犯罪的,由

---

① 《国家网信办约谈约见四款新发布社交类应用企业》,http://www.cac.gov.cn/2019-02/01/c_1124077140.htm。

公安机关没收违法所得,处 5 日以下拘留,可以并处 5 万元以上 50 万元以下罚款;情节较重的,处 5 日以上 15 日以下拘留,可以并处 10 万元以上 100 万元以下罚款。就罚款数额而言,合并考虑被查获的风险概率,违法付出的成本可以忽略不计。

二、法律之治依托技术之治

无边界的网络空间、Web 页的超链接、信息传输的实时性和交互性、信息存储的非物质依赖性及接近无限的存量,互联网技术运用的每一项特征都意味着"所控制的实际上是不可能控制的",很大程度上,互联网技术使用导致淫秽色情治理的顽疾之症,不借助技术手段就无法化解症结。出于政府施加的压力、强制的法律责任或自律的社会责任等原因,近年来,一些主要的互联网企业自愿或非自愿地采取了技术手段一定程度地阻止淫秽色情信息的加剧。但就技术治理的总体趋势而言,国外国内的技术研发与运用呈现出从智能程度低向智能程度高演进的特征,即由依赖于人为设计不良图片的特征提取为主导向传统的智能识别,再向基于深度学习、大规模样本训练的高阶智能逐渐进阶。传统智能审核的识别色情图像是通过图片 RGB 值识别肤色比例,通过建模识别异常动作、敏感部位等,但识别色情图片准确率低,经常误报。深度学习的明显优势在于利用海量训练大数据,不断提高识别精度,必须依赖计算机速度的提升、大规模集群技术的兴起、GPU 应用以及众多优化算法,深度学习的智能技术才可以日常运用。

虽然不同国家在淫秽色情内容治理方面存在法律制度的明显差异,但这并不表明政府或社会倡导或纵容这些内容的制作、传播,仅仅是法律监管或惩罚的力度方面的不同。国外的互联网企业较早地采用技术手段阻止淫秽色情信息,以满足政府、社会的期待,在企业经营与社会责任的冲突中谋求平衡点。Google 在 2010 年前后开始研发并使用 AVA 人类动作识别系统,即通过特定图片、视频中的人物、场景来识别人物行为是否涉黄,而域名劫持、关键字过滤、网络嗅探、网关 IP 封锁等则是更早的技术运用。总部位于加拿大、美英等国家均设立分公司的世界最大的商业色情网站之一的成人网站 Pornhub,于 2017 年 10 月开始采纳基于面部识别技术自动识别网站中的 AV 视频,并先行识别其视频库中所有 500 万个视频,并对视频进行高级分类,如场景(私人或公共场所)、女演员发色等。该机器学习模型 AI 系统工作步骤包括:从数千张图片中获得某色情明星的相关数据;去除不正确的数据及模糊图像;训练机器学习模型;在包含数百万视频的视频库上训练模型;使用反馈循环优化模型,再回到训练机器学习模型,如此循环;Facebook 业已开发出一项新的系统工具,对直播视频中的违规内容进行自动标记。此外它还采取数据识别方法,即通过点赞、评论数或直播产品的送礼数、在线人数再判断内容是否属于正常范围;雅虎也曾专门设计一套深度学习神经网络用于自动检测图片是否含有色情内容,并检测图片是否包含不适宜工作场所(NSFW)内容,该深度学习神经网络项目能以更高精度分辨色情图像。由于 NSFW 界定其实是很主观的,有的人反感的东西可能其他人并不觉得如何。雅虎的深度学习神经网络只关注 NSFW 内容的一种类型,即色情图片,所以该模型不适用于检测素描、文字、动画、暴力图片等内容[①]。

随着淫秽色情内容充斥网络空间的现象日益加剧,迫于法律监管力度与社会舆论,国内的有些互联网企业也开始注重使用技术进行智能化的不法信息识别,如“百度云”采用深度学习技术判断一张图片的涉黄程度,分别给出色情、性感、正常三个置信度分值,用户可以根据业务需要利用置信度分值对违规图像进行自动过滤,及时避免产品涉黄风险,以降低人力审核成本。主要通过软件对视频、直播等多媒体抽帧检测,快速高效检测出不雅视频,快速杜绝产品涉黄。或对用户上传的图片进行审核,避免用户上传色情等不雅图片,确保产品内容质量可控。又如新浪微博在 2019 年 7 月启动的清理低俗色情信息的“蔚蓝计划”专项行动中,采取了人工审核和技术识别结合的手段,针对低俗色情图文,采用图片 OCR 过滤识别技术,对于以文字方式发布的信息,采用人工审核和系统过滤识别相结合手段进行清理。目前一些互联网企业采用了机器学习＋MD5 识别技术,即构建数据训练一个机器学习模型,识别视频图像的特征＋文件名＋文本特征＋文件格式、大小等特征等,以自动阻拦或屏蔽被识别为目标内容。这些技术的基本工作原理是大数据学习训练基础上实现智能过滤、屏

---

① 《雅虎色情图片检测神经网络》, https://blog. csdn. net/xingchenbingbuyu/article/details/52821497。

蔽,事先通过提取大量视频、图片、声音、关键词内容的识别特征如人体大面积皮肤颜色、皮肤纹理特征、敏感部位、特定环境中的声音等,形成相对稳定的各项识别标注及分类模型,实现对不良内容的自动监测。

尤其近两年来,直播平台成为互联网最吸金的渠道,有关统计显示,截至2019年6月,我国网络直播用户(含主播和直播观众)规模已经达到4.33亿,占整体网民的50.7%。仅2018年就新增主播200多万①。数量如此庞大的直播平台中有一部分直播行为不同程度地存在涉黄问题,利用人工智能技术识别图像、语音的直播鉴黄成为一些互联网企业的被动需求。因为对直播平台的人工监控存在难以克服的困难,一是直播房间数规模庞大,同时在线视频难计其数。二是直播流量聚焦夜晚,疲劳识别精确度降低。三是主播实名及直播实时验证难度大,直播平台注册信息简单,实名验证主播身份完全依靠人力审核难以做到真实有效。2017年之后,如图普科技、阿里绿网、腾讯万象优图等人工智能鉴黄技术已经相对成熟。这些技术通过视频截图、图像识别、语音技审、弹幕监控、关键字抽取等功能组合进行智能化的内容识别。其中视频直播内容的审查鉴定包括以下步骤:识别图像中是否存在人物体征,图像中人物的性别、年龄区间,肤色、肢体器官暴露程度;识别人物的肢体轮廓,分析动作行为;除图像识别,还从音频信息中提取关键特征,判断是否存在敏感信息。此外,通过声纹识别技术,判断当前直播间的主播是否为注册主播本人,对主播身份进行识别。对主播的语音内容进行关键词检索,是否存在禁语、敏感词。对特定的连续语音数据段进行识别,是否存在不良信息。就已经运用该类技术的网络直播平台而言,图像检测、音频检测的结合使用已经基本可以满足日常的不雅信息监管的工作需要,需要辅以人工复核的比例大为降低,只有对疑似的信息进行标注才加进人工复核。人工复核后的数据会被收集起来进行迭代训练,以进一步提升识别的准确率。

网络不良信息监测与监管的全面技术手段包括行为监管技术与内容监管技术。行为监管技术主要指行为隐蔽技术、行为跟踪与踪迹消除技术、行为可信认证技术、行为完整性防护技术、行为控制技术、行为有效性确认技术、应用

---

① 《2019年中国直播用户规模、直播平台特点及发展趋势分析》,https://www.chyxx.com/industry/202001/829079.html。

系统行为监控技术、终端行为监控技术、网络定位技术、网络行为跟踪技术、网络远程控制技术等,内容监管技术则包括内容保密性技术、内容完整性技术、内容可信判定技术、内容分类技术、内容摘要技术、内容标识与识别技术、内容载体标识与识别技术、应用系统内容监控技术、内容过滤技术、键盘记录技术、屏幕抓取技术等。就淫秽色情内容监管的技术运用而言,主要是内容过滤技术手段的运用,涉及信息内容的在线识别、内容过滤与语义综合分析技术,图像视频特征提取与特征匹配及过滤技术,音视频对象捕捉与过滤技术,多模式多媒体内容过滤技术,转码信息过滤技术,动态页面的限制访问技术以及文本内容自动理解、识别跟踪技术等。作为技术治理的第一阶段,法律之治体现为法律规则更多地外在于技术治理的过程,技术之治虽然遵从一些法律规则,但法律规则本身无法完全嵌入到技术指令中,因为法律规则难免存在模糊性,刑法及部门规章对淫秽、色情的界定文字难以完全用可以测量的指标予以分解,如"具体描绘性行为"指向在检测手段运用上是不可行的。法律文件的笼统划分使得类别间的特征差异性不大,网络模型在学习其高层语义特征时产生困惑,降低了分类准确率,或类别特征的互斥性效果不佳。所以,依托技术治理的法律之治只能实现近似的法律规制目标。

目前,已经相对成熟并被应用的网络不良信息的技术软件主要分为三类,基于 URL 的过滤、基于网页敏感词的过滤以及基于图片内容的过滤。基于 URL 的过滤方法建立在色情类网站域名的预分类网址库基础上,可以直接屏蔽掉目标网站。由于色情类网站服务器多架设于境外,难以对其进行查封,而申请新的免费域名又非常简捷,该方法并不能阻止色情网站的重复出现。而维护该黑名单需要依靠举报人的线索,所以,难以适时过滤淫秽色情内容;基于网页敏感词的过滤方法是对不良图片所在网页的背景文本内容进行分析,并与敏感词库进行比对,当出现大量敏感词时,即判定该网页内容为不良信息。该方法具有一定的实时性,但误判率比较高,通常与基于 URL 的过滤方法同时使用,以提高准确性;基于图片内容的过滤方法利用图片本身的语义信息进行过滤,具有较高的准确性和适应性,该方法又可细分为基于兴趣区域的过滤、基于图片局部特征或全局特征的过滤,基于兴趣区域的过滤通过图片的颜色、纹理和轮廓等特征提取类肤色区域,依据一定的规则对图片的色情性进行判定。基于图片局部特征或全局特征的过滤通过提取具有代表性图片的局部特征或全部特征，依赖机器学习等方法进行识别。然而，这些技术在实际应用中经常出现一些问题，如色情类图片的多样性、物理属性特征的易混淆性、不同文化习俗间对于色情标准的不同判断以及网络供应商分布的广泛性等。其中，基于感兴趣区域的色情图片过滤方法、基于局部特征的色情图片过滤方法、基于深度学习的色情图片过滤方法的混合使用更具前景性。该技术的关键是如何选取若干具备适当表征的淫秽色情图片的敏感信息。为了逃避技术监控，可能刻意使得色情图片或视频中的人体关键区域所占画面的比例较小，与画面中其余部分的复杂内容相比，人体关键区域的外观特征并不突出；基于感兴趣区域的色情图片过滤方法包括肤色区域检测、人脸信息检测以及敏感部位检测。肤色区域检测涉及颜色像素参数、肤色模型、皮肤纹理、形状等辅助特征。人脸具有显著的可识别性，人脸检测技术可以帮助除去不包含人脸的类肤色物体图片的干扰，利用人脸区域对图片的其余肤色区域进行验证，提高检测的精准度。人体敏感部位指女性胸部、下体和男性下体，能够明显地传达出色情信息，裸露的人体敏感部位的检测具有较高的可靠性。目前针对人体敏感部位的检测方法主要是预定义特征方法、通过 AdaBoost 集成学习方法，建立敏感部位分类器，对图片中可能存在的裸露人体敏感部位进行检测和过滤。由于敏感部位皮肤的局部肤色特征与其周围肤色具有明显差异，其准确率基本可以满足实际的需要。目前使用的方法是通过物理级联的方式将两种以上的检测方法结合，逐步地排除不满足特征的正常图片。但总体而言，基于感兴趣区域的检测方法的误报率相对较高，因为同时使用的两种或以上方法之间会存在一定的冲突或重叠，各自方法的检测效果不能融合在一起，而每一种检测方法本身并不能完全适用于全部的色情图片检测，适用对象有明显的局限性；基于局部特征的色情图片过滤方法可以相对降低上述方法的误判率，其技术关键在于寻找对光照、肤色具有独立性的图片特征，以更好表征色情图片的语义信息，构成基于局部特征检测方法的目标指向。为了对提取图片的局部特征进行更好地表达，可以采取稀疏编码（即通过很少的特征就可以描述目标图片主要信息的编码方式）、词袋模型方法（包括字典学习、特征量化两个步骤，通过聚类算法对图片局部特征进行多次迭代，构建特征字典，再分别对每一个基本特征进行频率统计，构建词频直方图），将图片的局部特征转化为具有高度概括性的表征向量；基于深度学习的色情图片过滤方法是智能化程度相对高的深度学习检测方法，将目标的特征提取和分类器放在一个模型里，统一进行特征提取和分类，特征的设计不再是通过研发者的先验知识，而是由模型通过对大量样本的学习获得。这种方法可以避开人工设计的特征模型与实际色情图片特征难以准确匹配的问题。深度学习检测方法中的神经网络算法通过模拟生物大脑运作的方式，参考大脑神经元结构对信息进行处理。神经网络算法可以有效地解决线性及非线性的分类问题。卷积神经网络（CNN）算法在图像处理方面有诸多优点，如可以利用 GPU 的并行处理能力、自我参数学习和修正能力以及容错能力，在图片背景信息复杂情况下仍可达到比较好的过滤效果[①]。

在低阶的智能技术使用阶段，技术过滤难免存在过度屏蔽的"误伤"问题，如以"同性恋"为关键字搜索时，不仅"同性恋不是不正常的性关系"网页地址无法打开，有些网页上登载的法规文件中的相同字眼也无法浏览，如《网络视听节目内容审核通则》因条款含有"性关系、性行为，如乱伦、同性恋、性变态、性侵犯、性虐待及性暴力"等而无法打开。这种过于敏感的监测可能导致表达自由不应有的减损。过滤标准的制定问题也不是单纯的技术可以解决的，如淫秽色情信息规范的范围很难明确精准，即便我国法规对于淫秽的界定已经足够清晰，但离代码化的参数标准有相当大的分歧空间，这是其一。其二，过滤的标准制定主体如何优化是技术治理必须要解决的问题，如果标准完全由政府单方面确立，可能存在不完全合理因素。如韩国的网络监管主体将同性恋行为定义为"淫秽变态"，将同性恋网站予以关闭，遭遇同性恋人群的强烈反对[②]。我国也发生过类似的争议事件：2018 年 2 月，原告范某系某同志中心与同志平等权益促进会成员，以《网络视听节目内容审核通则》相关条款"涉嫌歧视同性恋"为由，将拟定条款的主体中国网络视听节目服务协会诉至北京市第一中级人民法院，原告指称，《网络视听节目内容审核通则》将"同性恋"界定为"表现和展示非正常性关系、性行为"的"渲染淫秽色情和低级庸俗趣味"，缺少法律、政策依据。《通则》第八条规定："网络视听节目中含有下列内容或情节的，应予以剪截、删

---

① 《色情图片的过滤方法分析说明》，http://www.doc88.com/p-5823806035138.html。

② 林建：《网络不良信息过滤研究》，华中师范大学硕士学位论文，2007 年。

除后播出;问题严重的,整个节目不得播出;……(六)渲染淫秽色情和低级庸俗趣味……表现和展示非正常的性关系、性行为,如乱伦、同性恋、性变态、性侵犯、性虐待及性暴力。"①如果在标准制定的合理性方面已经存在争议,那么技术化的治理结果仍然难以与社会效果达到和谐状态。

　　复杂和深度的内容规范对于配套网络技术的要求更高。目前,公安部门实施网络监管的内容监控软件开发技术已经相对领先于企业的研发与运用,公安检测软件可以实时记录被监控的主机访问的网站地址和访问时间,将其存入本地的数据库,还能截获网页,并还原显示。这些软件同时具有网站禁止功能,可以根据用户的设置,对由一个 IP 或域名地址代表的 WWW 网站施加访问控制。当然,功能强大的监控软件可能构成对个人隐私以及商业信息安全的潜在威胁,使用主体必须受到严格控制②。

三、法律即技术:法律规则代码化

　　法律与技术之间的关系体现在,一方面,国家通过直接或间接的方式规范使用代码的用户行为,实现对互联网的管理;另一方面,代码与法律一起或者辅助现有法律,共同实现规范和管理社会的作用。随着人工智能化程度的更高进阶,目前的技术治理由外在法律规则的指引即低阶智能识别与过滤技术,逐渐向法律规则完全融入技术代码的高阶智能无痕迹治理状态演进,新阶段的淫秽色情治理路径是法律之治的高度智能化,法律之治与技术之治融合,法律之治融入技术之治,法律规则彻底代码化,代码规则即法律规则。劳伦斯·莱斯格所提出的"代码即法律",核心内涵就是利用代码来定义人们需要遵守的规则③。高阶的智能代码治理将传统法律治理思维的以治"人"为目标转向以治"事"为目标,在满足"维系公序良俗的手段"之需的前提下,"人人都有下流的权利"能够被代码规则所兼容,只要符合前置条件"私人空间""公序良俗""未成年人保护"。

　　法律规则代码化尚处在起步阶段,代码应用于执行法律规则是技术发展的

①　《广电总局:没有歧视同性恋的法律和政策》,https://weibo.com/ttarticle/p/show?id=2309404210889845770035。

②　梁宁:《国际社会互联网管理的特征及面临的问题》,《信息网络安全》2003 年第 3 期。

③　[美]劳伦斯·莱斯格:《代码:塑造网络空间的法律》,李旭译,中信出版社 2004 年版,第 32 页。

一种必然趋势。一些智能技术运用可以导致法律规则与技术规则之间的界限日益模糊,如区块链的智能合约既可以支持传统合同规则,也可以代替传统合同规则。智能合约可以通过技术来模拟法律合同的功能,从而有效地将法律转化为代码。淫秽色情不良信息治理之所以更需要法律规则植入技术代码,原因在于互联网这样的跨国环境中各国政府都难以执行统一标准的法律,各国政府只能通过制定本国法规对其所认可或不认可的内容予以规制,并对软件开发商或硬件制造商的产品进行规范管理,如规范在线中介机构的责任,中介责任限制是涉及内容很广泛的限制性法律责任制度,用来规范在线运营商因在其基础设备上传输或存储的内容而承担合理必要的刑事、行政责任或民事责任。为了避免法律制度分歧导致的法律之治的现实障碍,将法律规则植入各国通用的技术代码,可以一定程度避免这种制度性阻隔。在互联网上,监管主要以私人手段进行,例如由设备或软件的设计者进行监管,由于因特网具有跨国性,监管范围从一开始就超出了国家的管辖界限。数字版权管理制度(DRM)是其中的一个典例。DRM 将版权法的规定转化为技术保护措施的形式,从而对版权作品的使用加以管理①。技术作为一定目标的执行工具而存在,技术并非价值无涉②,无论是否有意地将意识形态嵌入技术之中,只要这些技术支持特定政治体制或促进特定行动和行为,都会对社会产生重要的作用。当然,虽然任何技术产物的设计思路都可能被精心披上政治意图的外衣,但技术的设计思路和政治意义之间的联系并不总是那么显而易见③。正如莱斯格在"代码即法律"中明确指出的那样,从本质上来看,代码是互联网体系结构的基石,因此它有能力通过技术手段规范个人行为④。

人工智能是一种特殊的代码,互联网代码所具有的特定功能与其他形式的监管有着本质区别。应用软件程序的设计和开发完全不同于硬件设备或任何其他物理设备。由于再生产成本近似为零,意味着软件代码可以容易地在全球

① Ethan Katsh, Orna Rabinovich-Einy, Digital Justice: Technology and the Internet of Disputes, Oxford University Press ,2017,pp.81.

② Abbe Mowshowitz, Computer and the myth of neutrality. Proceedings of the ACM 12th Annual Computer Science Conference on SIGCSE Symposium, 1984, 85-92.

③ Langdon Winner,Is the technical work-piece political content? 1980(1), http://www.rpi.edu/~winner.

④ [美]劳伦斯·莱斯格:《代码:塑造网络空间的法律》,李旭译,中信出版社 2004 年版,第 33 页。

范围内被快速地复制、修改和传播。数字格式的软件代码使任何人都可以复制并随意修改代码以创建它的替代版本。数字特征保证了代码具有更强的适应性以及更高的延展性。在因特网这样的跨国网络环境之下，任何代码都可以跨国传播，在世界各地迅速地被复制和改编，一个国家难以阻止代码的输入或输出①。另一方面，与单纯的法律规则执行相比较，代码规则可以起到预防不法行为的作用。代码规则通过事先执行的方式对个人行为加以限制，即代码可以防止人们违反技术规则，尤其可以在人们实施行为之前就能发挥预防作用，这与传统法律规则的事后救济与执行恰恰相反。大多数普通人由于缺乏特定的专业知识和途径，除了遵守代码之外别无选择。这与法律规则有极大的不同，在法律规则中，每个人都有能力决定是否违反规则。代码监管的优点在于事先执行规则，而不是依赖第三方，由法院或者警察进行事后强制执行，这使得人们难以在初始阶段就违背规则。此外，与具有灵活性和模糊性的传统法律规则相反，技术规则高度规范化，几乎没有任何模棱两可之处，因此消除了对公正裁决的需求。

目前，代码化的管理仅在版权保护领域成为整合和执行现有法律条款的重要手段。软件控制即代码可以直接执行法律的或者非法律的规则，如将法律规则嵌入代码，对版权予以技术保护是比较成功的探索路径。区块链技术有望使法律代码化，实现代码之治。区块链作为一种分散的、安全的、难以破坏的数据库，或称一种公共账簿，构成点对点价值创造和无信任交易的基础性工具。区块链作为一种建立在无信任基础上的技术，消弭了交易各方之间的信任需求，使互联网上互不相识、互不信任的个体之间能够相互建立起联系。区块链允许将智能合约上传至区块链，就可以实现智能合约在互联网每个节点上分散执行的效果，即区块链作为基础技术可以自动执行智能合约条款，即使这些条款与法律或合同条款并不存在实质性关系②。基于区块链技术的智能合约可被用来效仿或者模仿法律合同的功能，从而将法律转变为代码。区块链技术可能导致一个以自治规则代替传统法律的社会。通过技术自动执行法律，可能会获得

---

① Primavera De Filippi, Samer Hassan: Taking Blockchain Technology as a Regulatory Technology: from Code is Law to Law is Code, https://export.arxiv.org/pdf/1801.02507.

② Primavera De Filippi, Samer Hassan: Taking Blockchain Technology as a Regulatory Technology: from Code is Law to Law is Code, available at https://export.arxiv.org/pdf/1801.02507.

更高的效率和透明度①。为保护著作权人的权益,一些内容提供商开始使用数字版权管理系统和技术保护措施,采取通过一系列限制访问和复制机制,限制终端用户对数字内容的使用。目前出现了各种各样的办法如密码回译等技术手段使得数字版权管理系统变得失效,针对该情况,许多国家颁布了反规避规则,禁止在没有取得相关著作权人授权的情况下,利用技术手段规避技术保护措施。代码用来强化法律,法律用来确保代码不被规避或篡改,从而成为保护代码的手段②。从代码具有产生法律效果的功用到将法律转换为代码,区块链作为一种互联网监管技术成为可能。法律规则逐渐代码化,即运用代码进行监管。一种越来越依赖软法来规范行为的新型监管方式出现了,即合同协议和技术规则。当我们利用软件对互动行为进行管理的同时,也越来越依赖技术,软件可以决定在线环境下什么能做,什么不能做,慢慢地适用软件比适用法律更常见,而且更高效。基于区块链环境,代码之治比法律外在治理能够更高效地调节个人行为、规制网络空间。未来区块链实现广泛覆盖,所有信息的生产、复制、存储、传播得以在不同平台属性的区块链进行,不仅涉及淫秽色情信息传播在区块链呈现的任何痕迹由于证据不可移除或灭失而便于低成本地追究不法行为主体的法律责任,而且也因为区块链的价值与规则代码的高通约性使得规制的尺度与力度最大限度减少了争议,治理的协同性得到彰显,达到一种相对理想的法律治理状态。

---

① 曹建峰:《法律人工智能十大趋势》,http://mp.weixin.qq.com/s/0DQOsL3cv2c5QofjX5gmeA.

② Ethan Katsh, Orna Rabinovich-Einy, Digital Justice: Technology and the Internet of Disputes, Oxford University Press ,2017,pp.99.

附录

网络不雅内容认知与接触情况调查问卷

各类不雅内容填充了互联网空间，使用电子设备的成年人用户接触这些信息轻而易举。互联网传播的自主性对不雅内容的容忍应以何种尺度为限，是互联网治理的法律化政策应当考虑的因素。本问卷以互联网的成年人用户为调查对象，旨在调查用户对网络空间不雅内容的认知、接触情况。本问卷采取不记名方式填写，调查结果仅用于匿名的统计分析，不涉及被访者个人的任何声誉或形象。请您根据自己的真实认识、实际情况填写。非常感谢您的大力支持！

本问卷所指"不雅内容"包括"淫秽"与"色情"：淫秽，总体上是为了描写或展现性而呈现性行为，没有任何科学价值或艺术价值，过度、无节制地刻画具体的性过程、性心理，效果体现在强烈引发性邪念或欲望；色情，总体上不是为了描写或展现性而呈现性行为，较少部分内容具有淫秽的特征，有一定的科学价值或艺术价值，效果体现在可能一定程度地引发性冲动或欲望。

1. 您的年龄
A 10～20 岁　B 20～30 岁　C 30～40 岁　D 40～50 岁　E 50 岁以上

2. 您的文化程度
A 初中及以下　B 高中及高职　C 本科及以上

3. 您的职业身份

A 大学生（含研究生）　B 务工农民　C 城市固定职业者　D 其他

4. 您是否觉得网络空间不雅内容或信息到了非治不可的地步？
A 是　B 否　C 大一定，看法因人而异　D 没有关注这方面问题

5. 您曾通过下列哪种途径或渠道，经意或不经意接触到网络不雅内容？（请选择其中最主要的 1～3 项）
A PC 端应用软件下载插件　B 手机游戏链接　C 性保健品广告　D 论坛、群组推送
E PC 端赌博、网游、会所服务弹窗或页面广告　F 搜索引擎　G 移动应用商店预安装
H 移动智能终端预置应用软件　I 特定群组的网络音视频、直播推荐 J 群组内特定内容图文链接

6. 您在使用个人电脑时，是否遇到过并点开有关性保健品的弹窗广告？
A 经常遇到，但很少点开　B 经常遇到，经常点开　C 很少遇到

7. 您在阅看微信群时，是否遇到过文章里嵌有大尺度图片或视频截图链接到不雅内容网页的情况？您是否经常点开这些链接？
A 经常遇到，但很少点开链接　B 经常遇到，经常点开链接　C 很少遇到

8. 您认为搜索引擎平台是否应该断开如下信息网页链接功能？（可选一项、多项）
A 被舆论高度关注过的不雅热点事件中照片或视频　B 被查禁的不雅小说
C 境外成年人淫秽网站　D 境外未成年人不雅内容网站　E 引流到第三方淫秽色情网站
F 隐晦的性暗示文字或走光、露点的图片　G 一夜情、换妻、SM 等不正当交友信息

H 未成年人观看的情色元素的动漫网站　I "性药品""性功能"偏方广告

9. 根据您个人感受和理解,请对下面所描述的不雅内容的社会危害性程度从高到低排序:

A 无节制地刻意细致描写与呈现少年儿童的性行为,令成年人不能容忍或未成年人不能接受的

B 为刻画人物性格的需要,具体描写或展示性变态、性虐待的内容

C 过分细致地刻画乱伦、强奸、聚众淫乱、通奸、卖淫等的放荡或变态的性过程、性虐待、性侮辱,足以诱发任何年龄层次的性邪念、性欲望

D 为推动情节发展,刻意展示某个角色的女性衣着过分暴露的身体、仅以肢体或遮盖物掩盖性器官部位

E 无节制地刻意细致描写与呈现乱伦、强奸、聚众淫乱、通奸、卖淫之外的性行为或性交易中的放荡或变态的性形象,旨在诱发任何年龄层次的性邪念、性欲望

F 具体描写性行为、性心理,或刻画性开放、性自由形象,诱发青少年不健康的性意识

G 为塑造特定的人物关系,较长时间呈现感官刺激性的床上镜头如接吻、爱抚、叫床的画面

10. 您是否通过网页或官方提供的举报电话或邮箱举报过不雅内容?(可选一项、多项)

A 从不关心此事　B 从未举报过,举报了也没有效果　C 举报过　D 网管部门应该管的事情　E 想过举报,但获取举报信息渠道比较费事

11. 您如果接触到下列哪一项或几项内容,会考虑向网站或扫黄打非机构举报?

A 具体描写或展示性变态、性虐待、性暴力

B 较长时间或较多呈现具有感官刺激的床上镜头、接吻、爱抚、淋浴及类似的性暗示

C 具体描写或展示男女的性器官

D 具体描写或展示非正常性关系如乱伦、通奸、性侵犯中的性挑逗、性心理

E 具体描写或展示衣着过分暴露的身体或仅以肢体或遮盖物掩盖性器官部位

F 以隐晦、低俗字汇表达容易产生性行为、性器官联想的内容

G 具体描写或展示性行为的呻吟、叫床等声音、特效等内容

H 带有性暗示或性联想的标题

12. 您认为法律应该禁止下列哪种描述的内容？（可选一项、多项或不选）

A 视频或文字作品的少数内容旨在引起性冲动的隐晦的性行为或性器官的描述

B 视频或文字作品的整体内容旨在诱发性的邪念与欲望的性变态、性虐待的刻画

C 视频有一定篇幅具体呈现通奸、乱伦中的性挑逗、性形象

D 文字作品有一定篇幅具体刻画通奸、乱伦中的性挑逗、性形象

13. 您认为目前我国对网络淫秽内容的刑事惩治力度如何？

A 惩治比较适度　B 惩治力度不够　　C 惩治过于严厉　D 没关注过，说不好

14. 您认为目前治理网络淫秽色情内容的哪种手段更迫切有效？（按重要性程度排序）

A 互联网企业自愿的技术手段

B 多部门联手、定期开展的集中整治专项行动

C 政府的网络监管机构强化行政监管与执法力度

D 互联网企业的自律意识强化

E 立法强制的技术手段

F 强化、加重刑事责任追究

G 互联网行业协会团体的自律意识强化

H 用户自律意识、法律意识的提升

15. 您认为用户通过搜索引擎获取淫秽、色情内容,服务商是否应该承担法律责任?（可选一项或多项）

A 未成年人用户通过搜索引擎获取淫秽或色情内容,服务商均应承担法律责任

B 未成年人用户通过搜索引擎获取淫秽或色情内容,服务商均不应承担法律责任

C 未成年人用户通过搜索引擎获取淫秽内容的,服务商应承担法律责任;通过搜索引擎获取色情内容的,服务商不应承担法律责任

D 成年人用户通过搜索引擎获取淫秽或色情内容,服务商均应承担法律责任

E 成年人用户通过搜索引擎获取淫秽或色情内容,服务商均不应承担法律责任

F 成年人用户通过搜索引擎获取淫秽内容的,服务商应承担法律责任;通过搜索引擎获取色情内容的,服务商不应承担法律责任

16. 您认为目前我国网络空间淫秽色情内容治理效果欠佳的主要原因是?（可选一项、多项）

A 网络用户不了解有关法律规定

B 刑事打击力度不够

C 立法不足

D 政府部门监管不力

E 互联网企业履行主体责任不到位、遵法守规意识淡薄

F 企业技术使用不够

G 多方协同的监督体系不完善

H 依靠群众力量的社会举报缺乏动力与积极性

I 互联网技术环境的复杂性与不法行为的隐蔽性

17. 您是否对有关制作、传播不雅内容构成违法或犯罪的法律规定有所了解？

A 完全不了解　B 略有了解　C 比较了解

18. 您认为放任网络淫秽色情内容是否对社会有害？（选一项或多项）

A 感觉不到是否有害　B 管控住淫秽内容即可　C 避免未成年人接触淫秽色情即可　D 淫秽色情具有社会危害,应当严格监管

19. 您认为,某人出于娱乐在 QQ 群或微信群发成人淫秽图片 100 张,是否应追究刑事责任？

A 应该追究　B 不应该追究　C 不清楚

20. 如果在仅有 10 名成员的微信群或 QQ 群里上传 500 张/条淫秽图片或视频,是否应该追究上传者的刑事责任？是否应该追究群管理者的刑事责任？

A 两者都不应被追究刑事责任　B 两者都不应被追究刑事责任　C 上传者应被追究的刑事责任,群管理者不应被追究刑事责任　D 不清楚

（问卷结束,谢谢您的支持!）

参考文献

中文文献

[1] [德]乌尔里希·齐白:《网络服务提供者的刑法责任——刑法总论中的核心问题》,王华伟译,载赵秉志编《刑法论丛》,法律出版社 2016 年。

[2] [美]乔尔·鲁蒂诺 安东尼·格雷博什:《媒体与信息伦理学》,霍政欣等译,北京大学出版社 2009 年。

[3] [美]约翰·D. 泽莱兹尼:《传播法:自由、限制与现代媒介》,赵刚等译,清华大学出版社 2007 年。

[4] [美]约翰·J. 博西格诺等:《法律之门》(第 8 版),邓子滨译,华夏出版社 2007 年。

[5] [美]D. 布迪 C. 莫里斯:《中华帝国的法律》,朱勇译,江苏人民出版社 1995 年。

[6] [美]T. 巴顿·卡特等:《大众传播法概要》,黄列译,中国社会科学出版社 1997 年。

[7] [美]格拉德·佛里拉等:《网络法:课文和案例》,张楚等译,社会科学文献出版社 2004 年。

[8] [美]唐纳德·M. 吉尔摩等:《美国大众传播法:判例评析》(下),梁宁等译,清华大学出版社 2002 年。

[9] [美]劳伦斯·莱斯格:《代码 2.0:网络空间中的法律》,李旭等译,清华大学出版社 2009 年。

[10] [美]劳伦斯·莱斯格:《代码:塑造网络空间的法律》,李旭译,中信出版社 2004 年。

[11] [美]雷蒙德·塔塔洛维奇等:《美国政治中的道德争论——社会调节政策八个侧面》,吴念等译,重庆出版社 2001 年。

[12] [美]罗伯特·赖特:《道德动物》,周晓林译,中信出版社 2013 年,第 47 页。

[13] [美]劳伦斯·G. 沃尔特斯:《美国网络服务提供者的刑事责任理论研究——基于网上色情信息的视角》,涂龙科等译,赵秉志主编:《刑法论丛》,法律出版社 2015 年。

[14] [美]道格拉斯·N. 胡萨克:《刑法哲学》,谢望原等译,中国人民公安大学出版社 1994 年。

[15] [美]兰登·温纳:《科学技术的大叙事:危机时代》,安军译,《科学技术哲学研究》2010 年第 2 期。

[16] [美]罗伯特·多曼斯基:《谁治理互联网》,华信研究院信息化与信息安全研究所译,电子工业出版社 2018 年。

[17] [日]千叶正士:《法律多元:从日本法律文化迈向一般理论》,强世功等译,中国政法大学出版社 2007 年。

[18] [日]大谷实:《刑事政策学》,黎宏译,中国人民大学出版社 2009 年。

[19] [日]西原春夫:《刑法的根基于哲学》,顾肖荣等译,法律出版社 2004 年。

[20] [波]理查德·A. 波斯纳:《性与理性》,苏力译,中国政法大学出版社 2002 年。

[21] [英]萨莉·斯皮尔伯利:《媒体法》,周文译,武汉大学出版社 2004 年。

[22] [英]J. C. 史密斯:《英国刑法》,李贵方等译,法律出版社 2000 年。

[23] 陈根法:《当代日本法学思潮与流派》,法律出版社 2005 年。

[24] 储怀植、江溯:《美国刑法》,北京大学出版社 2012 年。

[25] 华建平:《天堂在上 美国在这儿——美利坚往事的幕后逻辑》,上海三联书店 2013 年。

[26] 李梦生:《中国禁毁小说百话》,上海辞书出版社 2017 年。

[27] 刘达临:《中国古代性文化》,宁夏人民出版社 2003 年。

[28] 邱小平:《表达自由——美国宪法第一修正案研究》,北京大学出版社 2005 年。

[29] 沈固朝:《欧洲书报检查制度的兴衰》,南京大学出版社 1999 年。

[30] 时统宇等:《电视节目低俗化批评研究》,中国社会科学出版社 2017 年。

[31] 王锋:《表达自由及其界限》,社会科学文献出版社 2006 年。

[32] 萧相恺:《珍本禁毁小说大观——稗海访书录》,中州古籍出版社 1992 年。

[33] 赵万一:《民法的伦理分析》,法律出版社 2012 年。

[34] 中国广播电视年鉴编辑部:《世界各地广播电视反低俗化法规资料汇编》,中国传媒大学出版社 2008 年。

[35] 周其华:《中国刑法罪名释考》,中国方正出版社 2001 年。

[36] 朱珺:《清代地方立法研究——以清代禁毁戏剧法律为中心的考察》,《中山大学法律评论》(第 12 卷)第 4 辑,广西师范大学出版社 2014 年。

[37] 蔡雄山:《网络世界里如何被遗忘——欧盟网络环境下个人数据保护最新进展及对网规的启示》,《网络法律评论》2012 年第 2 期。

[38] 车浩:《谁应为互联网时代的中立行为买单》,《中国法律评论》2015 年第 1 期;

[39] 车浩:《刑事立法的法教义学反思——基于〈刑法修正案(九)〉的分析》,《法学》2015 年第 10 期。

[40] 陈洪兵:《网络服务商的刑事责任边界》,《武汉大学学报(哲学社会科学版)》2019 年第 2 期。

[41] 陈堂发:《互联网安全中的淫秽色情内容治理严格责任问题》,《南京邮电大学学报(社会科学版)》2016 年第 3 期。

[42] 陈堂发:《治理网络淫秽内容的长效机制探讨》,《中国广播》2014 年第 12 期。

[43] 陈晓萍:《劳伦斯制造:"黄色禁书"〈查泰莱夫人的情人〉的遭遇》,《民主与法制时报》2009 年 2 月 22 日。

[44] 陈兴良:《快播案一审判决的刑法教义学评判》,《中外法学》2017 年第 1 期。

[45] 付玉明:《论刑法中的中立帮助行为》,《法学杂志》2017 年第 10 期。

[46] 共青团浙江省委青少年手机网络环境研究课题组:《浙江省青少年手机网络环境现状分析及改善对策研究》,《预防青少年犯罪研究》2014 年第

2 期。

[47] 郝文江等:《青少年面临的网络危害及法律对策探究》,《信息安全与通信保密》2014 年第 12 期。

[48] 黄大威 李景华 韩冰:《对"传播淫秽物品行为"的民众态度调查》,《犯罪研究》2014 年第 4 期。

[49] 李韧:《〈查泰莱夫人的情人〉:50 多年前的一桩言论自由案》,《新闻界》2012 年第 5 期。

[50] 梁宁:《国际社会互联网管理的特征及面临的问题》,《信息网络安全》2003 年第 3 期。

[51] 刘宏敏:《打击整治网络淫秽色情专项行动成效显著》,《网络信息安全》2010 年第 6 期。

[52] 刘亚娜:《论英美刑法中的严格责任犯罪及其对中国刑事诉讼证明制度的价值》,《河北法学》2010 年第 7 期。

[53] 罗文辉:《网络色情对上海、香港大学生性态度和性行为的影响研究》,香港中文大学,《2016 第七届全球传播论坛论文集》。

[54] 皮勇:《论网络服务提供者的管理义务及刑事责任》,《法商研究》2017 年第 5 期。

[55] 桑本谦:《网络色情、技术中立与国家竞争力——快播案背后的政治经济学》,《法学》2017 年第 1 期。

[56] 孙万怀:《慎终如始的民刑推演——网络服务提供行为的传播性质》,《政法论坛》2015 年第 1 期。

[57] 刘艳红:《无罪的快播与有罪的思维——"快播案"有罪论之反思与批判》,《政治与法律》2016 年第 12 期。

[58] 陶涛:《环境犯罪中相对严格责任的适用》,《法制与社会》2017 年第 6 期。

[59] 涂龙科:《网络服务提供者的刑事责任模式及其关系辨析》,《政治与法律》2016 年第 4 期。

[60] 齐文远:《网络平台提供者的刑法规制》,《法律科学》2017 年第 3 期。

[61] 谢望原:《论拒不履行信息网络安全管理义务罪》,《中国法学》2017 年第 2 期。

［62］王华伟：《网络服务提供者的刑事责任比较研究》，《环球法律评论》2016 年第 4 期。

［63］王佳莹：《珍妮·杰克逊：昔日一露悔终身》，《新快报》2006 年 10 月 9 日。

［64］王迁：《论提供规避技术措施手段的法律性质》，《法学》2017 年第 10 期。

［65］王雯：《儒家与道家性哲学观念之比较》，《中国性科学》2007 年第 10 期。

［66］肖月生：《我国古代有关查处淫秽读物若干规定》，《新闻出版交流》1999 年第 2 期。

［67］萧扬：《珍妮·杰克逊为裸胸道歉 美公众不依不饶》，《北京青年报》2004 年 2 月 4 日。

［68］阎二鹏：《共犯行为正犯化及其思考》，《国家检察官学院学报》2013 年第 3 期。

［69］杨杞：《中国古代禁书史事》，《河南图书馆学刊》2003 年第 2 期。

［70］于志刚：《网络犯罪于中国刑法应对》，《中国社会科学》2010 年第 3 期

［71］张明楷：《快播案定罪量刑的简要分析》，《人民法院报》2016 年 9 月 14 日。

［72］张弦生：《清代查禁"淫词小说"与丁日昌的通饬令》，《中州学刊》1994 年第 6 期。

［73］张运君：《晚清书报检查制度研究》，社会科学文献出版社 2011 年。

［74］张志铭、李若兰：《内容分级制度视角下的网络色情淫秽治理》，《浙江社会科学》，2013 年第 6 期。

［75］赵合俊：《性权与人权——从〈性权宣言〉说起》，《环球法律评论》2002 年第 1 期。

［76］郑东阳：《网络色情黑幕：大陆网上情色利益链》，《凤凰周刊》2010 年第 25 期。

［77］郑海平：《"淫秽色情"与言论自由：美国的经验》，《东吴法学》2012 年第 2 期。

［78］周新：《英国刑法严格责任的构造与借鉴》，《政治与法律》2011 年第 2 期。

［79］朱和庆、刘静坤：《美国儿童色情犯罪的法律规范：1996 年〈预防儿童色情法〉有关内容》，《法律适用》2010 年第 7 期。

［80］左亦鲁：《美国的互联网管制——以未成年人互联网保护为例》，《中国经

济》2010 年第 4 期。

英文文献

［1］Abbe Mowshowitz. Computer and the myth of neutrality. Proceedings of the ACM 12th Annual Computer Science Conference on SIGCSE Symposium，1984，85-92.

［2］American Civil Liberties Union v. Janet Reno，929 F. Supp. 824（E. D. Pa. 1996）

［3］Bernard Schwartz. The Great Rights of Mankond. Oxford University Press，New York，1977，p. 189.

［4］Black's Law Dictionary. West Publishing Co. ，1979，5th Edition，pp. 1299.

［5］Brian Lamb，Susan Swain，Mark Farkas. The Supreme Court：A C-SPAN Book，Featuring the Justices in their Own Words. Harvard University Press，Cambridge，2007，p101.

［6］Chuck Easttom& Det. Jeff Thaylor，Computer Crime，Investigation，and the Law. Course Technology，2011（8）.

［7］Chun，W. H. K（2006）. Control and Freedom：Power and Paranoia in the Age of Fiber Optics. Cambridge，MA：MIT Press，2006. p. 117.

［8］DawnA. Edic（1998）. Regulation of Pornography on the Internetin the United States and the UnitedKingdom：A Comparative Analysis . Boston college international & comparative law review. Vol. XXL. No. 2. pp. 451-452.

［9］DawnA. Edic. Regulation of Pornography on the Internet in the United States and the United Kingdom：A Comparative Analysis. Boston college international & comparative law review，1998（2）.

［10］Don R. Pember：Mass media law，Boston，MA：McGraw-Hill，2000，p. 456.

［11］Donald Downs. The New Politics of Pornography. University of Chicago Press，Chicago，1989，p. 18.

[12] Donna Dennis. Obscenity Law and Its Consequences in Mid-Nineteenth-Century America. 16 Colum. J. Gender & L. 43, 49 (2007).

[13] Ethan Katsh, Orna Rabinovich-Einy. Digital Justice: Technology and the Internet of Disputes. Oxford University Press, 2017, p. 81.

[14] Ethan Katsh, Orna Rabinovich-Einy. Digital Justice: Technology and the Internet of Disputes. Oxford University Press, 2017, p. 99.

[15] Frank Bott. Pornography, the Internet and the Law. British Computer Society, 2006(2).

[16] George Anastaplo. The Amendments to the Constitution: A Commentary. John Hopkins Uinversity Press, Baltimore, 1995, p. 37.

[17] Hodgsons, N. Michael Peacock's Acquittal Is A Victory For Sexual Freedom. The Guardian, 6 January, 2012.

[18] James Chapman. Blocks on internet porn to begin in new year: 20million families will have to make a Yes or No choice on access to filth. 16. Oct. 2013. Daily Mail.

[19] Jennifer C. Jones and David H. Barlow, Self-Reported Frequency of Sexual Urges, 19 Archives of Sexual Behavior, 269, 1990.

[20] Joel Feinberg. Pornography and the Criminal. Reprinted by permission of the University of Pittsburg Law Review, 40 U. PITT. L. REV. 1979 (56).

[21] Joel Feinberg. Pornography and the Criminal. University of Pittsburg Law Review, 40 U. PITT. L. REV. 1979(56).

[21] Max Hailperin. Viewpoint: The COPA Battle and the Future of Free Speech. Communications of the ACM, 2009(1).

[22] Memoirs v. Massachusetts(A Book Named "John Cleland's Momoirs of a Woman of Pleasure" v. Attorney General of Massachusetts), 383 U. S. 413,445,446(1821).

[23] Myles Jackman. Obscenity trial: the law is not suitable for a digital age. 6 January 2012. the Guiardian.

[24] Patchen Barss. The Erotic Engine: How Pornography has Powered Mass Communication, from Gutenberg to Google, Doubleday Canada, Random House of Canada Limited, 2012, p. 88.

[25] Primavera De Filippi. Samer Hassan: Taking Blockchain Technology as a Regulatory Technology: from Code is Law to Law is Code, https://export. arxiv. org/pdf/1801. 02507.

[26] Ruth Graham. How 'Fanny Hill' Stopped the Literary Censors. The Boston Globe, July 07, 2013.

[27] Stephen J. Schulhofer. Unwanted Sex: The Culture of Intimidation and the Failure of Law. Harvard University Press, 1998, p. 274.

[28] Steven Gey. The Apologetics of Suppression of Pomography as Act and Idea. Michigan Law Review, 1988, Vol. 86, p. 1570.

[29] Steven Shapiro. The Changing Landscape of First Amendment Jurisprudence in Light of the Technological Advance in Media. Fordham Intellectual Property, Media & Entertainment L. J. 1995, 317.

[30] Steven Shifrin. The First Amendment, Democracy and Romance. Havard University Press, Cambridge, 1990, p. 116.

[31] Thomas Emerson. Toward a General Theory of the First Amendment, in Kent Middleton & Roy Mersky, Freedom of Expression: A Collection of Best Writings, Williams, Hein and Co. , Buffalo, 1981, pp. 136, 195.

[32] Thomas Emerson. The System of Freedom of Expression. Randon House, New York, 1970, p. 223. U. S. v. Hilton, 167 F 3d 61(1th Cir. 1999); U. S. v. Acheson, No. 98-3559(11th Cir. Nov. 12, 1999).

[33] William T. Goldberg(2010). Two nations, one web: comparative legal Approaches to pornographic obscenity by the United States and the United Kingdom. Boston university law review. Vol. 90: 2121. pp. 2139-2140.

[34] Yaman Akdeniz. Internet Child Pornography and the Law: National and

International Responses，Ashgate，2008，95；Erwin Chemerinsky，Constitutional Law，WoltersKluwer，1386，2009(3).

索　引